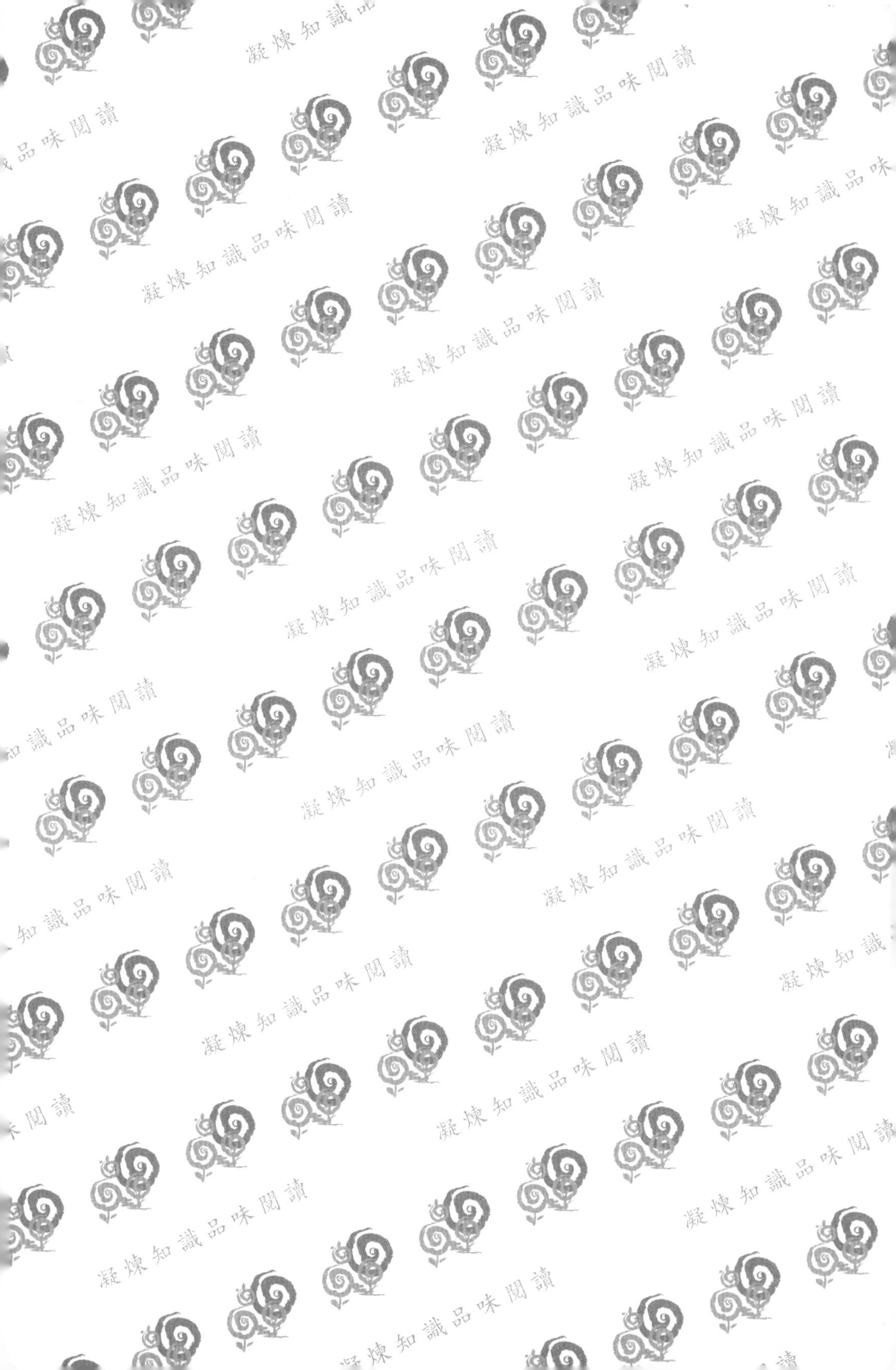

凝煉知識品味閱讀

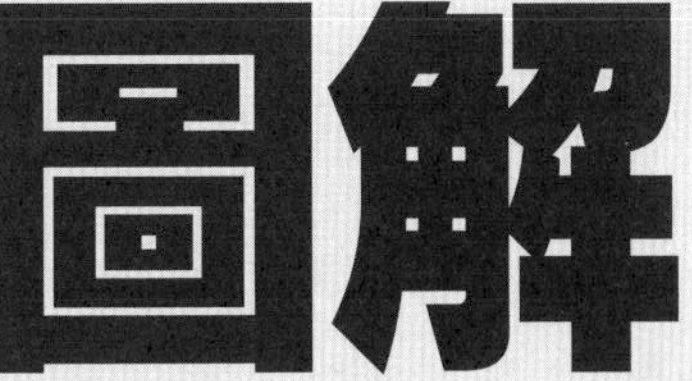

●一讀就懂社工研究法入門知識
●文字敘述淺顯易懂、提綱挈領
●圖表形式快速理解、加強記憶

社會工作研究法

陳思緯 著

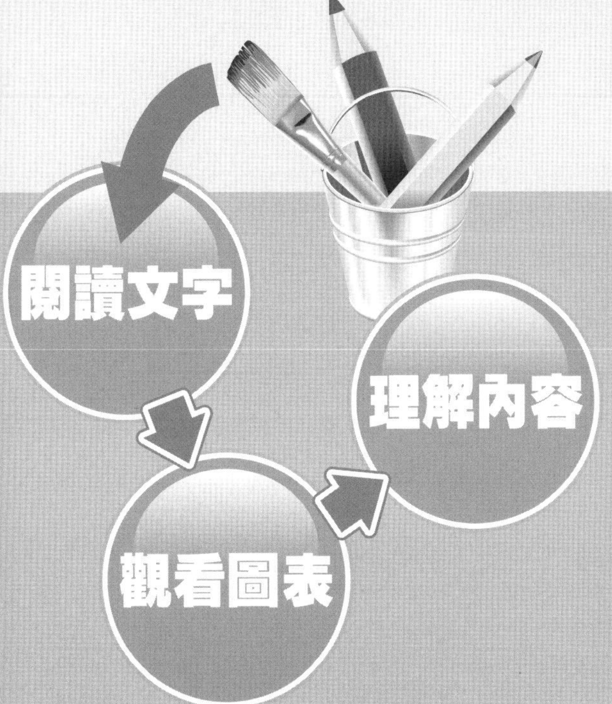

五南圖書出版公司 印行

本書目錄

本書目錄

本書目錄

本書目錄

社會研究的基本概念

章節體系架構

Unit 1-1 認識科學方法

社會工作研究法是一門科學，是科學領域中的社會科學。了解社會科學的基本概念，對學習社會工作研究法這門學科，有非常大的助益。科學是一種探究的方法，是我們用以學習與認識周遭事物的方法。科學方法（science method）的關鍵特徵：任何一個都是開放接受質疑的。這意指在探究我們亟欲了解的事物時，應該對於任何我們知道，或是我們想要相信的一切事物保持開放的心胸。換句話說，我們應該將我們稱作「知識」的事物，都視爲暫時性並且隨時可以反駁的。科學方法的另一項特色，是尋找以觀察爲基礎的證據來作爲知識的基礎。因此，科學方法是一種探索方法，用以避免不嚴謹的研究而產生的錯誤，主要特色包括視知識爲暫時性且隨時可以反駁的、根據系統化和全面觀察尋找證據、觀察中追求客觀性及重複性（林宏陽譯，2009）。

科學提供一個包含公認眞實（agreement reality）與經驗眞實（experiential reality）的途徑。公認的眞實是指在個人成長過程中，周遭人們所「知道」的事；相對於經由公認眞實而認識事物，透過自己直接經驗和觀察而獲得的知識，即爲經驗眞實。雖然科學的方法是認識世界的方式，但並不是唯一的方式，其他了解事物的方法，包括如下：

1. 權威：我們常常經由許多的權威來源獲取知識，例如：父母、師長、專家等。依賴權威作爲知識的基礎是一種快速、簡單而廉價的方式，因爲權威通常耗時費力去學習新知，而我們卻能從他們的經驗與工作中獲利。但依賴權威也是有所限制，例如：高估其他人的經驗，即使是錯誤，還是信以爲眞。
2. 傳統：傳統意味著接受某件事情爲眞，只是因爲「事情老是如此」。大部分的人相信（或對，或錯）這種說法只是因爲過去的確如此 ，或是一直以來都是這麼說的。但有些傳統因社會變遷，不再是正確的。
3. 常識：是人們憑藉著本身都知道的或是「有意義的事情」來了解這個社會。但很多常識都是源自傳統，有時也包含著不正確的、錯誤的資訊、矛盾，以及偏見。
4. 媒體迷思：媒體是資訊的重要來源，但許多的媒體在報導時帶有價值判斷，以及許多的媒體主要目標是娛樂大衆，而不是如實地反映眞實，尤其在現今自媒體興起時代，這種現象日益加劇。
5. 個人經驗：是將個人親身經歷當作眞實，或是「眼見爲憑」有相當大的影響，而且是知識強而有力的來源。許多人寧願相信自己所見，也不願相信經過嚴謹設計的研究結果。但事實上，眼見不一定爲憑，尤其深僞技術興起、AI時代下，個人經驗將有可能落入幻覺中。

社會科學外之知識來源選項的案例

社會科學外的知識來源選項	範例議題：性別角色的家務分工
權威	女性天生具有母性的特質，因此，在育兒照顧、家庭照顧及家事料理上，其能力天生優於男性。
傳統	「男主外、女主內」，亦即「男性的責任是賺錢、女性則是照顧家庭」。
常識	社會上的常識認為女性特別在意家庭內的環境整潔，而男性則相對不重視，所以，女性負責家庭的清潔家務是正常的。
媒體迷思	媒體常播出女性拿吸塵器清潔地板，及洗衣精的廣告也是以女性為主角，所以，媒體讓社會認為女性是非常喜歡，而且適合做家務的。
個人經驗	因為從小的衣服、髒碗盤都是媽媽洗的，而且做得好；而男性去幫忙做這些事情的時候，總是被嫌笨手笨腳，所以經驗上告訴男性，他們不適合做這些事。

個人經驗的四種錯誤類型

01 過度推論

過度仰賴不完整或不具代表性的資訊，而產生了錯誤的認知，誤以為自己所關注的是「事實」。

02 選擇性觀察

當研究者特別關注某個人或某件事情，並試著找出一些特徵，用來強化研究者原先的想法或是藉以忽視矛盾部分時，這種情況就會發生了。

03 草率的總結

當研究者感覺已經有答案，或是研究者覺得不需要再聽、再找資訊，或是再提出問題時，這種情形就會出現。但事實上，仍有許多值得參考的證據未被蒐集或參採。

04 月暈效應

研究者評定某項行為特質時，受到先前的印象所影響而產生的效應，即對被觀察者有以偏概全的態度。

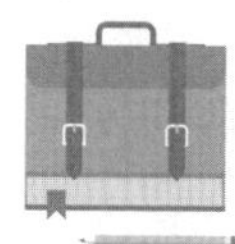

Unit 1-2 科學方法的特色

科學提供一種可以處理公認眞實與經驗眞實的認知途徑，這就是所謂的科學方法（李政賢譯，2016）。茲將社會科學方法的特色彙整如下（李政賢譯，2016；簡春安等人，2016）：

一、所有知識都是暫時且可開放受質疑

在探尋了解事情的過程中，我們對於自認爲知道或想要相信的任何事物，都應該努力保持開放的心胸。換言之，應該將「知識」視爲暫時的，而且是可駁斥的事物。科學知識的事實只是「在某種情況下才成立的暫時、片段的部分眞理」。只有當你所珍惜的信念遭受質疑時，你對於知識暫時性本質的承諾，才算面對嚴厲的考驗。科學是一種「有多少證據才能說多少話」的謙虛態度。

二、複製

複製（replication）意味著重複一項研究，檢視是否會再產生同樣的證據和結論。科學必須讓大多數人承認它不是一己的主見，而是衆人客觀的認定。科學最重的是必須禁得起考證和實驗。亦即科學的東西是可以讓別人按照原來的方法、步驟進行實驗的重複測試。它也涉及改進先前的研究程序，或檢測研究發現對於不同標的母群體，或是不同的情況，是否仍然成立。

三、觀察

科學方法的另一項關鍵特徵就是以實證爲基礎的觀察（evidence based on observation），以作爲知識的基礎。研究者可以透過許多不同的方式，使研究達到實徵（empirical）的標準，而其中的關鍵就在於證據的本質，以及我們搜尋與觀察證據的方法。社會工作者應該檢視證據的本質，要成爲眞正的科學方法，累積的觀察證據應是有系統、全面而周延。要避免過度化類推與選擇性觀察，觀察的樣本應該要大量且多樣性。

四、客觀

科學方法強調在尋找與觀察證據時，必須努力追求客觀。對於明確詳述的觀察實施步驟，必須小心其中可能潛存的偏誤。科學方法承認，個人可能帶有偏誤，且必須尋找適當的方法，以避免觀察受到偏誤影響。

五、透明

科學方法須透明，研究者必須詳細報告研究執行的明確細節。所有程序的細節都必須明確陳述，以便他人能夠明白，研究的結論是根據哪些基礎達成的，評估是否確實避免過度概化和選擇性觀察，以及判斷結論是否有可觀察的證據作爲保證之根據。所以，科學的研究過程、研究成果應是透明、公開的。

科學方法的五項關鍵特色

Helpful Tips

- 記憶科學方法的五項關鍵特色的一種訣竅，就是英文單字Trout（鱒魚）。
- 想像你正在捕捉或品嘗一條美味的Trout（鱒魚），這將有助於你輕而易舉地能夠牢記五項特徵。

T 暫時性（1）

我們目前認為自己知道為真的每一件事情，都是開放而可受質疑的，必須接受重新評估、修正及駁斥。

R 可複製（2）

即使是最佳研究，也得開放而可受質疑，並且需要接受檢驗。

O 觀察（3）

知識是立基或紮根於有條理，而且周延的觀察。

U 客觀（4）

觀察應該不偏頗。

T 透明（5）

所有程序細節都要公開且詳細描述清楚，以使他人得以檢視、評論。

資料來源：文字整理自李政賢譯（2016）；圖作者自繪。

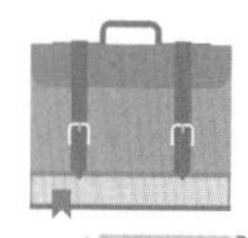

Unit 1-3 科學社群的規範

科學社群（scientific community）是指信仰共同典範的同一群人。科學社群的規範，指影響科學家從事研究時的一些非正式的規則、原則及價值觀。科學社群是一群人們的集合體，其中的成員共享一種由態度、信念及規則所形成的系統，該系統維持了科學知識的生產及進展。科學社群並非是存在於一個實體位置的地理社群，其中的成員也不一定都彼此互相認識，但是其成員卻會經常地與其他成員進行溝通及互動。更確切來說，科學社群是一個由專業人員所形成的鬆散集合體，而這些專業人員彼此間則分享著共同的科學訓練、倫理守則、價值觀、技術及生涯規劃等（朱柔弱譯，2000；王佳煌等人譯，2002）。

科學社群是由人群、組織及角色所建構而成的社會團體，而且也是一組共同運作的規範、行為及態度。因此，科學界對科學社群提出了五項基本的科學社群規範，綜整說明如下（朱柔弱譯，2000；王佳煌等人譯，2002；王佳煌等人譯，2014）：

1. 普遍性（universalism）：即是一視同仁。不論是誰進行研究，或研究是在何處所進行的，或是一所不知名的大學，都只能以科學價值為基礎來對該研究進行評判。
2. 系統性質疑（organized skepticism）：亦稱之為組織化的懷疑論。科學家不應據以一種毫無考慮、或毫不批判地就接受新的觀念或證據。相反的，所有證據都應該接受挑戰與質疑。進行批判的目的，並不是要去攻擊個人，而是要確保在研究中所使用的方法都能夠禁得起嚴密且詳細的檢驗。
3. 公正無私（disinterestedness）：即為不偏不倚。科學家必須保持中立、公正、敏銳、廣納所有預期與非預期的觀察或新的觀念，科學家不應僵化的堅守某個特定的想法或是觀點。他們應該要接受、甚至是去尋找一些與其立場相左的證據，並且應該誠實地接受所有來自於高品質的研究所得到的發現。
4. 研究成果共有主義（communalism）：即為共享主義。科學知識必須與他人一起分享，因為科學知識是屬於所有人的。創造科學知識是一項公共的活動，而且研究發現是公共資產，可供大眾取得並使用。執行研究的方式必須詳細地加以描述，新的知識在被其他的研究者審查過，並且以特殊的形式與方法公諸於社會大眾前，是不會被正式地接受的。
5. 誠實（honesty）：雖然這是一種普遍的文化規範，但是在科學研究過程卻特別強調此項規範。科學家強烈要求所有的研究都必須誠實，而不誠實或者是欺騙的作法，在科學研究中是極大的禁忌。

科學社群的五項規範案例

即使某位傑出、具有創意的研究者，其個人習慣相當怪異，或者是外表不修邊幅，科學家們仍然應該要去欣賞該名研究者。

❶ **普遍性的規範**

科學家可能會與其他人進行激烈的論戰，甚至會「撕破」一份細心準備的研究報告。科學家通常都非常開放，並且樂於傾聽新的想法，不論這些想法在一開始的時候，可能會有多麼古怪時亦然。

❷ **系統性質疑的規範**

科學家可能會表現出超然或是客觀的態度。他們會把研究結果，包括自己的研究所得到的結果，都視為是暫時性的，應該要接受外部審查及批評。

❸ **公正無私的規範**

科學家希望其他的社會科學家能夠閱讀他們的研究報告，並且做出回應，並樂於和他人分享新的知識，而不將其視為個人所擁有的事物。

❹ **研究成果共有主義的規範**

在從事研究與發表報告時，科學家會極度要求誠實。如果有任何人在研究中做出欺騙的行為時，科學家會在道德立場上感到相當的憤怒。

❺ **誠實的規範**

資料來源：文字整理自王佳煌等人譯（2014）；圖作者自繪。

Unit 1-4 社會工作研究的目的

在社會工作實務中，社會工作研究的目的，簡春安（2016）指出包括：敘述、解釋、預測、干預（處置）、比較與評估；Allen Rubin和Earl Babbie則提出探索、描述、解釋、評鑑、建構測量工具、多元目的等（林宏陽、黃曉薇譯，2009）；Kumar提出研究的目的爲：探索、解釋、描述、關聯（Kumar，2019；轉引自鈕文英，2021）。茲綜整前述學者之見解，及以Allen Rubin和Earl Babbie之分類加以補充說明如下：

1. 探索：很多社會工作研究的目的是要探索某項主題，以便獲得初步的認識。研究的主題相對新穎且少有人研究過，或是研究者想要測試投入某項較慎重研究的可行性，或是想要藉此來發展可運用於未來研究的某些方法或技術。例如：訪談未完成機構處遇而提前退出的案主，對於退出的可能原因取得初步理解。
2. 描述：社會工作研究的目的，是要描述情境和事件。研究者觀察，然後描述觀察到的現象。例如：針對我國公務人員體系中，高階的公務員的性別比例進行分析，可以了解我國在職場性別平權的落實情況。
3. 解釋：社會工作研究目的之一，是要對某一事件進行解釋。例如：報導爲什麼某些城市有較高的兒虐比例，是屬於解釋，但是單純只報導各城市兒虐比例，則是屬於描述。研究者如果想知道，受暴婦女爲什麼一再回去和施暴者共同生活，而不是單純描述她們有多少次回去和施暴者共同生活，如此的研究是屬於解釋的目的。
4. 評鑑：評鑑社會政策、方案和介入，亦是社會工作研究的目的之一。社會工作研究的評鑑目的，涵蓋了前述三種研究目的：探索、描述和解釋。例如：健保署推動「腦中風急性後期之醫療整合照護計畫」，在治療黃金期內立即給予積極性之整合性照護，使其恢復功能，藉由評鑑可了解本項計畫的實施成效。
5. 建構測量工具：有些研究目標是要發展和測試可供其他研究者或實務工作者使用的測量工具。例如：建構具有效度與信度的家庭風險量表，以利社會工作者在實務上能正確預測兒虐或疏忽的家長在接受處遇後之改善情況。
6. 多元目的：雖然區分社會工作研究目的頗有助益，但大部分的研究可能包含若干不同目的。由於研究不只一個目的，有時就很難判斷，如何才是對於特定研究目的之最佳陳述。這情況還可能更加複雜，因爲探索和解釋目的之間的界線有時可能頗難區分。例如：雖然社會工作研究有部分是屬於探索目的，但另外也有解釋目的，所以可能是「兩者都有」。

不同研究目的類型的量化與質性社會工作研究：以EBP（以實證為基礎）為例

研究目的	量化研究實例
探索	■ 身心障礙者女性擔任母職的經驗。 ■ 新移民職場之社會排除經驗。 ■ 以家庭為中心處遇計畫之可行性。 ■ 少年矯治學校青少年離校後之社會適應。
描述	■ 接受心理諮商的大學生之正向思考提升程度。 ■ 參加職業訓練課程的中高齡者就業率。 ■ 不同類型政府機構的公務人員性別比例。 ■ 非營利機構的社會工作者任職年資離職率。
解釋	■ 影響心智障礙青年生活品質的相關因素。 ■ 影響精神疾病復發的社會因素。 ■ 運用優勢觀點提升受家庭暴力婦女能力的成效。 ■ 影響公職社會工作師離職之相關因素。
評鑑	■ 社區總體營造之推動成效。 ■ 防治青少年吸菸之推動成效。 ■ 早期療育對提升兒少發展的成效。 ■ 我國少子女化對策計畫的實施成效。
建構測量工具	■ 建構以家庭為中心的團隊決策模式工作指引。 ■ 建構兒少虐待案件評估派案決策輔助模型。 ■ 建構親密關係暴力危險評估量表。 ■ 建構提升社會工作專業知能指標。

研究目的的思考

研究者擬測試對某主題做更廣泛研究的可行性，是屬於下列哪一種研究的目的？

（A）描述性研究
（B）探索性研究
（C）評估性研究
（D）解釋性研究

答案：（B）

資料來源：105年第一次專技社工師試題

某機構社會工作者觀察到數位時代青少年的偏差行為樣態似乎跟過往不太一樣，該機構決定仔細分析服務案件資料以瞭解變化的情形。請問該研究係屬於下列哪一種目的？

（A）評估性研究
（B）描述性研究
（C）解釋性研究
（D）驗證性研究

答案：（B）

資料來源：112年第二次專技社工師試題

Unit 1-5
分析單位

分析單位（units of analysis）指的是被研究的「什麼事」或是「什麼人」，分析單位指的是我們所檢視的事物。一個研究的分析單位，通常即是觀察單位（units of observation）。了解分析單位的概念是很重要的，可避免研究者避免犯下區位謬誤（ecological fallacy）。常見的分析單位之類別說明如下：

1. 個體或個人

個體是社會科學研究中最常此使用的分析單位，各種不同類型的個人在社會研究中都能成爲分析單位。研究者可透過對特定團體當中個人諸多特質，用以描述與了解該等團體的現象。亦即，以個人作爲分析單位，我們可能會透過他們所隸屬的社會群體成員身分，來描述其特徵。例如：針對職業婦女進行家務分工研究，以了解女性的家務負荷程度；或是對目睹家暴力的兒童進行研究，以了解其對性別角色的看法；或是對國民進行開放重型機車上國道的態度研究，以了解國民對此議題的態度趨向。

2. 團體或集體

社會團體是常見的分析單位，例如：原住民族的自我文化認同度研究，即是以原住民族爲團體進行分析。許多正式的社會組織也可做分析單位，這是以團體層級爲分析正式組織。而城市、區段或地理區等，也是團體層次的分析單位。每一個詞彙都代表一個母群體。例如：臺北市的各個行政區，如萬華區、內湖區，是一個團體的分析單位。例如：臺北市各區公所社會課的員工組織認同度比較，分析單位爲各區公所。當社會團體爲分析單位時，其描述可能會擷取自個別成員的特徵，例如：家長教育程度較高，生育率較低。

3. 社會人造物件或社會加工品

社會人造物件（social artifact）是人類社會生活或行爲所產生的事物，也是分析單位之一，例如：書籍、詩詞、繪畫、汽車、建築物、歌謠、科學發現等。這些名詞都蘊含著所有該等物件總合的母群體：所有書籍、所有詩詞、所有建物等。每一個社會人造物件，都可以依據其特徵加以進行描述分析或以解釋性目的加以分析。例如：研究者可以分析國內的期刊論文運用「增強權能」進行論文發表內容，以了解此理論在社會工作實務界被應用的情形；或是可以分析衛生福利的政策文件，以分析其對於積極脫貧的支持程度。

分析單位的案例

分析單位	樣本描述
個人 	▶ 60%的樣本是女性 ▶ 60%的樣本穿長褲 ▶ 10%的樣本戴帽子
宗教場所 	▶ 50%的宗教場所是教堂 ▶ 30%的宗教場所是寺廟 ▶ 20%的宗教場所是清真寺

分析單位的思考

根據某社會工作研究報告之摘錄：「在分析社會工作者提供服務所依據的實務工作模式時，有15%表示其所使用的是社會心理模式；25%為問題解決模式；另外有60%則是使用生態區位之觀點。」在這個研究中的資料分析單位（unit of analysis）為下列何者？

（A） 社會工作者
（B） 實務工作模式
（C） 研究者
（D） 社會福利機構

答案：（A）

資料來源：113年第一次專技社工師試題。

某醫務社會工作師想要檢驗家屬支持與病人心理狀態之關係，蒐集家屬陪同病人的時間，並以心理適應量表測量病人適應程度，發現家屬陪同病人的時間越多，病人的住院適應程度越好。下列何者為此一研究的分析單位（units of analysis）？

（A） 社會工作師
（B） 病人家屬
（C） 病人
（D） 醫院

答案：（C）

資料來源：112年第一次專技社工師試題。

Unit 1-6 因果推論

推論（inference）是指根據研究設計與研究發現所做出的合邏輯之結論。因果推論（causal inference）是指前述合乎邏輯的結論可以合理支持自變項和依變項之間有因果關係。在判斷兩變項是否有因果關係時（指一變項導致另一變項），Lazarsfeld指出因果關係的三個條件，包括：⑴時間順序；⑵相關性；⑶非假性關係。能滿足前述三項指標的關係，才可稱爲因果關係，而這些是構成因果關係的唯一準則。亦即，因果推論必須滿足三個條件：⑴「因」要發生在「果」之前；⑵兩變項間有實證上的相關性；⑶兩變項的關係並不是因第三變項所導致（李政賢譯，2016）。茲綜整相關見解及補充說明如下：

一、時間順序

從時間順序來說，「因」一定要在「果」之前，有了因，才有果；一個因素或事件要「引起」另一個因素或事件的出現或變化，那麼這個因素或事件在時間上必須比所引起的因素或事件先行出現。例如：先賦屬性（如性別、年齡、種族、出生的先後順序），在出生時就附著在我們身上，所以當和其他一些變項放在一起時，很容易確定它們在時間上先於其他變項出現。

二、相關性

兩變項間必須有實證上的相關性。這個先決條件的意思是，如果兩個變項之間存在因果關係，那麼它們必須共同變化。相關性並不「等於」因果關係，並不是所有的共變現象或相關性都代表因果關係。「因」、「果」兩者必定彼此相關，且此相關是可證實的。第一條件只講出了前後的次序，但是有前後次序的事件，不一定有關聯，可能是其他變項所造成的而已。所以，要成爲因果，除了前後關係，還必須有相關聯的關係。例如：研究發現思覺失調症的患者服藥順從性越高，其產生攻擊行爲的比例越低；氣溫變高，超商的冰淇淋銷售量跟著增加。

三、非假性關係

非假性關係係指兩變項的關係並不是由於第三變項所致。如果兩個變項（變項A和變項B）之間表現出一種似眞的因果關係，但這個關係是不眞實的，那麼此時，假性關係（spurious relationship）就出現了；兩者之間的相關，必須被證明非由其他因素的影響所造成。因爲兩個變項之間的關聯，很可能是由第三個因素所造成。若要說兩件事情有因果關係，必須也能證實這種相關只存在於這兩個變項之間。假性關係指的是，變項A和變項B之間之所以會表現出因果關係的原因在於：另外存在一個變項C，而變項C和變項A、B都有關聯。在檢驗因果關係眞僞的過程中，研究人員必須考慮任何以及所有可能的解釋（即背後影響的變項C），也許就是這些影響變項導致了變項A和B之間出現似眞的因果關係。剔除某個變項之影響的作法叫做「控制」變項，即我們阻斷該變項對其他變項的影響。

假性關係／虛假關係

假性關係

由於都和C存在相關關係，所以A和B看起來也是「相關」的。

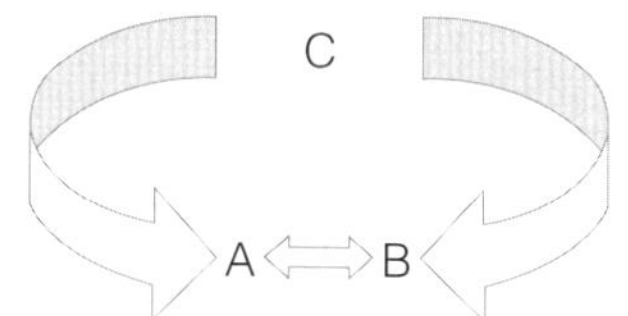

控制變項C之後的假性關係

當阻斷變項C的影響之後，A和B之間的相關關係消失了。

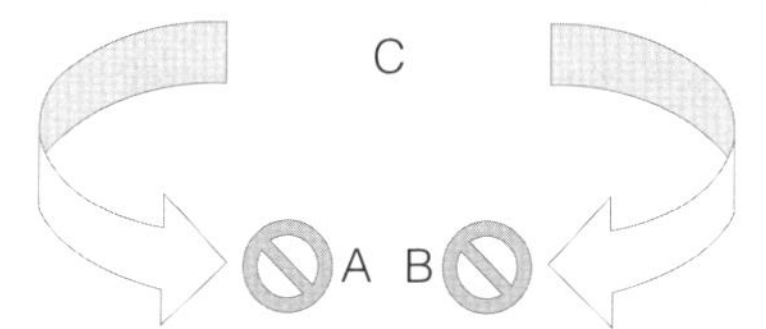

假性關係／虛假關係之範例

火鍋店營業額提升與穿外套人數增加的假性關係

- 火鍋店的營業額會隨著氣溫下降而提升。
- 不是「越多人穿外套」導致「越多人吃火鍋」，而是兩者發生的共同原因是「氣溫下降」。

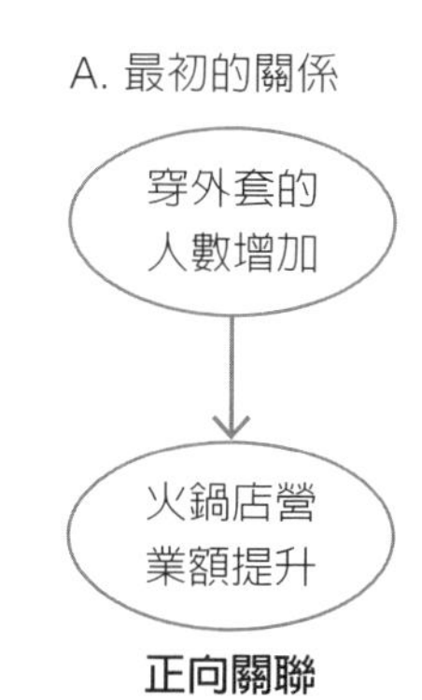

B. 加入了火鍋店營業額提升的真正原因之後

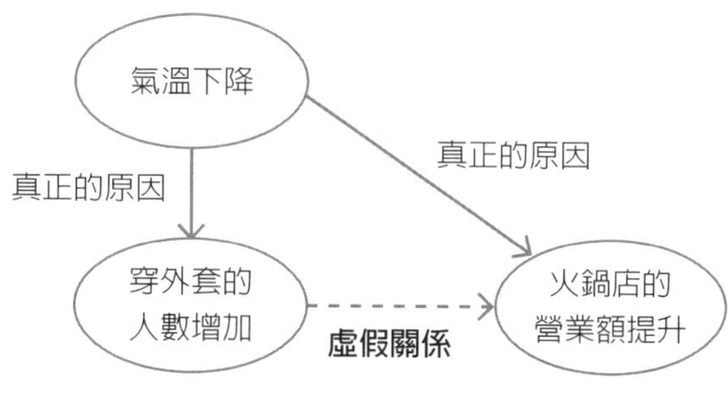

Unit 1-7 以實證為基礎之實務

以實證爲基礎之實務／證據本位實務（evidence-based practice，簡稱EBP），指實務工作者以可得的最佳研究證據，作爲引導實務決策的基礎。但EBP並不是僵化地限制實務工作者的選擇，而是鼓勵妥適統整與實務決策關聯的科學證據、實務專業及特定實務個殊情境因素（李正賢譯，2016）。在EBP之實務程序中，實務工作者依據現有最佳研究證據做實務決策。EBP之實務程序鼓勵實務工作者整合其實務專門知識的科學證據，以及對具體實務決策相關特定情境之了解。

實證的基本概念在於強調實務應植基於具即時性、有效性及可信賴性的研究上（Brice & Hill, 2004）。EBP是指該實務或介入方案「有實證研究支持」（empirically supported），它有別於「僞科學」（pseudoscience）。EBP認爲由於無法保證介入方案對於不同對象和目標都有相同的效果，因此，需要介入方案適用於何種對象和目標的實證資料；而只根據理論、專家意見和主觀評鑑，尙未經過實證方法驗證的介入方案，有可能是無效的方案。因此，採取EBP有其必要性。EBP實務處遇方式方面，可能是開放式的，也可能事先指定一種或多種處遇方式；搜尋證據可以使用由上而下或由下而上的策略。EBP之實務包含批判性的思考、懷疑、辨明沒有事實根據的看法和假設、對其他可能的實務知識能夠獨立思考其邏輯與支持證據，以及使用現有最佳科學證據來決定如何介入個人、家庭、團體或社區。

例如：我國「強化社會安全網第二期計畫」，衛生福利部就105年及106年執行「6歲以下弱勢兒童主動關懷方案」個案資料，運用風險預警模型分析發現，風險機率50%以上兒童雖僅占全量8%，經社會工作者訪視後，有30%轉由脆弱家庭服務；風險機率未達50%兒童占全量92%，經社會工作者訪視後，僅5%兒童轉由脆弱家庭服務，顯示風險機率50%以上兒童脆弱性程度較高。據此以實證數據基礎，規劃分級服務機制，將風險機率計算在50%以上之兒童直接派案，並由社福中心於10日內訪視評估、30日內完成評估報告，以更快速、及早介入家庭提供服務。另健保署依據全民健保就醫資料庫的眞實世界數據進行實證基礎研究，發現晚期非小細胞肺癌，第一線使用標靶藥物的存活率，顯著高於使用化療藥物，提供較具有療效的方式給醫界作爲治療的參考。

EBP之實務整合模式，應有技巧地協調三要素（最佳研究證據、實務工作者的專門知識、案主特性）後，才做實務決策，即圖中圓圈交會的陰影部分（如次頁「EBP的整合模式」）。

EBP的整合模式

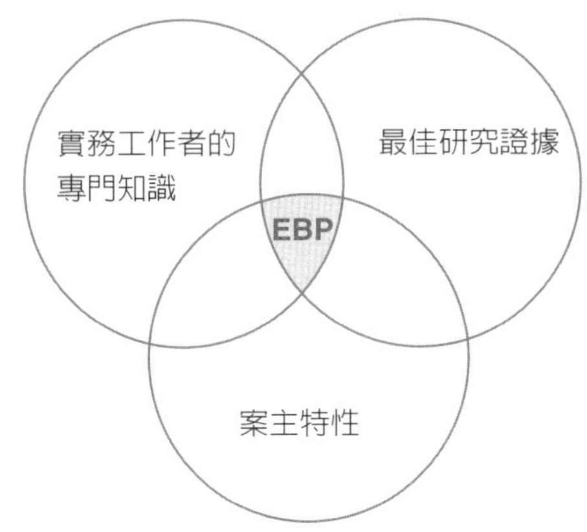

▶ 中央重疊的陰影區域闡明了EBP模式的此種整合特色。此區域代表最佳研究證據、案主特性、實務工作者專門知識的重疊或整合。

▶ 這三項核心元素都不能獨自運作，而必須協同合作，運用實務工作者的技能，發展屬於回應案主屬性的個案計畫，並充分運用科學驗證有效果的介入處遇方式。缺少相關證據，另兩項元素的比重會比較大；相對地，有強大的證據支持時，最佳證據元素的比重就會比較大。

資料來源：陳儀譯（2009）。

以實證為基礎之實務程序的步驟

STEP 1 建構問題以回應實務需求

STEP 2 搜尋證據

STEP 3 批判性地評估所找到的相關研究

STEP 4 決定何種以實務為基礎的處遇最適合特定案主

STEP 5 應用以實證為基礎的處遇

STEP 6 評估與回饋

Unit 1-8
非科學研究常見的錯誤及謬論

有關非科學研究常見的錯誤及謬論，經彙整諸多學者的見解，共有八種類型。包括：(1)不精確的觀察；(2)自我意識涉入的理解；(3)事後假設；(4)過早終結研究；(5)不合邏輯的推理謬誤；(6)過度概化；(7)選擇性觀察；(8)僞科學。本單元先說明第一、二種類型，其餘於後續單元陸續說明之。

一、不精確的觀察（inaccurate observation）

我們在觀察事情時常常是漫不經心的，因此會犯錯。沒能觀察到發生在眼前的事情，或是對一些事情做了錯誤的觀察。相較於人類隨意的觀察，科學的觀察是有意識的行動，更仔細地觀察，幫助我們減少錯誤。例如：你可能不記得大學迎新活動時那一天你的穿著，若是現在要你回想，有可能會記錯或不精確。因此，如果能利用適當的測量工具，可以避免不精確的觀察。例如：當天在迎新活動時，和同學拍的合照，這樣就可以觀察到當天你的衣著及鞋子款式了。

二、自我意識涉入的理解（ego involvement in understanding）

我們對事件與情境的理解，通常在心理上對於自我有特殊重要的意涵。在許多方面，我們會連結個人對事物的理解到我們呈現給他人的印象，由於這樣的連結，任何證明該等理解有誤的情況，便會使我們顯得愚昧、易受騙。所以，這使我們對於與自我形象有密切關聯的理解或信念，更爲堅信而不可動搖，並造成深入探索與正確理解的巨大阻礙（李政賢譯，2016）。

在社會工作實務上，社會工作者較少去檢視本身的自我意識涉入理解是否阻礙了其實務工作。尤其，在社會工作實務上，社會工作者可以已經習慣使用固定的理論或的方法，或是有專業知識基礎的方法，便失去了透過科學方法，再三去檢視該等實務作法的有效性做法，反而是落入選擇性觀察、事後假設等常見的錯誤謬論，但卻仍努力反駁。尤其在許多的方案評鑑中，如果遇到評鑑結果無法獲得支持方案有效時，就經常就會發生這種過度的自我涉入。

雖然，無論社會工作者、方案評鑑者、行政人員或是主管層級的人，都可能會有落入自我意識涉入的理解之風險，但要如何避免此情況之發生？堅定恪守科學規範，是能保護我們免於過度自我涉入的方法之一；此外，透過同事、督導或是外部專家的協助，可以協助社會工作者更能客觀地減少自我意識涉入的程度。

不正確觀察的案例

案例一

我們的觀察有時會出錯，研究者快速的觀察教室內學生，並認為裡面有10位學生，而事實上卻有12位（圖例顏色較淡的2位未被正確觀察列入），你即是做出了不正確的觀察。

案例二

下圖的錯視圖，可以被看成兩張臉孔或一個花瓶。不同觀察者可能會因為他們的解釋不同，而對相同情境的知覺有所差異。

Unit 1-9 非科學研究常見的錯誤及謬論（續1）

本單元接續說明非科學研究常見之錯誤及謬論的第三、四、五種類型如下：

三、事後假設（ex post facto hypothesizing）

事後假設是指完成觀察或推論後，才回頭進行相關假設條件的建立，會有倒果爲因的錯誤。例如：社會工作者實施一項外展方案，服務對象是仍和施虐者共同生活的受虐婦女。研究者想了解你的方案是否有效，也就是接受處遇後，婦女是否能很快感到有自信，能獨立自主，減少對施虐者的依賴。經研究者整體檢視，處遇前後相較，受虐婦女她們感覺自己變好或更有能力的變化程度。但是，倘若她們的回答和所預期的相反；假如她們表示，在處遇後，感覺變更差了，那是多令人失望。你也許會說：「喔！這種負面感受的原因可能是因爲進入處遇前，婦女出於潛意識的自我保護，而採取否認的心理防衛機轉。因此，她們會表示，在處遇前，感覺比較好，那是因爲她們拒絕面對當時的危險、悲慘處境。我們的處遇幫助她們克服該等潛意識的否認心理，去面對她們先前不敢碰觸的不愉快事實，這是幫助她們走出痛苦，從而設法做出改變的必要歷程。因此進入處遇後，更多「負面的」感受，反而是更「正面的」效果！她們開始承認過去的糟糕處境，這其實是件好事，是改變的第一步，有時就叫做「事後假設」（李政賢譯，2016）。

四、過早終結研究

過度概化、選擇性觀察及袒護缺乏邏輯推論的防衛反應，皆會導致研究者過早終結研究（premature closure of inquiry）。過早結束通常發生在研究者認爲已經已有答案了，而不再看、聽和蒐集資料。而來自專家和權威人士的說法，或是個人直覺、感官和經驗，都有可能會導致過早結束的情形。例如：在規劃某項社會福利政策時，主管機關可能自以爲掌握所有的問題現況，有信心能制定出完整的政策而結束研究，但卻忽略民間團體的實務經驗之回饋對政策周延性的可能貢獻。

五、不合邏輯的推理謬誤

謬誤指的是推論上的錯誤或論證上的瑕疵。在日常生活中，有智慧的人類也時常做出其他不合邏輯的推理，這是一種邏輯的謬誤。一個完整的推理叫做論證，包含前提、過程和結論，但如果忽略推論過程，就很容易出現邏輯謬誤。每個人或許都難免會做出令人尷尬的不合邏輯推論，然而明確地運用邏輯體系可避免這類錯誤。

不合邏輯的推理謬誤：類型範例

類型		案例
稻草人論述 **（straw person argument）** 當一個字詞或語句，可理解為多種意思的時候，容易朝有利於自己觀點的方式扭曲，造成即使接下來的陳述雖然都合邏輯，但整體仍是犯了邏輯上的錯誤。		某些人士可能反對若干健康照護制度改革，如管理照護公司相關的全民健康保險，或是患者權利法案，他們也許就會誇大，改革方案的某些項目可能導致成本提高，或是延遲患者獲得急需的醫療照護。
人身攻擊 **（ad hominem attack）** 指的是一種思考謬誤：不直接駁斥對方的論點或論證，而只是攻擊對方的個人特點，例如動機、性格、態度、學歷、社會地位、過往的行為等，並且當這作法是對那些論點或論證的合理批評。亦即，試圖去貶損論述者的可信度，而非針對論述本身進行評論。	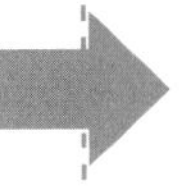	有兩位心理學家爭辯各自支持的心理治療方法比較有效，其中一人嘲笑另一人，貶損其取得專業資格的學校缺乏正當性
訴諸流行的謬誤 **（band wagon appeal）** 是指新的介入方法會以新穎或保護，作為推廣爭取獲得支持的理由，這也是一種謬誤。		過去對於心理疾病，腦葉切除術乃是值得期待的新穎療法。相對新穎的介入方法，常以越多人使用就是越好，作為推廣的理由根據。當中隱含的假設即是，單單只是有相當數量的醫師紛紛採用該等新潮的介入方法，就代表那應該是有效的。

資料來源：案例引林詩韻譯（2007）。

Unit 1-10
非科學研究常見的錯誤及謬論（續2）

本單元接續說明非科學研究常見的錯誤及謬論的第六、七種類型如下：

六、過度概化

過度概化是指將某些情境獲得的資料，過度類推至其他情境。這種情況常發生在當我們在注意身邊事物的模式時，常把一些相似的事件當成支持一個共通模式的證據，此即稱爲過度概化（overgeneralization）。過度概化會發生在當我們觀察到，或是我們知道的某些案例是眞的，卻做出所有的或大部分案例都是眞的結論。例如：在參加大學多元入學方案說明會中，研究者訪問了幾位家長，均表示此制度對學生、家長造成很大的負擔，因此推論參加此說明會的家長均反對此制度；然而，如果再進一步擴大樣本進行調查，是有許多家長支持此制度，他們認爲可以讓高中生有選擇自己興趣科系的機會，避免直接分科測驗的缺點；然而，研究者將部分家長反對大學多元入學方案的觀點，擴及並聲稱所有參加說明會的家長均反對此制度，即是過度概化。此外，如某位高中生數學考不好，便認爲自己什都考不好，亦是過度概化。

研究者可以透過充分大樣本的觀察，來防範過度概化的推論；此外，研究的複製也是避免過度概化的一種防範方式，亦即，透過重複研究，然後檢視每次結果是否也會相同。諸如此類的研究延伸，目的就是要更精確釐定此方案有效概化類推的範圍和限制。

七、選擇性觀察

過度概化的其中一種危險就在於可能導致選擇性的觀察（selective observation）。選擇性觀察是指在觀察時，僅選擇性的觀察紀錄符合研究者既有想法的資料，而忽略反面的資料（R. J. Engle & Schutt,2016；轉引自鈕文英，2021）。選擇性觀察僅選擇性地觀察記錄部分資料，未做推論；而過度概化則是指將某些情境獲得的資料，過度推論至其他情境，這是兩者的差異。例如：漁民在花蓮海邊看到皇帶魚（oarfish）擱淺在沙灘，而剛好幾日後花蓮發生地震，是透過個人直覺和感官經驗獲得的知識，因此，即使並不是每次皇帶魚出現的幾日內都有地震發生，但漁民卻忽略這些反面事例。

選擇性觀察通常會發生在研究者做出結論，肯定某種特定模式的存在，並且發展成通則的理論來解釋爲什麼會有該等模式，在這種情況下，研究者在未來探索過程中，一方面會傾向特別注意符合該模式的事件或情況，另方面就會忽略不吻合的地方。研究者可透過研究設計會預先具體詳述觀察的項目、類型和數量，作爲研究結論的基礎，以避免選擇性觀察的發生。

過度概化與選擇性觀察之案例

過度概化

某醫師聲稱針對某一病患進行手術時，採用達文西手臂對病患甲進行手術。案主甲是此醫師第一個接受此手術方式的患者。在手術的預後方面，傷口感染及復元狀況良好。所以，該醫師聲稱該手術有效，適合其所有就診需要進行手術的病人。

選擇性觀察

然後，該醫師針對已排刀的乙、丙、丁、戊等四位病人，不論其要手術的疾病狀情況，均以達文西手臂手術方式進行。但其中丙、戊等二個患者在使用此種手術方式後，其預後情形並不良好，但該醫師則完全視若無睹，他只注意到病人乙、丁術後情況大幅獲得改善。

過度概化與選擇性觀察

之後，他在醫院內的手術案例分享會上，在討論達文西手臂手術的優、缺點時，只對成功的案例甲、乙、丁加以分享其成效，並大肆吹捧該手術術式的優點

備註：「達文西手臂手術」系統，是由專業醫師透過操控臺，經由電腦控制的機械手臂來進行執行手術，可消弭醫師手的顫動動作及穩定度。但不是每種病況都適合達文西手術，像周邊器官或組織有癌細胞明顯侵犯，或出現癌細胞遠處轉移等情形，大部分不適合用達文西手術，這是因爲腫瘤可能拿不乾淨。

過度概化與選擇性觀察的差異

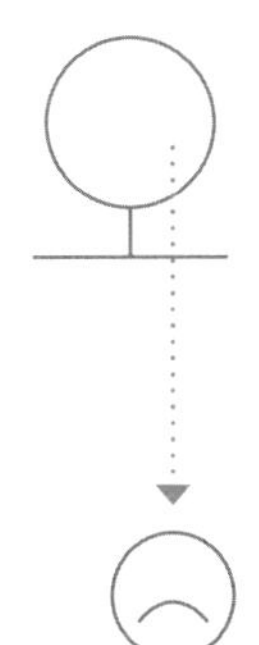

過度概化：「那些人從來都不滿足。」

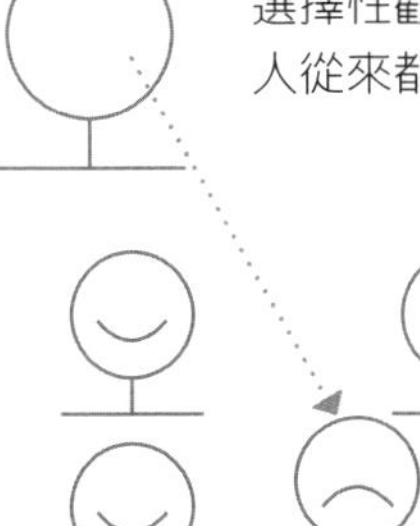

選擇性觀察：「那些人從來都不滿足。」

資料來源：許素彬等譯（2013）。

Unit 1-11 非科學研究常見的錯誤及謬論（續3）

本單元接續說明非科學研究常見的錯誤及謬論的第八種類型如下：

八、偽科學

僞科學（pseudoscience）就是假的科學。僞科學是指以大量術語，以及科學外表所包裝而成的觀念或資訊，其目的在於尋求人們的接受與支持，但是此種觀念或資訊並未依循科學方法所要求的系統嚴謹性或是科學標準。

僞科學假借科學之名，做出違反科學的事情。鈕文英（2021）指出，僞科學包括以下三種情況：⑴使用科學術語。例如：接受某種治療的效果優於未接受者，且達到.05的統計顯著水準，但是卻採取錯誤的統計和推理方法，企圖引導讀者獲得某種結論；⑵提供不完整的資訊，或是選擇性地報導符合自己觀點的資料或事例，而刪除不支持自己觀點者；⑶對結果沒有抱持懷疑的態度，不做自我更正，也不公開研究結果的限制。

在社會科學中，有些假設的描述方式看似科學，實則缺乏足夠支持的論證與可信度，即是所謂的「僞科學」（pseudoscience）。科學方法的特色，包括：⑴鼓勵與歡迎追尋反面證據，因爲所有知識都是暫時而可受公評、駁斥的；⑵以謹愼小心的態度，提出宣稱；⑶避免過度概化；⑷結論立基於下列基礎：A.全面周延、有系統、無偏頗的觀察；B.嚴謹研究；C.複製研究，不忽視或鄙夷健全研究產生的反面證據（李政賢譯，2016）。

僞科學之所以盛行，其中的主要原因是龐大的商業利益。例如：某些商業團體經常在電視和網路上推銷各種食品和保養品，宣稱經過科學實驗室驗證，可以改變身體酸鹼性、養顏美容，搭配主持人犀利的口才或利用消費者心理對疾病的恐懼，藉此吸引大衆的購買興趣，這些不含醫療功效的產品，不需經過衛生主管機關審查，因此，所聲稱的產品效果是否包含僞科學的成分，一般大衆並不容易分辨；且經常有許多的知名人物代言，他們可能會支持立基於僞科學的服務，因爲他們在該服務上享有既得利益。這類宣稱似乎呈現了若干科學研究的面貌，但是仔細檢驗就可發現，違反若干重要的科學原則。

要辨識假科學，讀者需要研究素養（research literacy），Beaudry和Miller指出，包括：資訊、語言、適量和視覺素養，意指：⑴知道如何搜尋學術研究和以實證爲基礎的資源；⑵了解、探討和評論研究論文；⑶理解統計和統計推理，並知道如何應用它們在研究和實務中；⑷讀懂以圖表等非語言形式呈現研究結果，並知道如何建構它（鈕文英，2021）。

偵測潛存偽科學的常見徵兆

偽科學的支持者可能會有的宣傳作法

1. 誇大宣稱神奇妙用。
2. 過度概化。
3. 編造不尋常的臆測說法，以解釋其效用。
4. 賣弄浮誇唬人的專業術語，乍聽似乎頗像科學，其實並非如此。
5. 宣稱基於下列基礎：
   (1) 見證說法或軼聞。
   (2) 權威或大師。
   (3) 傳統。
   (4) 鬆散而偏頗的研究。
   (5) 介入法受歡迎的程度。
   (6) 選擇性觀察少數個案。
   (7) 透過電影或電視節目等大眾媒體宣傳。
6. 對於反面宣傳的回應：
   (1) 不理會，或是斷章取義，只擷取其中有利的證據。
   (2) 遭遇事後假設來規避該等證據。
   (3) 透過人身攻擊，來貶抑那些提出反面證據的批評者。
   (4) 誇大負面證據來源或研究小瑕疵的重要性。
   (5) 誇大正面證據來源的研究嚴謹或高明程度。
   (6) 訴諸稻草人講述手法，扭曲質疑者的論述，以便容易攻擊之。
   (7) 引述歷史上備受同代人物汙衊質疑的科學家（如伽利略、佛洛伊德），從而隱約暗示自己的處境也類似該等歷史名人。
   (8) 因為感受到外界對其所宣稱有效介入處遇法的威脅，因此以陰謀論反擊外界對其成效的質疑（事實上是隱藏研究者個人的私利）。
7. 過早結束研究，迫使後輩不得：
   (1) 以嚴謹且無偏頗的研究，來質疑其宣稱。
   (2) 發表提出反面證據的研究（指出該等研究的缺失，或是論稱發表如此的研究會妨礙需要其介入處遇者，無法從中受惠）。

資料來源：李政賢譯（2016）。

偽科學案例

偽科學的示例

某新聞報導，針對警政單位發出的1,000份問卷中，有80%的市民表示曾經有接到詐騙電話，並且主張對詐騙者處以嚴刑峻罰。

評論

此示例提供不完整的資訊，乍聽之下會覺得某市民接到詐騙電話的比率很高，但是抽樣的人數、抽樣的比例、回收的問卷份數，以及抽樣的方法，無法確認這樣的調查對象是否具有代表性；或許問卷回收率很低，且填答者多有接獲詐騙電話的經驗。

Unit 1-12 區位謬誤／生態謬誤、簡化論／化約論

在進行研究使用分析單元進行分析時，研究者常會落入區位謬誤／生態謬誤、簡化論／化約論的潛在陷阱。茲說明如下：

1. 區位謬誤／生態謬誤

區位（ecological）是指團體、集合或系統，是比個體更大的事物。區位謬誤（ecological fallacy）的假定爲：從區位單元所獲得的結論，說成是有關組成該區爲單元的個體結論（林秀雲譯，2016）。亦即，區位謬誤是指檢視團體或集體分析單位，卻用來做出關於個體分析單位的宣稱。當研究的分析單位與研究結果的判斷單位出現不對稱或不一致的現象時，即稱爲區位謬誤。

區位謬誤是源自於分析單位的錯誤配對，是指研究者握有經驗證據的單位，與他想要發表論述的單位之間出現不相稱的狀況。這是由於推理不當，以及通則化超過證據所保證之範圍外的緣故。區位謬誤發生在研究者蒐集的資料是一組較高層次的或聚集的分析單位，但是卻想要對一個較低層次的、非聚集的單位提出論述時。因此，如果研究者蒐集到較大集體（例如：組織、整個國家）的資料，然後根據這些資料提出關於個體行爲的結論，研究者就犯下了生態謬誤。確定研究者用作解釋的分析單位等同於或是接近於其蒐集的資料之單位屬性，研究者就可以避免落入這種錯誤。

2. 簡化論／化約論

簡化論（reductionism）指的是試圖根據有限的或低階概念去解釋特定現象。化約論不全然是錯的，它只是太有限。（林秀雲譯，2016）。這是因爲研究者過度簡化問題的複雜性，或是將複雜的社會現象歸因於單一因素所造成，也稱爲不對等謬誤（朱柔弱譯，2000）。亦即，簡化論就是在尋求解釋廣泛人類行爲的原因時，只考量過度限縮的概念和變項，因而犯下的錯誤。此錯誤是發生在研究者解釋鉅觀層次的事件時，但有的只是關於數個特定個人的證據。發生在研究者觀察的是較低或個別的分析單位，卻對較高或聚集單位的運作狀況做出論述的情況時，這是生態謬誤錯誤配對的逆向情況。當握有關於個人行爲決策資料的研究者，卻對鉅觀層次單位的動態提出論述，這時就犯了化約論的謬誤。會出現化約論的謬誤，是因爲通常從具體的個人取得資料比較容易；同時也是因爲鉅觀層次單位的運作比較抽象與模糊之故。

至於如何避免區位謬誤或是簡化論，研究者可以藉著確定研究者解釋時所用的分析單位非常接近於研究者所掌握之證據的分析單位，而避開這個錯誤。未能對分析單位做出正確思考的研究者與掌握不相稱的理論與資料的研究者，是比較可能犯下生態謬誤或化約論的謬誤。

區位（生態）謬誤之案例

有較高比例的高收入人口，在這個鎮上有半數家庭的收入超過16萬美元。這個鎮上所登記的機車數也比任何其他與它大小相近的城鎮為多。

湯姆鎮（Tomsville）
人口數：45,000人

住有許多窮人，半數的家庭生活在貧窮線之下，它所登記的機車數也比任何與它大小相近的城鎮為少。

瓊安鎮（Joansville）
人口數：45,000人

研究結論

- 上圖只根據這些資料就說有錢人比較可能擁有機車，或說證據顯示家庭收入與擁有機車之間有關，就是個謬誤。
- 原因是我們並不知道在湯姆鎮與瓊安鎮中哪種家庭擁有機車，就整個鎮來看，我們只知道兩個變項──平均收入與機車數量。觀察變項的分析單位是整個城鎮。或許湯姆鎮中所有中、低收入的家庭都加入一個機車俱樂部，但沒有一家高收入的家庭加入這個俱樂部。或許瓊安鎮的每個富有家庭以及每五個窮人家庭都擁有一輛機車。
- 要做出關於家庭擁有機車的狀況與家庭收入之間有關係的陳述，必須就家戶蒐集資料，而不是就整個城鎮。

資料來源：案例整理自朱柔弱譯（2000）；圖作者自繪。

區位謬誤VS.化約論之思考

- 研究者觀察發現某市某區某家戶的成員支持A政黨，做出該市所有區域內的家戶皆支持A政黨之結論，此種謬誤稱為：
（A）化約論　（B）套套邏輯　（C）月暈效應　（D）目的論
答案：（A）

資料來源：105年第一次專技社工師考試試題

- 一項研究發現，平均教育程度較高的地區，犯罪率較高。一位社會工作系學生據此推論：教育程度高的人，犯罪能力也高，因此犯罪多。此推論犯了什麼錯誤？
（A）過度概化（overgeneralization）　（B）化約論（reductionism）
（C）區位謬誤（ecological fallacy）　（D）過度簡化（oversimplification）
答案：（C）

資料來源：104第一次專技社工師考試試題

- 鄉鎮市長選舉結束，某候選人檢視自己在選區內各里的得票率，發現年輕人比例高的里得票率比較高，得到一個結論：年輕人是自己的主要支持者。此結論犯了那一種錯誤？
（A）區位謬誤（ecological fallacy）　（B）化約論（reductionism）
（C）過度概化（overgeneralization）　（D）系統性誤差（systematic error）
答案：（A）

資料來源：99年第一次專技社工師考試試題

Unit 1-13 社會研究的過程

無論是質性方法與量化方法，基本上都遵循若干共通的研究階段。經參考文獻，社會研究過程可分爲以下幾個階段（王佳煌等人譯，2002；簡春安，2016；王雲東，2007；李政賢譯，2016；鈕文英，2021）：

一、階段一：問題形成

研究開始的第一個階段是問題的形成，即是確定研究主題。問題確定後，接著就必須持續考量執行的可行性。最後，決定研究目的、釐定研究要素。當研究問題確定、找出焦點後，研究者經常會回顧過去對這個主題或問題所做的研究，或稱爲文獻，文獻回顧是此階段的關鍵步驟。

二、階段二：研究設計

研究設計是要考量可能的邏輯安排和資料蒐集方法。明確陳述出研究問題之後，研究者會計畫如何展開這個研究方案。邏輯安排和方法的選擇乃是依據問題形成階段擬定的研究問題而來，考量的重點包括可行性和研究目的。以尋求因果關係爲目的之研究，邏輯安排需要符合建立因果關係的條件。

三、階段三：資料蒐集

此階段是要執行先前階段二的研究設計，涉及執行研究時許多細節的決定，例如：是否使用田野調查，或是採用觀察法、要有多少受試者、要問哪些問題。此外，量化研究和質性研究的資料蒐集方式又有所不同。

四、階段四：資料處理

無論是量化資料或質性資料，或兩者兼具，在本階段的資料處理不外乎將蒐集的資料分類或編碼，使之較易詮釋。

五、階段五：資料分析

資料分析是檢視所蒐集的資料是否出現任何模式，幫助研究者做解釋並找出這些資料內含的意義。在此階段，研究者必須將資料操弄處理，以幫助回答研究問題。資料分析可能產生未預期的發現，該發現反映研究問題，但超越原先設定的研究問題，分析結果會回饋至最初的問題形成，也可能會開啟新一輪的研究歷程。

六、階段六：詮釋研究發現

在詮釋研究發現時，必須考量影響研究結果概化推論的各種方法學限制。因此，研究報告並非結束於資料分析結果的呈現，而須持續討論其他對立詮釋的可能性，以及可概化推論的程度與範圍。

七、階段七：撰寫研究報告

撰寫研究報告是研究過程的最後一個階段，而研究報告的組成要素依循上述研究過程的各個階段。報告架構包括研究問題的背景、文獻探討、研究元素的概念化、資料的蒐集程序與邏輯安排、呈現研究發現資料的分析及討論。報告在最後可能會簡短回顧先前的內容重點，並突顯研究的重要發現和結論。

科學之輪（wheel of science）：科學的循環模式

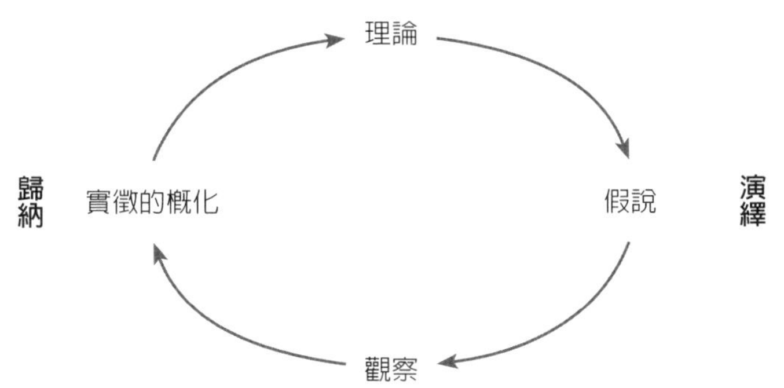

■ 在實際的科學研究中，理論和研究的互動乃是涉及演繹和歸納的交替循環，永無止境。Walter Wallace以「科學之輪」（wheel of science）的圓圈循環來形容此一歷程。

■ 在此模式中，理論產生假說，假說引發觀察，觀察形成概化，而概化又導致理論的修正。經過修正的理論接著又引發修改的假說和新的觀察，新的觀察又促使概化的修改，並進一步修正理論。很明顯地，這個模式裡沒有起點，也沒有終點，是一種循環關係。

資料來源：圖、文字整理引自Walter Wallance（1971）；轉引自李政賢譯（2016）。

研究主題之來源選擇

■ 從研究者的興趣和生涯目標發現
■ 從個人的能力和專業中探詢
■ 與有專業能力、有經驗的研究者討論
■ 從相關文獻的過去研究中尋求
■ 從實務工作或日常觀察中尋覓
■ 從社會趨勢和新理論中發掘

Unit 1-14 社會研究計畫書的撰寫架構

研究計畫書是研究者將其未來所欲眞正進行的研究方法、程序，以書面的方式，提供研究者與外界等，作爲參考、審核與溝通之用。茲將研究計畫書的撰寫架構，扼要說明如下（王雲東，2016；簡春安等人，2016；許素彬譯，2013）：

一、緒論

通常會包含研究動機（或背景）、研究的重要性、研究目的與名詞定義（或解釋）等，其中，研究動機（或背景）、研究的重要性與研究目的等，有時會視情況而決定要不要特別列出。

二、文獻探討

針對欲研究的題目，找出相關的國內外文獻進行分析整理，而後選取與欲研究主題接近的理論架構、自變項與依變項、研究設計與方法等，有系統層次地加以呈現，之後引導出後續的研究計畫內容。

三、研究理論與架構

包含研究理論、研究架構（一般以圖示的方法，將自變項、依變項或／與中介變項等加以連結的研究變項間關係示意圖）、研究問題與研究假設等。

四、研究方法

研究方法包含：1.研究設計：決定整個研究要用何種方法去蒐集資料；2.樣本：對研究的取樣方法與樣本大小做出說明；3.變項的操作型定義：對於量化的描述性研究，變項給予明確的操作型定義；4.測量工具：說明用以蒐集資料的測量工具。

五、研究人員基本資料與時間進度表

時間進度表通常是採用甘特圖（Gantt chart）的方式來呈現。所謂「甘特圖」，就是以工作項目爲最左一行，以時間爲最上一列，所繪製之能表示預期工作進度的圖表。

六、預期研究結果與貢獻

撰寫內容往往會與研究計畫第一部分「研究的重要性」相呼應。對於任何一位研究計畫的審核者來說，透過「預期研究結果與貢獻」，可以看出該研究的重要性與研究者對這個研究的掌握程度。

七、預算

「預算」通常是當研究計畫針對委託招標單位或是贊助機構，才需要提供的相關資料，藉以讓可能的委託或贊助單位了解，如果審核通過本案，將需要撥付多少金額（主要分成人事費與業務費兩大部分）。

八、參考文獻

參考文獻係將研究計畫內容中，有引用到的書籍、論文等各項資料出處加以說明，通常採APA格式。

九、附錄

附錄（appendix）是指不便放在研究計畫文中（例如：篇幅太長），但卻又應該向讀者交代的資料，通常放在最後。

社會研究計畫書的撰寫架構

1 緒論
2 文獻探討
3 研究理論與架構
4 研究方法
5 研究人員基本資料與時間進度表
6 預期研究結果與貢獻
7 預算
8 參考文獻
9 附錄

文獻探討之目的與功能

01 使研究計畫合乎科學的要求，融入於科學的論點中。

02 避免重複的工夫，以節省人力。

03 使研究更務實，避免使研究的問題重蹈覆轍，或落入別人研究的窠臼裡。

04 整理、吸收先前的研究經驗與結果，作為未來更新、更好、更周詳的研究準備。

05 釐清研究概念的層次，把和研究有關的變項做系統的介紹，使讀者對研究者的觀念、邏輯有層次上的了解。

06 好的文獻探討在敘述時，已經在為自變項與依變項的出現鋪路。文獻探討會說服讀者進入作者的思維體系，使其更能同意研究者的理論架構。

資料來源：文字整理自簡春安等人（2016）；圖作者自繪。

Unit 1-15 社會工作研究倫理

社會工作研究倫理議題是源自於對研究的進行是否合乎道德的研究程序。在研究進行中，經綜整相關文獻並補充說明可能面臨的相關倫理如下（王佳煌等人譯，2002；簡春安等人，2016；李政賢譯，2016；王篤強譯，2013b）：

一、自願參與和知情同意

社會工作研究進行過程中，無論面訪或郵寄問卷，常蒐集到受訪的個人資料，例如：涉及到醫療、性生活、宗教、政治態度、薪資收入等敏感資料。因此。研究倫理的主要原則是參與者必須是自願的、知情的，且可以隨時退出的。

二、不傷害參與者

在社會工作專業中，不能傷害服務對象，是專業倫理守則的重要原則。同樣地，社會工作者在研究中，必須謹守不可在研究中傷害參與者，包括：生理、心理、社會等層面的傷害。研究者必須謹記，並留意研究過程中可能產生的風險並加以排除。

三、匿名性與保密性

匿名性指當研究者無法區辨哪一個回答屬於哪一個受訪者時，尤其是郵寄問卷時。但在面訪時，訪員會知道每一位受訪的對象爲何，因此，保密性的倫理原則必須被落實遵守。如果透過資訊的拼湊、比對可以識別出受訪者，即不具有保密性與匿名性。

四、欺瞞研究參與者

在進行研究時，研究者必須表明你是研究者的身分，讓研究對象知悉正在進行研究，因爲欺騙是不道德的。但在觀察研究時，有時必須完全隱藏研究身分進行，這樣的欺瞞研究者，必須要有有令人信服的科學或管理考量，來證明其正當性，才可以採用。

五、分析和報告

研究者進行研究報告時，必須將研究在技術上的缺點和限制加以陳述，而非僅是陳述研究的獲得成果。研究者有義務將這些缺點讓讀者知道，這才是一種負責任的研究態度。

六、權衡效益和成本

在研究規劃中，研究的長期利益是否值得我們冒著可能造成的傷害，去執行有倫理爭議的研究實施作法，以期取得足夠的科學效度，常面臨爭議。如果沒有替代方式出現，研究者就得依賴他們對於研究個案所伴隨的各種成本和效益來權衡取捨，或是取決於他們是否相信有些目的可以正當化的手段。

七、接受服務的權利和評鑑服務成效的責任

社會工作研究中最關鍵的倫理兩難，是關於案主需要接受服務的權利，以及長期來說改善案主的福利，能否正當化的短期延宕對一些案主的服務，即爲接受服務的權利與評鑑服務成效的責任。

研究倫理審查委員會

研究倫理審查委員會（institutional review board, IRB）

01 規範涉及人類的研究倫理事宜。任何機構（例如：大學或醫院），都必須設置機構審查委員會或研究倫理審查委員會，審查所有涉及人類的研究計畫案，以及制定研究倫理規範。

02 IRB的目標是要保護研究受試者的權益。IRB的主要責任是保護研究參與者的權利和利益，確保他們參與研究而面臨的風險能夠降至最低限度，而且能夠合理證明研究利大於弊。

03 IRB可能會拒絕核准送審的研究計畫案，或是要求修改研究計畫。研究計畫審核通過並且開始執行之後，IRB可能會持續監督，並且可能決定暫停或撤銷原先核准通過的研究案。

資料來源：文字整理自李政賢譯（2016）；圖作者自繪。

法律和道德行為的研究類型

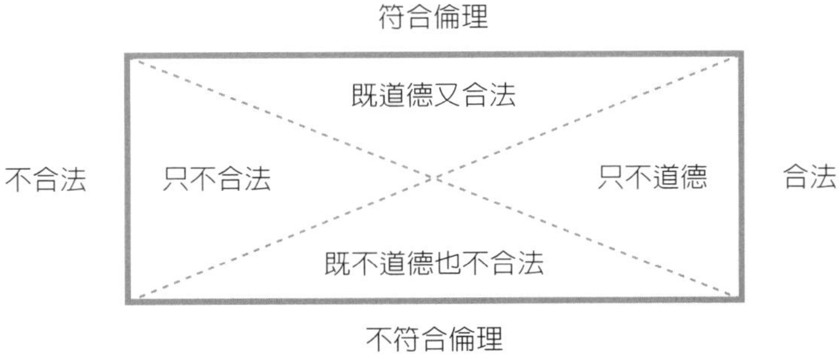

符合倫理

不合法	只不合法	既道德又合法 / 既不道德也不合法	只不道德	合法

不符合倫理

資料來源：王佳煌等人譯（2002）。

第 2 章

社會研究的面向

章節體系架構

Unit 2-1 探索性、描述性、解釋性研究

研究的目的，可分為探索性、描述性、解釋性研究，茲說明如下：

一、探索性研究（exploratory research）

探索性研究的主要目的，在於檢視一個人們不甚了解的議題或是現象，發展出對此議題或現象的初步觀念，以及發展出更為精確聚焦的研究問題。當我們所要研究的主題非常新穎、我們對其所知甚少或者是一無所知，以及尚未有任何人探討過這個主題時，就必須使用探索性研究（林宏陽、黃曉薇譯，2009）。探索性研究的目的，在於形成較為精確的問題，以利於我們在未來的研究中進一步加以處理或探討。探索性研究很少產生明確的答案。探索性研究所處理的是「什麼」的問題，例如：Covid-19防疫隔離對兒少心理之影響的探索性研究。

二、描述性研究（descriptive research）

描述性研究的主要目的，是利用文字或數字來「描繪圖像」，且呈現出輪廓、類別的分類方式，或是大致的研究步驟，以回答一些問題。例如：像是「誰」、「何時」、「何處」與「如何」等。描述性研究呈現出一個情境、社會環境，或是關係的具體圖像細節。探索新的議題或者是解釋某事件發生的原因，並不是描述性研究關心的重點，因為此類研究真正的焦點在於描述事物的樣貌。進行描述性研究的研究者，則會使用大多數的資料蒐集技術，像是調查、田野研究、內容分析及歷史比較研究方法等。例如：精神病患醫囑遵從性與復發之關聯程度為何？

三、解釋性研究（explanatory research）

解釋性研究的主要目的，在於解釋事件發生的原因，並且去建立、詳細闡述、延伸或是考驗理論。當面對一項眾人熟知且有適當描述的議題時，我們或許會想要知道事物為什麼（why）會以現在的方式存在或發展。處理此種「為什麼」的問題，正是解釋性研究的目的。解釋性研究乃是奠基於探索性研究及描述性研究上，並且繼續進一步確認某事物發生的原因。除了針對某項議題提供一幅描述的圖像之外，解釋性研究更要進一步地去尋找原因及理由。例如：描述性研究可能僅會詳細分析精神病患醫囑遵從性與復發之關聯程度，但解釋性研究則會把焦點放在這些精神病患為什麼會遵從醫囑、不遵從醫囑的原因上。

研究的目的之分類

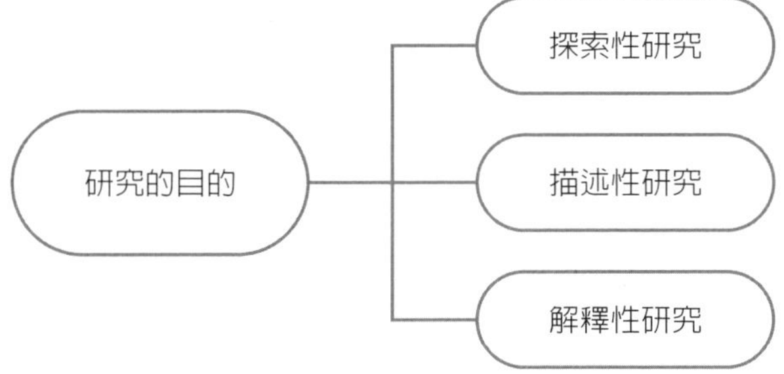

不同研究類型的目的

01

探索性

- 逐漸熟悉基本的事實、環境背景，以及關心的事物。
- 在心中產生關於研究情境的大致圖像。
- 為未來的研究形成並聚焦研究問題。
- 產生新的想法、推測及做假設。
- 確定進行研究的可行性。
- 發展出測量及找出未來資料的技術。

02

描述性

- 提供一個詳盡的、高度精確的圖像。
- 找出與過往資料有所衝突、矛盾的新資料。
- 創造一組類別，或是針對各種不同類別進行分類。
- 澄清一系列的步驟或是階段。
- 詳細記錄前因、後果或是機制。
- 描述某個研究情境的背景或是脈絡。

03

解釋性

- 檢驗一項理論的預測或是原理。
- 闡述且擴展一項理論的解釋力。
- 將一項理論延伸至新的議題或是主題。
- 支持或是拒斥一項解釋或是預測。
- 將議題或是主題連結至某個一般性的原則。
- 在數個解釋中，確定何者為最佳的解釋。

資料來源：文字引自朱柔弱譯（2000）；圖作者自繪。

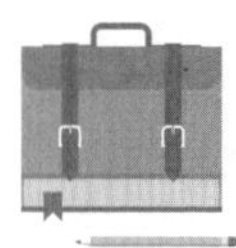

Unit 2-2 基礎研究與應用研究

研究依照其運用，可分爲基礎研究、應用研究，茲說明如下：

一、基礎研究（basic research）

基礎研究又稱作學術研究（academic research），或是純研究（pure research）。基礎研究的目的在於促進對於社會世界的基礎知識；基礎研究是大多數新的科學觀念，以及思考社會事件新方法的來源。科學社群正是基礎研究的主要讀者群，研究者利用基礎研究去支持或是反駁一些理論，而這些理論則是關於社會世界運作與改變的方式、各種事件背後的成因，以及爲什麼社會關係或是事件會以某種特定方式進行等（王佳煌等人譯，2002）。

基礎研究爲了促進並發展關於世界運作方式的基礎知識，並且藉由專注於「爲什麼」的問題方式，建立並測試理論性的解釋。基礎研究是建立理論或學說所做之研究。基礎研究常被誤以爲在研究一些不切實際的議題，事實上，許多的應用研究，都是以基礎研究爲基礎加以進行應用研究。例如：涂爾幹的自殺論，即是一種對自殺的基礎研究。

二、應用研究（applied research）

應用研究的設計目的，是爲了針對某個具體的問題提出具有實用性的解決方法，或是處理臨床工作者或實務工作者們所擁有之立即、特殊的需求（陳榮政主譯，2014）。應用研究主要聚焦於實際上可應用的成果；基礎研究是純理論的或科學的研究，爲獲得知識而從事的活動，與解決技術性或實際問題並不直接相關；而應用研究則爲解決實際可能發生的特定問題之活動。

應用研究主要係以解決現實中所發生之問題爲出發點，目的爲實用。應用研究旨在研究知識以求實際應用，故應用研究與基礎研究不同。應用研究是任務取向的研究，應用研究的目的在考驗科學理論於特定領域的可用性。應用研究之研究通常是期程較短的、規模較小的，且較強調研究成果的實際可運用性。應用研究的成果，常被機構、政府部門、商業部門等作爲決策之參考。例如：針對治療肺腺癌的標靶藥物進行治療效果研究、正向心理學對於毒品處遇之應用研究。應用研究有諸多不同的形式，但其中可分爲三種主要類型，包括評估研究、行動研究、社會影響評估。

研究的運用與讀者群分類

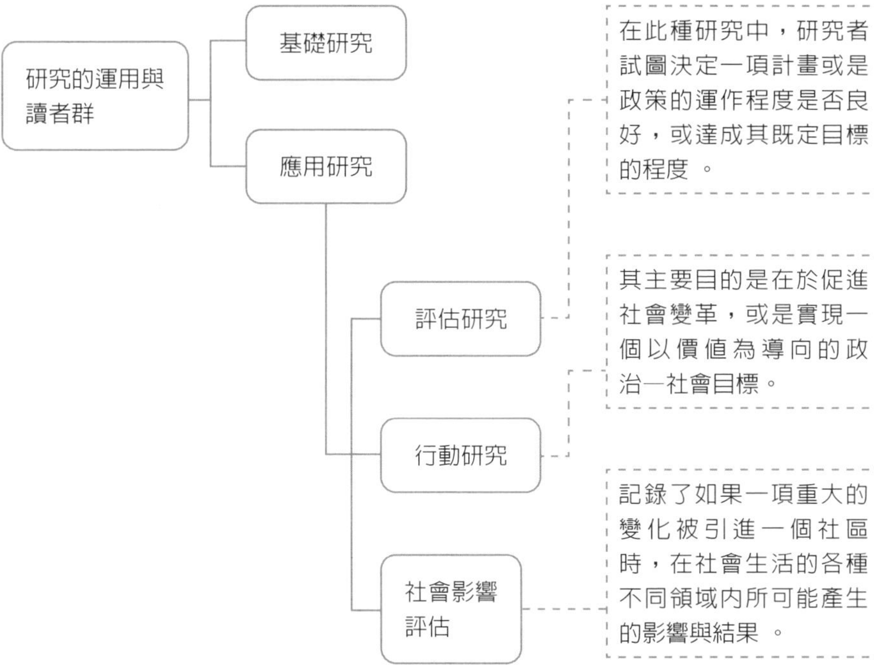
研究的運用與讀者群
基礎研究
應用研究
評估研究
行動研究
社會影響評估
在此種研究中，研究者試圖決定一項計畫或是政策的運作程度是否良好，或達成其既定目標的程度。
其主要目的是在於促進社會變革，或是實現一個以價值為導向的政治—社會目標。
記錄了如果一項重大的變化被引進一個社區時，在社會生活的各種不同領域內所可能產生的影響與結果。

基礎研究與應用研究之比較

基礎研究	比較層面	應用研究
科學社群（其他研究者）	主要讀者群	實務工作者、參與者，或是管理者（非研究者）
研究同儕	研究者	實務工作者、管理者
高	研究者的自主性	低到中
非常高	研究的嚴謹程度	依情況而有所不同，中等相關性
經過驗證的事實	最高優先事項	相關性
創造新的知識	目的	解決實際的問題
研究獲得出版，以及對於知識／科學家造成影響	成功與否的指標	直接應用於處理一個具體的問題或是重大的議題

資料來源：王佳煌等人譯（2000）；表格由作者重新調整排版方式。

Unit 2-3 橫斷性研究與縱貫性研究

研究依照其時間點，分為橫斷性研究、縱貫性研究、個案研究，茲說明如下：

一、橫斷性研究（cross-sectional research）

在進行橫斷性研究時，研究者會檢視許多不同個案在同一時間點上的資訊。橫斷性研究可以是探索性的、描述性的或是解釋性的，但是通常最適合於描述取向的研究。橫斷性研究通常是最為簡單，而且也是花費最少的，但是卻很少能夠眞正地捕捉到社會過程或是變化。

二、縱貫性研究（longitudinal research）

在進行縱貫性研究時，研究者會檢視許多單位或是個案在不同時間點上的資料。我們可以將縱貫性研究應用於探索性的、描述性的及解釋性的目的上。雖然進行縱貫性研究通常比橫斷性研究更為複雜，而且花費也較為高昂，但是縱貫性研究的解釋力也更為強大。縱貫性研究的常見的三種不同類型，包括時間序列研究、同樣本多次研究、世代研究。茲說明如下：

1. 時間序列研究（time–series research）：在此研究中，研究者針對屬於同一類別的人群或是單位，在不同的時間點上蒐集其相關資料。此研究讓研究者能夠觀察到研究對象或是單位，在其特徵方面的穩定性或是變化，或是能夠追蹤各種條件在時間方面的變化。
2. 同樣本多次研究（panel study）：此研究對完全相同的一群受試者、團體或組織，在不同的時間進行觀察或蒐集資料。此研究的困難度、所需研究經費均較高。另長時間追蹤同一群人，也容易造成樣本流失（例如：死亡、失去聯絡等）。此研究的價值在於幫助研究者了解某個特定生活事件所造成的衝擊或影響。
3. 世代研究（cohort study）：亦稱為科夥研究。與樣本多次研究有些類似，但並不完全相同，因為世代研究並非是觀察完全相同的一群人，而是研究在一段特定時期內共享類似生命經驗的同一類型的人；例如：在二次世界大戰後的戰後嬰兒潮世代、千禧世代、生活在民歌世代的人等，亦即，同一世代是指曾經歷過相同生活事件的人。

三、個案研究（case-study research）

顧名思義，個案研究的研究對象是非常少數的單位或是個案，並在一段時間或是橫跨不同的期間之內，針對這些個案的大量資訊進行詳盡的、深入的、多元的及廣泛的個案特徵檢視。個案的類型可以個人、團體、組織、運動、事件或地理區域等。

單一或是多重時間點的分類

橫斷性研究 VS. 縱貫性研究

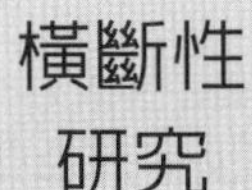

橫斷性研究	VS.	縱貫性研究
以一次調查為限	調查方式	在先後不同的時間點進行多次調查
在特定的時間點上進行觀察	調查特性	描述觀察對象長期且動態的演變過程
描述取向的研究	適用研究	想尋找社會變遷問題的解答時
簡便省錢	優點	亦可以清楚地展現某個特殊生活事件的影響力
無法捕捉社會進行的歷程與變遷	缺點	成本很高

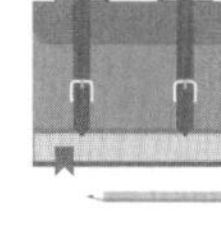

Unit 2-4 量化研究與質性研究

研究依其方法，可分為量化研究、質性研究，茲說明如下：

一、量化研究（quantitive research）

量化研究又稱為「定量研究」，是指基於數據蒐集、再經過統計分析結果得出客觀結論的研究方法，主要目的在於推論通則，透過樣本的表現找出因果關係，推論整體特徵，以建構出模式或預測趨勢。就量化研究方法而言，其研究歷程有一定的步驟，只要順著步驟當可為研究社群所接受。一般而言，包括：定義研究問題、文獻探討、形成研究假設、研究設計、研究工具與抽樣、資料蒐集、資料分析、結論及修正假設等（Miller & Crabtree, 1992）。

量化研究旨在描述（例如：描述某個議題或現象大範圍的現況）、探索（例如：為後續研究進行前置作業，包括：進行前導研究確認研究內容、發展蒐集究資料的研究工具等）、解釋（例如：解釋變項間的因果關係；探究解釋介入效果的因素，以驗證理論的因素）、關聯（例如：有哪共變項能夠預測某個現象），是結果導向的研究（鈕文英，2021）。它具有能對某個主題做廣泛的了解，將研究結果做較寬廣的推論等優點；但較無法對問題做深入的了解，且較無法探究某個現象發生的脈絡和過程。量化研究的面向，可分為實驗研究、調查研究、非反應式研究等。

二、質性研究（qualitative research）

質性研究又可稱為「質化研究」，是不經由統計程序、其他量化方式產生研究結果的研究方法，常應用於社會科學、教育學等研究領域。質性研究分析方法關注社會情境中眞實的人事物，以及它們彼此之間的互動，研究者會透過訪談、觀察等方式深入了解研究對象的想法，因此更能站在「局內人」的角度，歸納、分析複雜社會現象的發生歷程和原因。

質性研究旨在描述（例如：描述有興趣了解的現象及其產生的過程和情境脈絡）、探索（例如：探索極少被了解的現象、產生新的觀點）、解釋（例如：發展解釋某個現象的理論），是一種過程和發展導向的研究（紐文英，2021）。質性研究的資料形式非常多元，包括照片、地圖、開放式訪談、觀察，以及文件紀錄等。我們可以把這些資料簡化為兩個主要的類別：田野研究（包括民族誌、參與式觀察、深度訪談）、歷史比較研究。

資料蒐集技術的分類

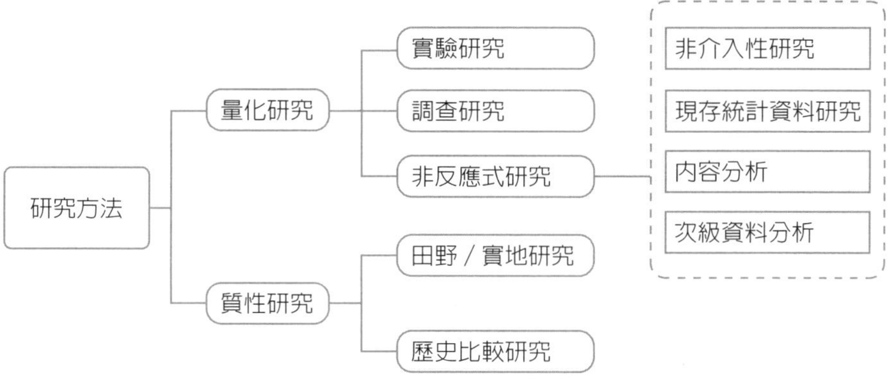

量化取向及質性取向

量化取向	質性取向
・測量客觀的事實	・建構社會的事實與文化的意義
・焦點集中於變項	・焦點集中於互動過程以及事件
・信度為關鍵因素	・本真性（authenticity）為關鍵因素
・不帶任何價值判斷	・在研究中清楚明確地呈現出價值觀
・理論與資料各自區分開來	・理論與資料融合在一起
・獨立於情境脈絡之外	・受到情境的限制
・許多的個案與受試者	・極少的個案與受試者
・統計的分析	・主題式的分析
・研究者採取超然的立場	・研究者參與其中

資料來源：文字引自王佳煌等人譯（2002）；表作者自繪。

Unit 2-5 量化研究方法之研究步驟

量化研究是社會研究中經常使用的一種研究方法，茲參考相關文件，將量化研究方法之研究步驟及其內容，綜整並補充相關說明如下（林秀雲譯，2016；蔡雅芬譯，2007；李政賢譯，2016；陳榮政主譯，2014；王佳煌等人譯，2002；王佳煌等人譯，2014；朱柔弱譯，2000；王雲東，2007；鈕文英，2021）：

一、步驟一：選擇主題

主題可能是一個籠統的研究領域，或者是由專業或個人興趣所衍生出來的議題。研究主題的範圍是相當廣泛的，例如：目睹家庭暴兒童對人際關係的影響、新冠疫情對醫事人員心理健康的影響。

二、步驟二：聚焦研究問題

選擇主題後，必須聚焦研究的問題，亦即，將研究主題的範圍縮小，聚焦在一個特定的研究問題上，以便進行研究來加以處理。此階段可透過文獻檢閱等以縮小範圍，並透過理論發展假設。例如：醫院中照顧新冠疫情重症患者的醫事照顧人員之心理負荷壓力，此議題聚焦醫院在新冠疫情期間，於隔離病房照顧重症患者的醫事機構人員之心理壓力，而非其他照顧一般非新冠重症患者的心理壓力，此即為聚焦研究論題。

三、步驟三：設計研究

聚焦研究問題後，研究者必須開始設計研究。在此階段，包括個案的類型、樣本的選擇、如何測量，及以何種方式進行等（例如：使用問卷或是進行實驗）等。

四、步驟四：蒐集資料

在研究設計完成後，研究者進行資料蒐集時，必須仔細的記錄並且確認資訊。量化研究所蒐集的資訊，都是以數字的形式呈現，或是可以轉換為數字進行研究的。

五、步驟五：分析資料

針對蒐集到的資料，運用電腦軟體，例如：SPSS、SAS等進行資料的分析、統計的檢定等、圖形、表格的產生等。

六、步驟六：解釋資料（interpret thedata）

針對所產生的資料分析，研究者進行結果的解讀，並依據研究假設來回答研究問題，且加以歸納資料所代表的意義。

七、步驟七：發表研究成果

此為量化研究的最後一個階段，研究者依據研究報告的格式撰寫研究報告，並呈現研究成果。

量化研究方法之研究步驟

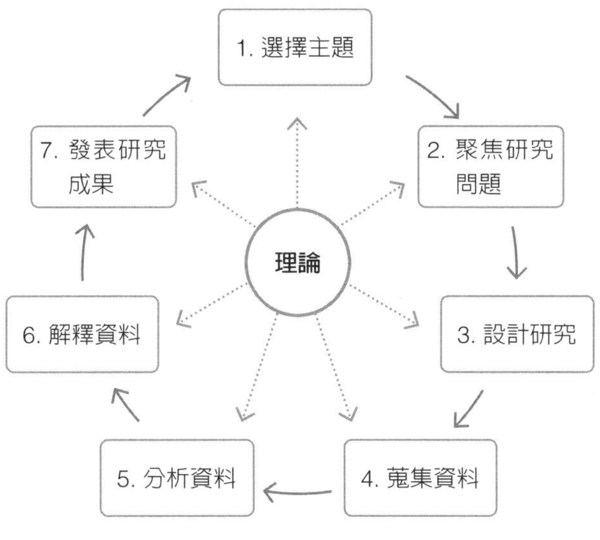

資料來源：王佳煌等人譯（2014）。

量化研究方法之案例

案例

我國精神疾病的就醫趨勢與風險因素探討

1. 選擇主題：研究我國精神疾病患者的就醫趨勢，以及未規律就醫可能產生的風險因素。
2. 聚焦研究問題：影響精神疾病患者長期規律就醫的原因為何？並分析未持續規律就醫風險預測因子。
3. 設計研究：以國家衛生研究院全民健康保險研究資料庫的就醫資料中，經診斷為具有精神疾病診斷者為母體，抽樣20萬人。
4. 蒐集資料：本研究主要是透過長期性的次級資料進行分析，以期了解臺灣精神疾病患者的長期就醫趨勢及其未持續就醫的影響因素。
5. 分析資料：檢視數據表格，內容是各種百分比以及統計考驗。
6. 解釋資料：穩定就醫者，其再度復發的機率較未穩定就醫者，高出2.91倍；未穩定就醫者之性別風險因素，女性風險明顯高於男性的1.2倍；有使用有社區復健者，其疾病復發因素低於未使用者；45歲以上精神疾病患者未規律就醫的風險機率要顯著高於45歲以上。
7. 發表研究結果：完成這項研究與研究結果的報告，並投稿到學術期刊。

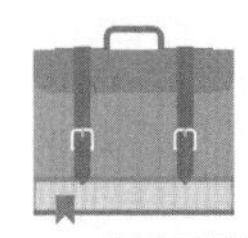

Unit 2-6 質性研究方法之研究步驟

質性研究與量化研究的研究步驟有些微不同。質性研究的步驟會根據研究者所使用的特定質性研究方法而有所變化。質性研究並不像量化研究研究的線性研究步驟，必須依照順序一個步驟接著一個步驟進行，質性研究的特色就是較爲不固定，且較不是線性的。茲參考相關文件，將質性研究方法之研究步驟及其內容，綜整並補充相關說明如下（潘淑滿，2000；王篤強譯，2013；陳榮政主譯，2014；王佳煌等人譯，2002；王佳煌等人譯，2014；朱柔弱譯，2000）：

一、步驟一：確認自我及情境脈絡

與量化研究相同，在進行質性研究時，研究者必須從一項主題開始，但是，與此同時，研究者必須先進行自我評估，並確定該項主題在社會—歷史脈絡中的位置。質性研究在取向上很看重社會脈絡、社會現象彼此的關聯，而不是它們彼此分立的特質。所關心的脈絡可以是一個方案或組織、一個社區，或是一項廣泛的社會參與之觀察。許多質性研究者會依賴個人信念、傳記、或是當前的特殊議題，以找出一個他們感興趣或是重要的主題。

二、步驟二：採取一個觀點

質性研究者可能會仔細思考理論、哲學典範（paradigm）。質性研究較常採取實證主義社會科學研究取向、詮釋（解析）社會科學取向、批判社會科學取向，或其他的社會科學取向，或是一邊進行研究，一邊和其他研究者持續地進行討論。這樣的作法並不是在縮小主題的範圍，反而意味著研究者其實是選擇了一個特定的研究方向，而且在此方向之內可能包含許多潛在的問題。

三、步驟三至步驟六：研究設計；蒐集、分析、解釋資料

質性研究亦必須如同量化研究有研究設計，而在蒐集資料上，質性資料蒐集的是質的資料，而非量的資料。任何研究設計都可以同時蒐集質和量的資料，但質性研究方法不是研究者預先做出分類，它強調對自然的行爲及人爲的現象進行觀察，以便能夠捕捉參與者所經驗的社會生活。在資料分析上，常使用資料的編碼方式（例如：開放性編碼、主軸性編碼、選擇性編碼的過程）及解釋資料。與量化研究者較爲不同的是，質性研究者比較有可能會同時進行蒐集、分析及解釋資料的工作。這是一個不斷變動的過程，必須在各個步驟之間來來回回好幾遍。而且，研究者經常不是僅僅使用或是考驗過去的理論而已，還有可能會建立新的理論。在解釋資料的階段，質性研究者會創造出新的概念及理論方面的解釋。

四、步驟七：發表研究結果

質性研究亦如同量化研究般，須撰寫研究成果報告。但是，因爲質性研究與量化研究的研究方法有所不同，研究報告的格式與寫法也會有所差異。

質性研究方法之研究步驟

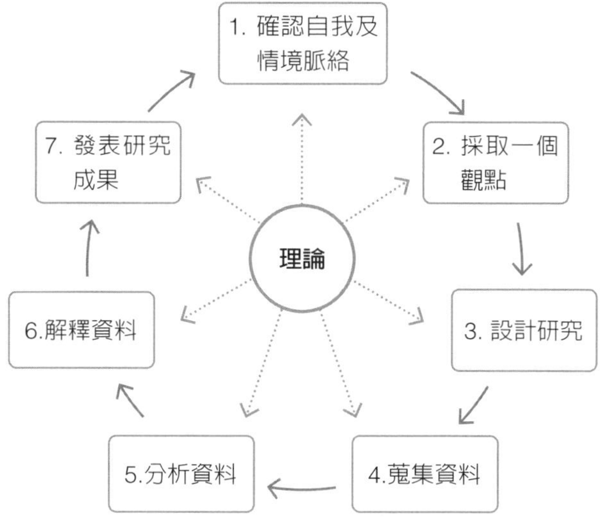

資料來源：王佳煌等人譯（2014）。

質性研究方法之案例

案例

我國愛滋病患者就醫體驗的質性分析

- 1. 確認自我及情境脈絡：愛滋病患者長期在社會烙印下，受到社會歧視，因此，在疾病治療上，也面臨缺少自我的勇氣。在這樣的社會脈絡下，愛滋病患者就像一群隱性的族群，不敢光明正大的就醫。影響了疾病的治療。
- 2. 採取一個觀點文化脈絡：本研究目的欲了解我國愛滋病患者在就醫的過程中，面臨哪些困境？並以其生命歷程進行影響其就醫意願之因素的深入訪問，從個體、人際與環境結構層次進行剖析。
- 3～6. 設計研究、蒐集、分析、解釋資料：本研究為深度訪談方法蒐集資料，以滾雪球與公開招募方式訪談10位愛滋病患者。研究者將訪談內容錄音檔轉錄成逐字稿後，並依據開放性譯碼、主軸性編碼、選擇性編碼等原則來分析資料。研究發現，影響愛滋病患者就醫的主要因素，以社會歧視為最主要因素，其次為自覺健康、隱私問題等。
- 7. 發表研究成果：研究結果遵守隱私保護、匿名化、去識別化的研究倫理，並在期刊中發表，以作為政府相關單位推動愛滋病患者勇於就醫的政策參考。

社會科學的研究取向

章節體系架構

Unit 3-1 意識型態與典範

對於意識型態本質的理解，有助於了解社會科學不同研究取向的爭論基礎；而科學方法的爭論通常立基於相互的典範。茲說明如下：

一、意識型態（ideology）

意識型態是種價值與信念的封閉體系，而體系形塑了其信仰者的理解與行爲。它的假設是牢固、強烈，且不容質疑。對其信仰者——所謂的信徒而言，意識型態提供了絕對的確信，且不受任何反證的挑戰（王美書譯，2007）。意識型態會左右國家、政黨、人民的國家定位、政策走向、人民的決定等。在堅持某特定意識型態的情況下，通常會陷入某些錯誤，例如：過度概化、選擇性觀察、事後假設，以及過早下結論。

意識型態的形式非常多元，例如：國家在制定社會福利政策時，常會受到不同的社會福利意識型態所影響，例如：左派、右派、新中間路線、新右派等；此外，在政治上，不同的意識型態，常會形成堅壁清野的情況，例如：美國對於墮胎權政策的爭議，共和黨反對墮胎，而民主黨支持墮胎，其背後均受意識型態的影響。

二、典範（paradigm）

典範源自於孔恩（Thomas Kuhn）於1962年發表的《科學革命的結構》，認爲典範是一套基礎的觀點，爲一門尋找自身意義的科學賦予特色（鈕文英，2021）。以典範爲基礎，進行形成理論（假設）、模式、實務和工具，典範提供研究方法和情境獨特的思考架構（Skrtic, 1991；轉引自鈕文英，2021）。典範如同意識型態，組織我們的觀察，並且賦予這些觀察意義。典範構成了理論與探究。然而，理論尋求解釋，典範則提供了觀看的方式。就其本身而言，典範並不解釋任何事物，但它們提供了邏輯架構，理論自其中產生（蔡毓智譯，2013）。

典範是組織我們對某事物的看法之基礎模式或架構，是由一群人共享的信念、價值觀及態度。例如：建構主義典範。在社會工作實務中，社會工作者遵循的典範，會影響其所提出的處遇方式。例如：以女性主義爲典範的社會工作者，對於長期在家庭中遭受情緒壓力的家庭照顧者，其所提出的處遇方式，會與以家庭保守主義爲典範的實務工作者有所不同。

雖然典範和意識型態有某些相似的地方，而且有些人對於他們支持的特定典範具有相當強烈的意識型態，不過典範相較於意識型態，卻是更能開放地接受質疑和修正（王美書譯，2007）。當該典範的缺點變得明顯時，就會產生新的典範來取代舊有的典範。

典範的三種經典類型

典範類型	介入焦點	案例說明
符號互動論典範（symbolic interactionist paradigm）	將社會生活視為個體之間互動的過程	藉著直接觀察人際間的互動，來尋找偏差的起源。符號互動論認為，人們之所以做出某些行為，是基於彼此對情境所賦予的意義而為；其理論重心乃在於圍繞偏差的意義，以及人們如何對此意義做出反應。
功能論典範（functionalist paradigm）或社會系統典範（social systems paradigm）	焦點放在社會生活的組織性結構上，社會的組成要素是什麼？哪些要素如何彼此相關？	認為偏差是具有功能性的，因為偏差創造了社會凝聚力。在譴責某些行為偏差時，正可為正常行為提供對比，並使得人們產生一份更強的社會秩序感。只有異於規範的偏差存在時，規範才具有意義；在釐清社會規範究竟為何時，偏差為必要的存在。
衝突典範（conflict paradigm）	將社會生活描述為個體之間和團體之間的相互鬥爭	從權力關係與經濟不平等來理解偏差，將偏差與社會不平等與連結。偏差與犯罪乃是資本主義社會經濟組織的產物，某些群體取得資源的管道有限，而不得不鋌而走險被迫犯罪以維持生計。窮人在資本主義社會中的經濟位置，造就了經濟性犯罪（如偷竊、搶劫、販毒）在窮人之中的高發生率。

Unit 3-2 社會理論與意識型態

「社會理論」是一個由互相關聯的概念所形成的系統。社會理論濃縮並組織關於社會世界的知識，我們也可以把社會理論當作是以系統性的方式來「說故事」，以解釋或說明社會世界某些面向的運作方式，以及其背後的原因（王佳煌等人譯，2002）。

意識型態（ideology）作爲一種「近似於」（almost）理論的準理論，意識型態欠缺了眞正的科學理論所應該具備的批判性特徵（朱柔弱譯，2000）。區別意識型態及社會理論，茲綜整文獻後，可區分爲以下幾個面向（陳榮政主譯，2014；王佳煌等人譯，2002；王佳煌等人譯，2014）並補充相關說明如下：

㈠ 答案的確定性：意識型態提供了絕對的眞理與確定的答案。意識型態能夠帶給人們一種充滿信心的感受及安全感，例如：新中間路線的社會福利意識型態，主張建立社會投資國家。對比之下，社會理論僅能提供暫時性的答案，並承認不確定性的存在。

㈡ 知識系統的類型不同：意識型態所提供的是一個幾乎沒有任何變化的封閉知識系統，這是因爲意識型態宣稱擁有所有問題的答案，因此不必做出任何改變，例如：社會福利的新右派，主張小政府、社會福利民營化是解決福利國家的唯一解方。對比之下，科學是一種開放式的知識系統，總是在成長及變化當中。

㈢ 假定的類型不同：意識型態和社會理論都包含了各種不同的假定。意識型態所包含的假定通常是固定不變的、沒有彈性的，而且不能加以質疑的，例如：馬克思主義對於社會階級鬥爭的觀點。對比之下，社會科學理論的假定則來自於科學社群內的開放辯論及討論，而且這些假定也會隨著時間而不斷演變。

㈣ 使用規範性陳述的方式不同：意識型態包含許多規範性的假定、陳述及概念，而這些規範性的假定、陳述或是概念，則會進一步地促進規範性的立場或位置，例如：保守主義將離婚率提高，假定爲婦女投入勞動市場而無法兼顧家庭所致。對比之下，社會理論幾乎不會去提倡某種特定的規範性宣稱。社會理論會提出描述性的陳述及解釋說明。

㈤ 使用實徵證據的方式不同：某種意識型態的支持者會選擇呈現以及詮釋證據，以保護某個意識型態的信念，例如：反對墮胎權人士，主張胎兒的生命權是至上的。對比之下，社會理論是信念和解釋的開放系統，並歡迎所有各種類型的證據。

㈥ 對於邏輯連貫性的要求不同：意識型態在邏輯方面通常會有自相矛盾的情況，而且許多意識型態所仰賴的是循環式的推論；社會理論堅持在邏輯上必須具備連貫性，且會時常試著去找出並排除所有邏輯上的謬誤，並去修正該理論，或用一個不同的、沒有謬誤或者矛盾的理論。

㈦ 透明程度不同：社會理論的假定、概念及關係，在研究中是公開的；而意識型態經常會包含一些晦澀難解或是難以明確界定的特徵。

社會理論與意識型態的比較

相異性	社會理論	意識型態
答案的確定性	暫時性的、有條件的，而且答案是不完整的、開放式的	絕對、確定的答案，幾乎不容質疑
組織的類型	開放的、不斷被擴展的信念系統	封閉的、固定的信念系統
假定的類型	清楚明白的、不斷變化的假定，以開放的、有資訊根據的辯論，以及理性的討論為基礎	晦澀不明的假定，以信仰、道德信念或是社會立場為其基礎
規範性陳述的使用方式	將描述性宣稱、解釋及規範性陳述區隔開來	混合了描述性宣稱、解釋，以及規範性的陳述
實徵證據	將所有證據皆列入考慮範圍，尋求對其宣稱的重複驗證，根據新的證據而做出改變	選擇性地使用證據，避免對其宣稱進行直接驗證，對於對立的證據採取抗拒、拒絕，或是忽略的態度
邏輯連貫性	最高層次的連貫性及一致性，避免邏輯上的謬誤	充滿矛盾及邏輯上的謬誤
透明程度	鼓勵透明性	避免透明性

資料來源：王佳煌等人譯（2014）。

相似性

- 包括一組假設或一個起始點
- 解釋社會世界是什麼，及其如何或為什麼會改變
- 提供系統的概念或想法
- 說明概念間的特定關係，並解釋什麼條件下會產生什麼結果
- 提供概念間一套彼此連接的系統

相異性

- **社會理論**
  - 條件式的及斟酌後的解釋
  - 答案不完整，並承認具有不確定性
  - 成長的、開放的、延伸的
  - 歡迎受檢驗、有正向及負向的證據
  - 依據證據而改變
  - 與強烈的道德立場分離
  - 中立的考慮所有面向
  - 積極尋找邏輯的一致性
  - 超然於社會的各種立場
- **意識型態**
  - 提供絕對必然的解釋
  - 具有完整的答案
  - 固定的、封閉的、最終的
  - 逃避檢證、有差異的發現
  - 對反面的證據視而不見
  - 受特定的道德信仰所閉鎖
  - 高度的偏袒
  - 具有矛盾不一致的現象
  - 植基於特定的立場

資料來源：文字引自朱柔弱譯（2000）；圖作者自繪。

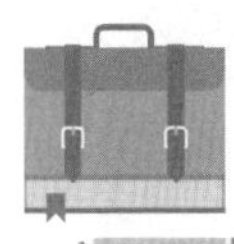

Unit 3-3 實證主義

社會科學的三大研究取向，包括實證主義、詮釋／解析社會科學、批判社會科學。本單元先就實證主義加以說明，其餘取向於後續單元陸續說明。

實證主義（positivism）取向強調的是去發現因果法則、仔細進行實徵觀察，以及進行價值中立的研究（王佳煌等人譯，2014）。實證主義視社會科學係為了發現與確證一組用來預測人類活動一般模式的機率因果法則，而結合演繹邏輯與對個人行為做精確經驗觀察的一個有組織的方法（王佳煌等人譯，2002）。

實證主義認為法則的運作是根據嚴謹的邏輯推理，研究者以演繹邏輯將因果法則與社會生活中所觀察到的特定事實加以連結。實證主義相信最後能以帶有公理、推論、假定，以及定理等正式的符號系統，來表達法則與社會科學的理論。實證主義是使用涵蓋法則的解釋模型，實證主義所採取的是因果關係的發現，解釋的形式為Y是X造成的，因為Y與X是因果關係（朱柔弱譯，2000）。

在研究方法上，實證主義比較喜歡精確的量化資料，而且時常使用實驗法、調查法，以及統計分析法。實證主義尋求嚴謹確實的測量工具與「客觀」的研究，並且藉由對測量所得數字的謹慎分析來檢定假設。但實證研究者也承認，實證研究者未必實證研究所假設的客觀，但透過實證研究嚴謹的研究程序，可以極力減少和最小化潛在的非客觀因素之衝擊。

實證主義者透過假設的檢驗，以提升其研究的精確性。例如：對於精神疾病患者的疾病復發，實證研究者可運用預測精神疾病復發的關鍵因素（例如：服藥順從性、家庭支持性、社區資源、社會環境等），據以執行該研究，精確的測量這些因素，以檢驗該理論中的因果法則，後續再建構出新的相關預防精神疾病患者復發之觀點，藉以協助精神疾病患者、家庭及國家制定相關的福利服務輸送、政策等。此外，實證主義是研究對知識無止境和自我修正的追尋，需要不同研究者針對研究結果重複進行測試。

對於實證主義的批評，包括實證主義把人簡化成數字及對抽樣法則或公式的關心，與人類活生生的眞實生活毫不相關。另實證主義認知研究絕對無法免於政治和意識型態的價值觀影響，但是他們相信，藉由合乎邏輯的架構和觀察的技術，可以減少個人價值觀對於研究結果的影響。

實證主義的假定與答案

Positivism

假定項目	答案
為什麼要進行社會科學研究？	研究的終極目標是得到科學解釋——發現與記錄人類行為的普遍法則。另外一個重要的理由是了解世界運作的模式，如此人們才能控制或預測事件的發生。
社會實相的基本特徵是什麼？	認為社會與自然實相是真真實實地就存在「那裡」，等著人們將之發掘出來。
什麼是人類的基本特徵？	人類被認為是自利的、尋求快樂的與理性的個體。我們透過觀察人類的行為及我們於外在實相中所看到的事物，可以對人有所了解。
科學與常識間的關係為何？	實證主義者分辨在科學與非科學之間存在一個明顯的分界點。在眾多尋求真理的方法中，科學是特別的——「最好」的一個方法。
什麼構成了社會實相的一個解釋或理論？	實證主義的科學解釋是像法則般的，是建立在一般法則的基礎之上。透過因果關係的發現，科學解釋社會生活為何是現在這個模式。解釋所採取的形式為Y是X造成的，因為Y與X是因果關係的特定例子。
如何分辨解釋是對是錯？	就實證主義而言，解釋必須符合兩個條件：第一，在邏輯上沒有矛盾；第二，符合觀察到的事實。不過，這還不夠，還有複製也是必要的。
什麼才算是好的證據？或是事實資訊長得像什麼樣子？	實證主義是二元論者，認為冰冷的、可觀察的事實，基本上與概念、價值或理論是有所不同的。經驗事實存在於個人的觀念或思想之外。我們可以透過感覺器官，或是使用可以擴展這些感覺的工具來進行觀察。
在什麼時候，社會/政治價值介入科學？	實證主義者力求成為一門價值中立的科學，也就是客觀。科學的運作不受影響其他人類活動的社會與文化力量所支配。

資料來源：文字整理自朱柔弱譯（2000）、王佳煌等人譯（2002）、王佳煌等人譯（2004）；表格作者自繪。

Unit 3-4
詮釋（解析）社會科學

社會科學的三大研究取向，包括實證主義、詮釋／解析社會科學、批判社會科學。本單元就詮釋／解析社會科學加以說明。

詮釋主義／解析（interpretivism）社會科學的典範，與當代實證主義相對，但不完全互斥。詮釋主義的研究者不著眼於以去脈絡化和客觀的方式來測量原因，也不著重於發展普遍概化的結論。相對地，詮釋主義試圖透過同理了解去探求人們內在的感受，尋求詮釋個人日常生活的經驗、更深層的意義和感覺，以及個人行爲的特殊緣由。

詮釋主義研究者相信，光憑客觀的測量工具，不可能對人們有適切的了解，因爲該等工具之使用乃是以同一套的標準化方式，來看待每一個人，企圖使觀察者與被觀察者疏離，以求客觀。相反地，詮釋主義研究者相信，了解人類的最佳方式應該是保持彈性與主觀，如此才能透過研究對象自己的眼睛看見其世界（王美書譯，2007）。詮釋主義認爲，如果僅是觀察研究對象的外在行爲，或是僅透過問卷調查等研究是不足的，個體言行的意義和社會脈絡，必須要透過更深入的檢視才能了解，此非實證主義所能達成的。

在研究方法上，與實證主義採用抽象、調查等量化的研究方法不同，詮釋主義的研究方法是採用質性研究。詮釋主義常使用參與觀察及田野研究，以獲得被研究對象的生活脈絡與意義，以便能深度的了解。亦即，詮釋主義是採取實務取向（practical orientation）的研究取向。

詮釋主義關心的是人們如何互動、如何創造與維持他們的社會世界有所了解並且給予詮釋，研究者透過直接詳盡的觀察在自然狀況下的人們，以便對於具有社會意義的行動進行有系統之分析。詮釋主義在進行研究時，不若實證主義者以價值中立自居，詮釋主義鼓勵將價值明顯標示出來，並且不要認定某一套價值比較好或比較差（朱柔弱譯，2000）。

詮釋主義不像實證主義著重於因果關係的檢驗、推估，以及對於現象的客觀探討，詮釋主義研究的焦點，在於深入研究其研究對象的生命經驗。詮釋主義認爲人們對眞實的世界定義，無法完全透過調查、檢定等加以了解。詮釋主義主張透過對研究對象的內心如何主觀理解和經驗世界進行理解，才能了解研究對象對眞實的主觀詮釋如何影響各自建構的事實。

詮釋主義的假定與答案

Interprestivism

假定項目	答案
為什麼要進行社會科學研究？	社會研究的目的是在發展對社會生活的了解，以及發現在自然狀況下的人們如何建構意義。詮釋研究者想要知道，對於被他們研究的人們而言，什麼是有意義的、什麼是他們所關切的、甚或個人如何經驗日常生活。
社會實相的基本特徵是什麼？	詮釋研究取向主張，社會生活是建立在社會互動與社會建構的意義體系之上。人們擁有的是對實相的一種內在經驗感覺。社會實相是建立在人們對它所下之定義的基礎之上。
什麼是人類的基本特徵？	一般人置身於一個經由社會互動創造彈性意義體系的過程之中，然後他們使用這些意義去詮釋其社會世界，使他們的生活充滿意義。
科學與常識間的關係為何？	實證主義者認為常識是比科學拙劣的知識。相對的，詮釋研究者則主張一般人靠常識來指導他們的日常生活，因此我們必須先抓住常識。
什麼構成了社會實相的一個解釋或理論？	詮釋主義描述並且詮釋人們如何活出他們的日常生活，這包括概念與有限的通則，但是這與被研究者的經驗與內在實相不會相距太遠。詮釋主義的理論述說一個故事。
如何分辨解釋是對是錯？	對詮釋主義而言，如果被研究者覺得理論說得通、如果能夠讓他人有更深入的了解，甚或進入被研究者的實相，那麼該理論即為真。
什麼才算是好的證據？或是事實資訊長得像什麼樣子？	詮釋研究者很少會問客觀的調查問題、匯集許多人的答案、聲稱握有某件有意義的事物。每個人對調查問題的詮釋都必須擺回情境脈絡（例如：個人以前的經驗，或是調查訪問的情境），而且每個人答案的真正意義也會隨著訪問或詢問的脈絡而有所不同。
在什麼時候，社會／政治價值介入科學？	詮釋研究者並不嘗試保持價值中立。實際上，詮釋研究者質疑做到價值中立的可能性。這是因為詮釋研究者認為價值與意義無所不在、無處不存之故。

資料來源：文字整理自朱柔弱譯（2000）、王佳煌等人譯（2002）、王佳煌等人譯（2004）；表格作者自繪。

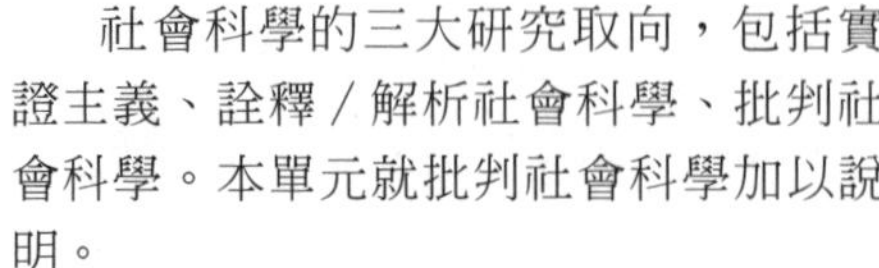

Unit 3-5 批判社會科學

社會科學的三大研究取向，包括實證主義、詮釋／解析社會科學、批判社會科學。本單元就批判社會科學加以說明。

批判社會科學（critical social science）是混合法則與表意兩種研究取向。它同意詮釋研究取向對實證主義的許多批評，但是它又加上些許自己的批評，而且在某些點上，它也有不同意詮釋主義之處。批判社會科學典範有各種不同的名稱，有人稱爲「馬克思主義者」典範、「女性主義」典範、「充權」典範或「倡導」典範。批判理論一開始就是透過他們所要充權和提倡的目標，來詮釋研究發現（王美書譯，2007）。批判社會科學典範的研究者是秉持充權和倡議的方式詮釋研究發現，批判社會科學認爲詮釋主義太過主觀，也主張實證主義忽略了社會脈絡。

批判社會科學的研究係把主觀理解與數種分析客觀現狀的方法加以結合，以揭露隱藏的力量和未被辨識出的不公正情形（王佳煌等人譯，2014）。批判社會科學研究者可能使用任何一種研究技術，但是他們比較傾向使用歷史比較法。那是因爲這個研究技術強調變遷，而且是因爲這個研究技術有助於研究者揭露底層結構。批判社會科學研究者與其他取向之研究者的區別不在於研究技術上，而在他們如何切入一個研究問題、他們所追問問題的類型，以及他們進行研究的目的（朱柔弱譯，2000）。

批判社會科學研究者使用詮釋主義的研究方法時，和詮釋主義者不同之處，在於批判社會科學研究者不只尋求了解研究對象的主觀意義，而是企圖將觀察所見連結到他們抱持的先驗觀念，亦即更廣泛的社會不公不義，而這也正是他們研究要去挑戰和改變的。

批判社會科學對實證主義的價值中立、詮釋主義的相對主義提出批評，認爲此二種取向關心的只是研究這個世界，而不是改造這個世界。批判社會科學主張研究應以行動主義爲導向。批判理論就是希望透過事實或實現的批判與否定，來喚醒或轉變群衆的意識，亦即，批判社會科學主要是希望破除研究對象的虛假意識（false consciousness），進而喚起研究對象的社會行動以進行社會現狀的改革，藉此邁向合理且有秩序的新社會。亦即，批判社會科學之理論，告知研究對象應採取的實際行動，或建議該採取什麼行動。亦即，批判理論試圖提供人們能夠幫助他們了解，並且改變他們世界的資源。

批判社會科學的假定與答案

Critical Social Science

假定項目	答案
為什麼要進行社會科學研究？	批判社會科學研究者進行研究以批判和改變社會關係。批判社會科學研究者是行動取向的，他們不滿現狀，尋求劇烈的改進。
社會實相的基本特徵是什麼？	批判社會科學假定社會實相總是不斷變化，而變遷則根源於社會關係或制度間的緊張、衝突或矛盾。諸如此類的弔詭矛盾或內在衝突，流露著社會實相的真正本質。
什麼是人類的基本特徵？	實證主義者看待社會力的方式，幾乎就好像他們有自己的生命，運作起來完全不顧人們各自的期望。這種社會力有駕馭人、控制人的力量。批判社會科學研究取向駁斥這種想法，認為此係物化的概念。
科學與常識間的關係為何？	批判社會科學對常識的立場是基於錯誤意識的概念——人們誤解了客觀實相下他們真正的最佳利益，並且做出了違反他們真正最佳利益的行動。
什麼構成了社會實相的一個解釋或理論？	批判社會科學研究取向介於決定論，部分帶點自願主義。批判社會科學認為，人們受限於他們所安身立命的物質環境、文化脈絡與歷史情境。人們所居住的世界限制住了他們的選擇，並且形塑了他們的信仰與行為。
如何分辨解釋是對是錯？	批判理論試圖提供人們能夠幫助他們了解，並且改變其世界的一份資源。
什麼才算是好的證據？或是事實資訊長得像什麼樣子？	批判社會科學研究取向嘗試在這個物體——主體鴻溝之間搭起橋梁，於是批判社會科學研究取向學派指出，物質處境下的事實獨立存在於主觀知覺之外，但是事實並不具有理論中立性。相反的，事實需要擺進一個價值、理論與意義的架構之內，方能加以詮釋。
在什麼時候，社會／政治價值介入科學？	批判社會科學研究取向帶有行動主義者導向。批判社會科學研究是一個道德政治活動，要求研究者服膺某個價值立場。

資料來源：文字整理自朱柔弱譯（2000）、王佳煌等人譯（2002）、王佳煌等人譯（2004）；表格作者自繪。

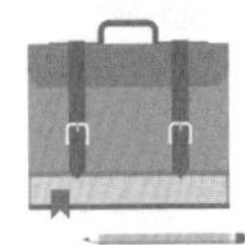

Unit 3-6 實證主義、詮釋主義、批判社會科學三大研究取向之比較

本單元就實證主義、詮釋主義、批判社會科學等三大研究取向的共同特徵，綜整相關文獻及補充說明如下（朱柔弱譯，2000；王佳煌等人譯：2002；王佳煌等人譯，2014；陳榮政主譯，2014）：

(一) 都是經驗論的：每個研究取向都植根於人類的景象、聲音、行為、表情、討論與行動等可觀察的實相，研究絕不是單憑造假與想像所完成的。

(二) 都講求系統化：每個研究取向都強調以精密與仔細的態度來從事研究，全都拒絕臨時起意的、偽造的或鬆散的思考與觀察。

(三) 都有理論：理論的本質各有不同，但是全都強調概念的使用與模式的觀察。沒有一個研究取向主張社會生活是一團混亂與毫無秩序的，全部的研究取向都主張解釋或了解是有可能達到的。

(四) 都強調公開：全部的研究取向都認為，研究者的工作必須確實地讓其他研究者知曉；應該說明得清楚並與大家分享。全都反對把研究過程藏起來、留做私用或祕而不宣。

(五) 都強調自我反省：每個研究取向都說，研究者必須認眞思索他們要做些什麼、胸有成竹，絕不可盲目做研究或不經思索。研究涉及到嚴謹的籌劃，並且對自己要做什麼成竹在胸。

(六) 都強調開放過程：都視研究為不斷前進的、演進的、變化的、問新的問題，以及追求領先的過程；沒有一個視研究為靜態的、固定的或封閉的過程。他們都關涉到以開放的心態來面對持續的變遷，並且接受新的思考與做事方式。

綜整實證主義、詮釋主義、批判社會科學等三大研究取向後，我們可以發現，這三個研究取向在論證基礎、研究方法等並不相同，此即顯示了社會科學研究沒有單一絕對的正確取向，呈現多元化。因此，即使對於同一議題的研究，將會因為使用不同的研究取向，而有不同的研究結果與詮釋，更會影響後續的行動策略、政策制定等。此外，亦會因為不同的研究取向，而採取不同的研究方法，例如：量化研究方法、質性研究方法、融合研究方法等。而基於不同研究取向，係立基不同的研究取向推理。如果我們對於這三種研究取向有深入的了解，對於研究的應用上，也將更能深入的了解。例如：實證主義的精確測量和實驗研究流程的邏輯、詮釋取向的質性研究，或是以行動為導向的批判社會科學。

實證主義、詮釋主義、批判社會科學三大研究取向之比較

Comparison of the Different Approach

八大問題	實證主義	詮釋主義	批判社會科學
研究的理由	發現自然法則，以便人類可以進行預測與控制。	了解與描述有意義的社會行動。	粉碎迷思與賦予民眾激進改變社會的力量。
社會實相的本質	事先存在著的穩定模式與秩序，等待人們去發現。	情境的定義充滿了流動的特性，完全在於互動中的人類創造。	隱藏著的基本結構充滿了衝突，並受其宰制。
人性的本質	追求自我利益、理性的個人、受制於外在力量的模型。	是創造意義的社會生物，不斷為他們生存的社會添加意義。	充滿創造性的、適應性的民眾，有著未獲實現的潛力，受制於虛幻與剝奪。
常識的角色	顯然不同於科學，而且不具效度。	相當強而有力的日常生活理論，廣泛地被平常人所用。	錯誤的信仰，把實際的權力與客觀情況隱藏起來。
理論長得是什麼樣子？	相互關聯的定義、原理、原則，所構成的合乎邏輯、歸納體系。	對團體的意義體系如何產生、維持，所提出的描述。	顯示真正的情況，提出的批判能夠幫助民眾看見可以邁向更好的世界。
何謂真的解釋？	合乎邏輯與法則有關，並且立基於事實。	獲得被研究者共鳴，也獲得他們的認同。	提供民眾改變世界所需的工具。
何謂好的證據？	基於明確的觀察，其他人可以複製的。	鑲嵌在流動的社會互動中。	能夠揭發虛幻錯覺的理論及其提供的想法論調。
價值的地位	科學是價值中立的，價值在科學研究中是沒有地位的，除了選擇主題之外。	價值是社會生活整體的一部分，沒有團體的價值是錯誤的，有的只是差異。	所有的科學必須從某個價值立場出發，有些立場是對的，有些立場是錯的。

資料來源：文字整理自朱柔弱譯（2000）、王佳煌等人譯（2002）、王佳煌等人譯（2004），並經作者加以酌修；表格作者自繪。

第 4 章

社會研究邏輯模式

章節體系架構

Unit 4-1 演繹法與歸納法

科學方法依據在研究中使用的理論之不同，分成兩種不同方式：立基於演繹邏輯，稱爲演繹法（deductive method）；立基於歸納邏輯，稱爲歸納法（inductive method）。本單元就演繹法的邏輯體系先加以說明。

在演繹法（deductive method）中，研究者首先從理論出發，推導出一個或多個有待證實的假說。然後，定義每個假說裡的變項，以及藉由具體明確、可觀察的方式，擬定測量該等變項的操作化程序。最後，執行該等測量，藉此觀察事情的眞實樣貌，檢視觀察結果能否證實研究的假說。有時，最後一個步驟可能涉及實驗、訪談或訪查研究感興趣的主題（李政賢譯，2016）。

演繹式理論陳述通常是以衍化式的理論（axiomatic form）（或稱通則）來表達，這種理論經常都包含著一些命題，命題的主要功能則是描述概念間的關係，也是由通則藉著邏輯的相互關係或推論，逐一衍化而來（簡春安等人，2016)。

以演繹法來建立理論時，是從一些抽象的概念或是一個理論性的命題開始，這些概念或命題會概略描繪出一些概念間的邏輯關聯性。接著，會用具體證據來評估這些概念及命題。換句話說，由觀念、理論或心靈的圖像開始，朝向可觀察的實徵證據移動。

簡春安等人（2016）提出演繹法的五個主要步驟，包括：(1)理論建構，總有一套針對某些現象的系統解釋，對現象與事務的了解就是從這一套理論而來；(2)把理論演化爲假設，既然有這樣一套理論，有因此可以藉之化爲一些假設，並用之來形容各種事務與現象；(3)把各種概念操作化，一個龐大的理論就必須切割爲一組相關的概念，並把概念具體定義之，即爲操作化；(4)蒐集確實的資料；(5)驗證假設。

演繹法的經典例子就是哲學家蘇格拉底提出的三段論式（syllogism）論述：「所有人都會死，蘇格拉底是人，所以蘇格拉底會死。」爲了爲證實這個理論，研究者進行實證研究，檢視蘇格拉底是不是會死，此即爲演繹模式的作法。此外，例如：許多高中生爲了能夠考上頂大，決定要去補習班針對較弱的數學科目去補習，以提升大學入學的學測成績，如果使用演繹法來檢視補習的時數和學測模擬考成績之間的關係，將至補習班補數學的高中生的研究假設爲：「數學補習時數和數學模擬考成績呈現正相關」，亦即，當數學補習的時數增加，數學的模擬考成績則提升。依據演繹法的驗證邏輯，研究者蒐集該補習班補數學的高中生共100人，對其補習前的數學模擬考成績進行登錄，然後在該班高中生補習1個月後，針對補習後的模擬考成績進行補習前、補習後的數學成績檢定，以決定是否接受或拒絕假設，考驗研究假設是否成立。

科學研究的關係

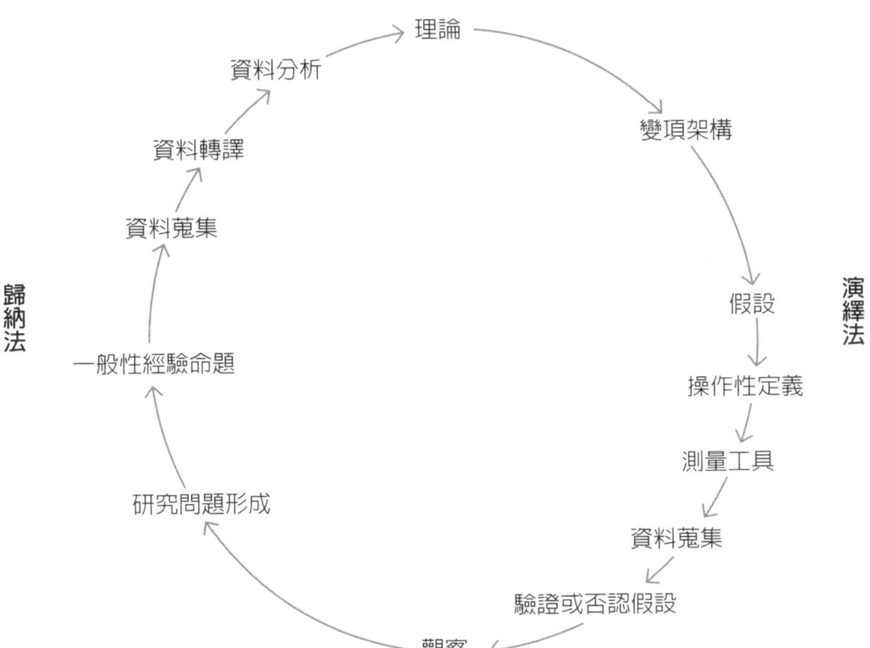

資料來源：潘淑滿（2003）。

- 演繹法：由理論建構開始，再透過逐步驗證理論的過程，發展出一個到數個研究假設；進而對每個假設中相關的變項進行操作性定義，以便研究者在研究過程中能對變項進行測量與觀察，作為最後檢視研究假設真實或不存在的基礎。

- 歸納法：對研究對象進行實地觀察，並經由廣泛的資料蒐集過程，逐步歸納出對研究對象的解釋觀點，發展出理論建構的基礎。

Unit 4-2 演繹法與歸納法（續）

本單元接續前一單元對演繹法（deductive method）的邏輯體系說明後，對歸納法（inductive method）的邏輯體系加以說明

演繹法是從抽象思考開始，並以理論作爲基礎的根基，將理論中觀念與證據進行連結；而歸納法的邏輯是從觀察開始，是對從對實徵證據的具體觀察結果開始，利用證據進行推論，以建立更爲抽象的觀念。但並非前述兩者是截然劃分的二條平行線，許多的研究者，亦會根據研究的需要，在不同的研究時間點上，分別採取二種研究邏輯進行研究。

歸納法（inductive method）是從仔細地觀察這個世界開始，然後朝向更爲抽象的通則與觀念前進（王佳煌等人譯，2014）。歸納法在一開始的時候，有可能只是一個主題或是若干模糊的概念，但隨著觀察的進行，概念變得犀利，發展出經驗通則，並確認出一些初步的關係，而往上建構理論。例如：紮根理論就是運用歸納法。歸納法透過觀察社會生活的容貌去建構理論，藉著觀察得到的種種事項，可以歸納或發現可能具有相似普遍法則的類型。

歸納法是從觀察實徵世界開始，然後仔細去反思所發生的事情，逐漸以更爲抽象的方式來進行思考。亦即，會朝向理論性概念與命題移動。可以從一個一般性的主題及少數幾個模糊的想法開始，並以歸納的方式，把這些主題或是想法加以修正，或詳細說明，以成爲更加精確的概念。例如：以前一的單元的許多高中生爲了能夠考上頂大，決定要去補習班針對較弱的數學科目補習，以提升大學入學的學測成績爲例，依據歸納法的研究邏輯，研究者想要知道數學補習和數學模擬考成績之間的關係，研究者會從一系列觀察、蒐集與此相關的資料，進而找出最能代表或總結摘述觀察結果的型態。例如：研究者從歸納中發現，數學補習有助於提升模擬考數學成績，每週數學補習2堂課（6小時），普遍能夠得到較高的數學分數，但當每週數學補習達到3堂課（9小時），數學成績頂多會持平，甚或些微下降；但當每週數學補習4堂課（12小時），則數學成績會回到數學補習時數越多，數學模擬考成績越高的情形。因此，研究者會對這樣的觀察結果所得知的兩個變項間之關係型態做出暫時的結論。

綜合而言，演繹法的主要功能是把抽象的概念現實化，也把形而上的概念操作化，且會經過抽象化、概念化、操作化的過程，這都是經過理論性的假設過程，進而藉由問卷的設計，把抽象的概念與現實的生活連結起來（簡春安等人，2016）。而歸納的功能可提供理論實證的基礎，因爲從生活中具體事務的研究發現，我們可以藉此證實理論的眞僞。

演繹與歸納取向的理論化過程

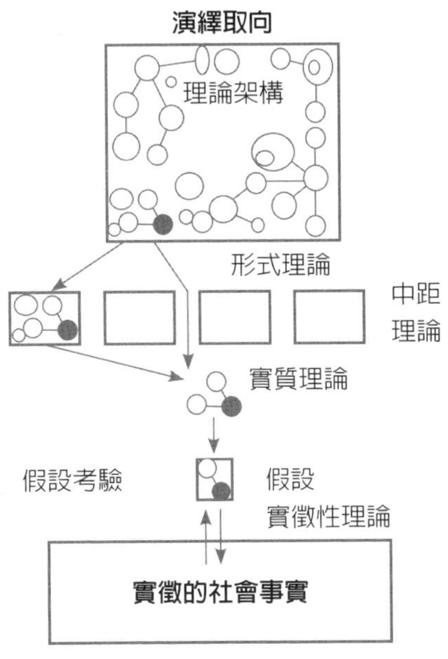

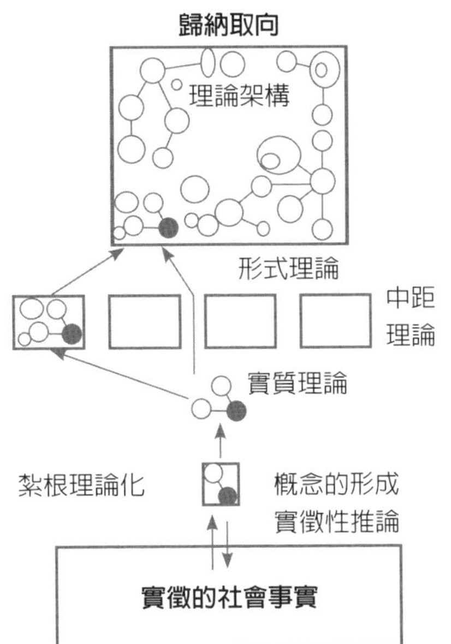

資料來源：王佳煌等人譯（2002）。

演繹與歸納的論證：以家庭暴力為例

演繹

前提1：原住民都有優異的音樂天賦

前提2：某甲是原住民

前提3：某甲也會有優異的音樂天賦

結論：
某甲一定也會有原住民優異的音樂天賦

歸納

前提1：原住民歌手張惠妹有優異的音樂天賦

前提2：原住民歌手戴愛玲有優異的音樂天賦

前提3：原住民歌手動力火車有優異的音樂天賦

結論：
所有的原住民都有優異的音樂天賦

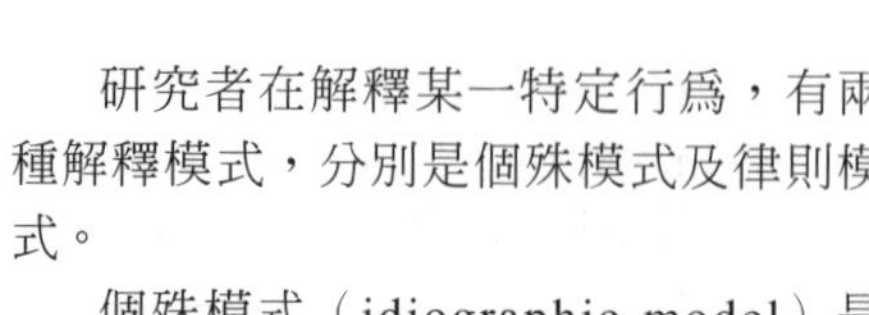

Unit 4-3 個殊模式與律則模式

研究者在解釋某一特定行為，有兩種解釋模式，分別是個殊模式及律則模式。

個殊模式（idiographic model）是指當我們試圖透過列舉許多原因，來解釋某人的行為時，有些理由可能是該特定人士獨有的，這就是所謂的個殊模式（王美書，2007）。例如：研究者想要了解某位青少女未婚懷孕的原因，則必須就案主的家系圖、家庭生態圖所建構的相關資訊加以了解。包括：家庭的情況；家庭對未婚懷孕的態度、社區的環境、學校的學習情況、同儕的互動、對於性行為的看法、對於避孕知識的了解程度、男方的態度及家庭的情況等。研究者必須竭盡所能的去蒐集有關案主未婚懷孕的各種相關資料，以利對案主未婚懷孕的原因有完整的了解，以便後續的處遇。此種蒐集各項資訊，包括案主所有可能造成未婚懷孕的原因，此即為個殊模式的解釋。個殊模式經常被加以運用於社會工作實務中，例如：家庭暴力、兒童虐待、老人虐待等處遇。

律則模式（nomothetic model）與個殊模式對於行為的解釋思考有所差異，律則模式的目標是要尋求了解一般現象的局部層面，而不是如個殊模式要盡一切所能澈底了解某特定個人。例如：研究者想要了解某位青少女未婚懷孕的原因，以律則模式進行解釋，研究目標則會聚焦於為何會造成許多青少女未婚懷孕這個研究議題上，是什麼因素在解釋青少女未婚懷孕上是最重要的呢？研究者可能會思考，未婚少女的母親早婚或是有相同的未婚懷孕經驗者，其子女未婚懷孕的機率也會增加；此外，可能也會發現，家庭中親子關係不佳、青少女學業成績不佳、中輟學生等，其未婚懷孕的機率普遍高於其他家庭關係或學業成績優異者。

就整體上而言，個殊模式尋求透過找出許多成因，盡可能理解特定個案的每件事，主張研究應致力於解釋特殊的案例，而非找尋普遍的法則；個殊式的解釋模式多採質性研究（qualitative research）相連。而律則模式則致力於使用相對較少的變項，對普遍現象取得局部的概括理解；律則模式在解釋因果關係時，必然是帶有機率的陳述。只確認幾個成因，常常很難提供完整的解釋（李政賢譯，2016）。律則模式與個殊模式相反，律則模式主張研究應致力於找尋普遍的法則，而非關切具體特殊的案例；律則模式則採量化研究（quantitative research）。

個殊模式與律則模式之案例

案例提要

- 民國八十八年九月二十一日凌晨一時四十七分，臺灣發生了近百年來最嚴重的地震，震央在集集地區發生芮氏規模7.3強烈地震（簡稱921大地震），根據內政部消防署當時的統計資料顯示，此次災害造成失蹤及死亡人數共2,415人，重傷者1,441人，房屋全倒有44,338戶，半倒有41,633戶，造成的財物損失估計約為新臺幣3568.3億元。
- 案例為針對921大地震生還者飽受創傷後壓力症候群（PTSD）之治療。PTSD是指人在遭遇或對抗重大壓力後，其心理狀態產生失調的問題。這些經驗包括生命遭到威脅、嚴重物理性傷害、身體或心靈上的脅迫等。
- 本研究針對921大地震的生還者所產生的PTSD，共對400名就醫病患進行系統減敏感法分組治療。依據本研究結果顯示，使用系統減敏感法，有約75%的案主在治療後就減輕或沒有PTSD 症狀。
- 本研究結果從律則模式來看，可以得知系統減敏感法的有效減輕或消除PTSD之機率，但卻無法確保對於某位案主的有效性。亦即，某案主可能是屬於治療無效的那25%的人。在此研究中，讀者無法了解系統減敏感法治療有效或無效的變項：如性別、年齡、教育程度、災難變故嚴重程度等。

假設：系統減敏感法可有效減輕921大地震的PTSD症狀

個殊模式：（暴露療法對案主甲有效，但對案主乙無效）

		治療之前	治療期間	治療之後
案主甲的921地震PTSD症狀程度	高	——	╲	
	低			——
案主乙的921地震PTSD症狀程度	高	——	——	——
	低			

律則模式：（基於400位參與者治療成效的機率，可推論系統減敏感法是有效的）

921地震PTSD症狀	分組參與人數	
	實驗組（有接受系統減敏感法）	控制組（未接受系統減敏感法）
有減輕	70（案主甲應該會屬這組）	30
無減輕	30（案主乙應該會屬這組）	70

第 5 章

理論、概念與變項

章節體系架構

Unit 5-1
理論的基本概念

理論（theory）是彼此相關的論述之系統化組合，試圖解釋社會生活的某個層面，或是讓我們對於人在日常生活中處理和尋找意義的問題更具洞察力（王美書譯，2007）。亦即，理論是對觀察到的某些或一系列現象做有系統的解釋，而當理論越強時，它所能解釋的範圍就越廣。鈕文英（2021）指出，理論是一個統整的架構，它陳述一組充分發展的概念，以及這些概念之間的關係，它可用來解釋社會、心理、教育等領域中的現象。

理論係由一相互關聯（interrelated）命題所組成的一個廣泛體系，而這些命題則與一些社會的運作有關。某些概念與概念間，或是變項與變項間的關係特別顯著時，而且有概括的方向可循，這就是所謂的命題（proposition）（簡春安等人，2016）。命題是一個有關兩個以上構念的敘述句，它們以一種有關係的形式將構念連結起來。命題旨在說明兩個或以上構念之間的關係，以關係的形式將構念加以連結。有關理論的形成條件，綜整相關文獻說明如下：

㈠ 理論就是一組命題（proposition）所組成：理論是由一組交互關係的概念或命題（proposition）所組成（楊國樞等人，1989；轉引自王雲東，2007）。例如：以Bowlby的依附感理論為例，是由許多命題所組成的，例如：照顧的頻率、接觸的形式、需求的滿足程度、互動的方式等命題，有了這些命題才能形成操作行為的理論。

㈡ 命題相互關聯：命題的組合要使之能成為理論，必須是這些命題彼此相互關聯。亦即，一個命題必須扣緊一個命題，一個概念聯繫著另一個相關的概念，彼此都有關聯時，理論才能形成（簡春安等人，2016）。

㈢ 某些命題是可以證實的：要使命題之間彼此有所關聯，須以實證的方法來證實這些命題的成立。若是相關的命題都可以用實證的方法來考驗其眞實性時，這個理論自然而然也就是一個眞實性高的理論。假設是為實證所建立之命題，若將命題加以明確陳述以供實證之統計檢定，則此一命題謂之「假設」；理論必須得到實證資料的支持。

理論的功能可包括：⑴統合現有的知識；⑵解釋觀察到的現象；⑶預測未來的發展方向；⑷指導研究的方向（楊國樞等人，1989；轉引自王雲東，2007）。因此，理論可幫助我們了解許多相互關聯的現象，並且預測在特定的情況下，可能會產生的行為及態度。

理論的模式

理論模式	說明	案例
類別模式	若理論的呈現特別注重某些現象的價值、類別或等級時，則為類別模式。理論兩大條件：互斥性（exclusive）與周延性（exhaustive）。類別與類別之間必須彼此互斥，兩個類別之間不能有重疊；概念與概念間應該釐清，不能有灰色地帶，此為類別「互斥性」。當全部的類別加在一起時，則應該把該現象所有的可能性都涵蓋，不可以有遺漏，此即為「周延性」。	佛洛伊德把我歸類為「本我、自我、超我」（id, ego, superego），這三種我就是類別的模式。
類型模式	把兩個（或兩個以上）類別交叉分析比對時，就可以在概念上創造新的類型。	依人的財富狀況，我們把人分為富人、窮人；依人的好壞，我們也分為好人、壞人。當我們把這兩組類別交叉配對分析時，可以創造新的類型。
列聯模式	兩個變項之間存在著一種函數之間的關係，其理論的「關聯性」，即是從一個理論演化出來，形成另外一種理論者。這種理論大體包括兩個以上的概念，該理論並指出這兩種概念彼此之間的關係（如犯罪學中指出環境如何影響青少年的犯罪行為）；該理論有預測的功能，指出一個變項如何牽動著另外一個變項（在某種狀況下，環境如何影響著青少年的犯罪），這種理論的概念之間因此就成立了命題結構的過程。	在卡方的表格中，在各個空格（cells）中，都有一些數字，若是理論取自於這些變項交叉之間的結論，便把這種理論稱為列聯模式。
共變模式	指在理論內的類別變項之間，有其線性的趨向，不僅指明彼此之間的交叉分布，而且指出各類別觀察後的各種可能的共同性，這些概念間有其共變關係，但只限於線性（直行）關係（或正或負，或 0 的關係而已）。	國民的年平均收入越高，離婚率也就越高，這兩個變項是線性的關聯，但是年平均收入高到一個地步時，離婚率可能會停滯在一定的程度，這種理論雖然明確指出兩個變項之間的關係是正或負，或是無關（0），但卻不能清楚的告知在多少劑量的自變項下，一定會造成多少程度的依變項反應，我們可把這類理論稱為共變模式的理論。
功能模式	指出兩種變項的線性關係，更可指出類別或概念間一對一的關係。因此功能模式的理論其預測能力較高，因為每個自變項的一個層次（level），只能帶動依變項的某一個層次。	年資與士氣之間關係的方向，自變項的一個層次（如年資 3 年或是 7 年），只能帶動依變項的某一個層次（士氣的低落或是平穩）。

資料來源：文字整理自簡春安等人（2016）；表格作者自繪。

Unit 5-2 假設、變項、概念、屬性

本單元說明與理論相關的要素，包括：假設、變項、概念、屬性等如下：

一、假設（hypothesis）

理論為彼此相關的論述之系統化組合，以茲解釋社會生活的某些面向，或是更能洞察日常生活的行為和發現意義。這些試圖對事物做出解釋的陳述，就是所謂的假設（王美書譯，2007）。假設是可驗證的暫時性陳述，可用來說明某一事項的變化如何可能關聯於其他事項的變化。例如：學習理論的假設可能為：「課後複習課業的時間越多，學業成績就會越高。」假設預測的事物稱為變項（variable）。前述假設是由兩個變項組成：⑴課後複習課業的時間；⑵學業的成績。假設的組成要素之所以稱為變項，乃是因為假設等事項如何共同發生變化。

二、概念（concept）

概念（concept）指一種概括一組相似的觀察、感受或想法的心理圖像（呂朝賢譯，2013a）。概念是一種心理意象，象徵某種想法、事物、事件、人物。概念是有關某些事件、事物（objects），或現象的一組特性，它是代表事件、事物，或現象的一種抽象意義，也是建立科學的基石。不論自變項或依變項，都是一種概念。例如：性別是由男性和女性兩個概念組合而成的概念。

三、變項（variable）

「變項」是由概念演化而來；也可說變項是概念具體化的延伸（王雲東，2007）。具有二種特質的變項，才能稱之為是好的變項，包括：⑴周延性（exhaustive），是指變項包含了所有的屬性，絕無遺漏。亦即，所有可能的情形都會被包含在變項的所有屬性之中，例如：年齡變項就包括「18歲（含）以下」、「19-25歲」、「26-45歲」、「46-65歲」、「65歲（含）以上」等屬性；⑵互斥性（mutually exclusive）：亦即變項的屬性應具有獨特性，即唯一性與互斥性，也就是在分類過程中，一個屬性就是一個唯一的選擇，同時彼此之間沒有重疊。例如：活著和死亡不可能同時存在。而變項依據因果關係的角度可分為「自變項」（independent variable）與「依變項」（dependent variable）兩類。自變項是「因」，而依變項是「果」。至於自變項與依變項之間的關係，就是由「假設」來建構。例如：欲探討課後複習課業時間與學業成績之間的關係，可假設課後複習課業的時間為「自變項」，而學業成績為「依變項」。

四、屬性（attribute）

構成某一變項的概念，即稱為該變項的屬性。屬性是用來描述某事物或某人的特徵或特質，例如：原住民、皮膚黝黑、聲音嘹亮、個性開朗。變項是合乎邏輯的屬性組合。例如：男性和女性是屬性，而性別是由這兩種合乎邏輯之屬性組合而成的變項。

假設及變項之應用案例

案例：經濟弱勢家庭接受社會福利協助對家庭壓力減輕之評估

- 概念：家庭壓力、自立信心。
- 假設：
  - H_1：經濟弱勢家庭的背景變項與家庭壓力有顯著差異。
    - $H_{1.1}$ 不同家庭背景變項在家庭壓力—經濟問題上有顯著差異。
    - $H_{1.2}$ 不同家庭背景變項在家庭壓力—子女教養及照顧上有顯著差異。
    - $H_{1.3}$ 不同家庭背景變項在家庭壓力—個人情緒調適及親職角色適應上有顯著差異。
    - $H_{1.4}$ 不同背景變項在家庭壓力-社會人際關係適應上有顯著差異。
  - H_2：經濟弱勢家庭的背景變項與自立信心有顯著差異。
- 自變項：如下圖家庭背景資料各變項。
- 依變項：如下圖家庭壓力各變項、自立信心評估。

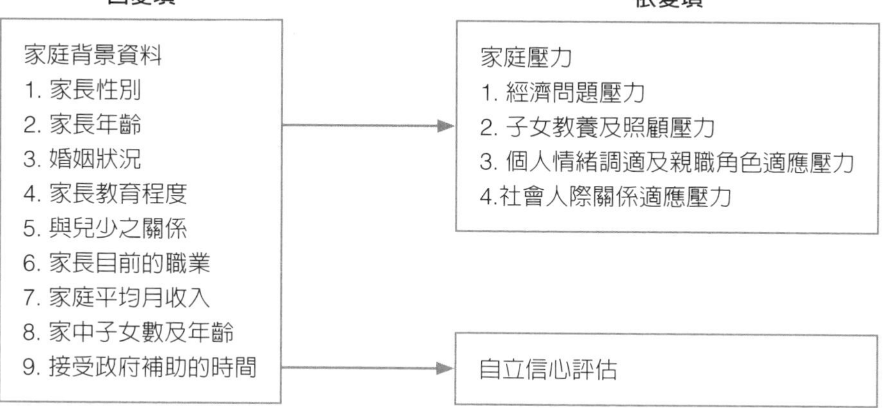

資料來源：案例引自林鳳滿（2003），並經作者加以修正及排版。

Unit 5-3 中介變項

自變項是一種原因變項，或是一種作用於其他事物的力量或條件。自變項是指研究者能系統化操弄或安排的變項（Mills & Gay, 2018）。依變項是指隨著自變項之改變而產生變化之變項，它是無法操弄的變項，亦即，依變項本身是由另一個變項所造成的效果、結果或產物的變項。而在一個簡單的因果關係裡，僅僅需要一個自變項和依變項。

中介變項（intervening variable）是指介於自變項和依變項之間，會對依變項產生作用的變項。在一個基本的因果關係中，需要的不只是自變項與依變項，中介變項也會出現在較為複雜的因果關係中。中介變項發生在自變項與依變項之間，顯示它們之間的關聯或機制。

從自變項、依變項、中介變項的關係上來說，中介變項是自變項的依變項，也是依變項的自變項。中介變項是一種在邏輯上或時間上出現於自變項之後、依變項之前的變項，而且自變項和依變項之間的因果關係，是透過此種變項來運作的。

如果自變項對依變項有效果，而此效果是透過另一個變項達到的影響，則此變項即爲中介變項。中介變項表面上以爲依變項（Y）的變化是因爲自變項（X）的變化所造成，但當控制Z變項後，自變項（X）與依變項（Y）的關係即消失，此Z變項即爲中介變項。最常被用來說明中介變項的案例，就是社會學以涂爾幹的自殺研究，一般以爲基督徒比天主教徒有較高的自殺率，因此認爲宗教信仰（X）會影響自殺率（Y），但事實上是因爲整合的程度（Z）不同。換言之，天主教的整合程度較高，因此造成了較低的自殺率；而整合程度就是自變項（宗教信仰）與依變項（自殺率）之間的中介變項。

中介變項有時與調節變項（moderator variable）容易混淆、難以分辨。「中介」是指居於中間發生影響的作用，而使一個階段（自變項）轉化進入另一個階段（依變項）。相對地，「調節」則是指針對某事物有所調節變化。因此，調節變項並沒有發生在連結自變項到依變項之間起變化的因果關係鏈，但可能對這兩者關係的強弱程度有所影響。亦即，調節變項是影響主要自變項與依變項關係方向和強度的一種變項（鈕文英，2021）。簡言之，中介變項則必須發生在因果關係鏈的中間，並且沒有對自變項發生影響。中介變項是一種中途依變項，前面會受到研究自變項的影響，後面再轉而影響研究目標的依變項。

中介變項的案例

案例：社會工作者工作壓力與離職傾向之相關研究

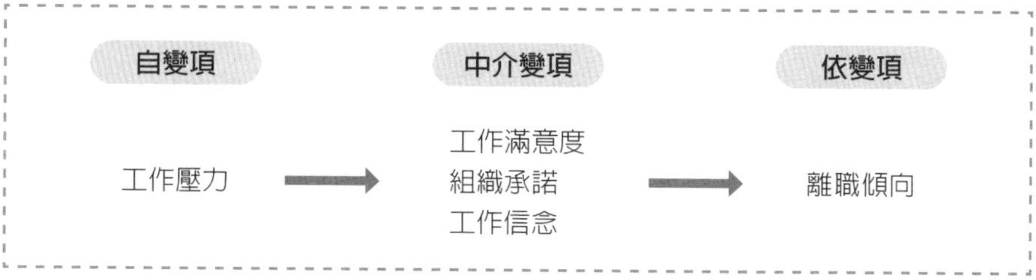

自變項		中介變項		依變項
工作壓力	→	工作滿意度 組織承諾 工作信念	→	離職傾向

案例：學齡兒童規律運動與身高之相關研究

自變項		中介變項		依變項
規律運動	→	營養狀況 睡眠時間	→	身高

案例：教師教學方式與學生學業成績的相關研究

自變項		中介變項		依變項
教師教學方式	→	學生的 學習歷程	→	學生學業成績

Unit 5-4 外部變項與調節變項

外部變項extraneous variable）亦稱為外加變項、外在變項。外部變項是指會影響依變項，而不屬於自變項，它會干擾或混淆自變項和依變項之間的因果推論，或稱為干擾變項（confounding variable），亦稱為混淆變項（鈕文英，2021）。例如：假設某研究發現，癌症病人接受的放射線治療次數越多，其生命的期限就越短。然而，這種現象或許也可以做出這樣的解釋：最嚴重的癌症病人，往往需要更多的放射線治療。因此，癌症疾病的嚴重程度，或許可以概念化而成為外部變項，可用來解釋生命長度與接受社會服務多寡的關係。

外部變項有時會被研究者操弄或控制，有時則不會，當外部變項被操控或控制時，則又可稱為控制變項（鈕文英，2021）。當研究目的是要檢視自變項與依變項間存在（或似乎不存在）的關係時，是否可能透過其他變項來解釋，以免產生誤解。當我們要做這樣的研究時，在研究設計當中，須設法控制該等可能的變項。這時，該等變項便不再是外部變項，而是控制變項（control variable）。王雲東（2007）曾以案例說明，假設某研究發現，醫院病患接受的社會服務愈多，其生命的期限就越短。然而，這種現象或許也可以做出這樣的解釋：最嚴重的病患，特別是臨終前的照顧，往往需要更多的社會服務。因此，疾病的嚴重程度或許可以概念化而成為外部變項，可用來解釋生命長度與接受社會服務多寡的關係。研究者當然可以視「疾病的嚴重程度」為外部變項，但因為該變項已受到控制，所以也可稱為控制變項。

控制變項有時也可稱為調節變項（moderator variable），調節變項可能影響自變項與依變項之間關係的強度或方向。鈕文英（2021）指出，將外部變項納為調節變項，是指不排除外部變項，而是將它納入研究設計中，這時它就不被稱為外部變項，而是調節變項。調節變項又稱為次級自變項（secondary independent variable），是指會影響主要變項與依變項關係方向的一種自變項，它的影響是來自於與主要變項的交互作用，導致自變項與依變項關係方向和強度的改變。總括言之，調節變項是調節自變項與依變項的關係，會和自變項產生交互作用的變項就稱為調節變項；交互作用指的是自變項與調節變項彼此互相影響，自變項的效果不能單獨解釋，必須將調節變項納入考慮。例如：教師的教學方式對學習成效的影響中，「智力」可能為調節變項，若將智力考慮其中，則教學方法的影響未必那麼有效，因為智力較高的學生，吸收與領悟能力較佳，可能老師無論採取哪種教學方法，學習成效都很好。

控制變項與因果關係的圖解

虛假的因果關係

健保居家醫療服務之提供導致病患死亡風險增高
（箭號代表不正確的因果詮釋）

提供給病患的居家醫療服務次數　　　　病患的死亡率

多

高

少
低

真實的因果關係

疾病的類型同時影響了健保居家醫療的服務次數和死亡風險
（接受較多居家醫療服務之所以和較高死亡率有相關，
只是因為癌症病人接受較多的居家醫療服務）
（箭號代表正確的因果詮釋）

癌症病人

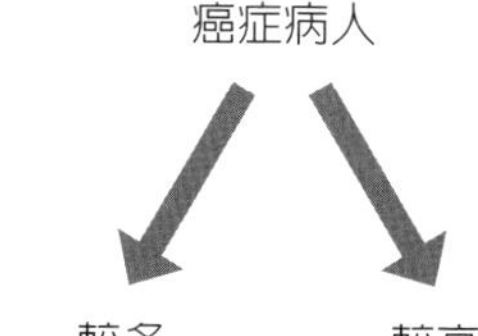

較多居家醫療服務　　較高死亡率

非癌症病人

較少居家醫療服務　　較低死亡率

第三變項受到控制時，虛假的因果關係就消失不見了。

Unit 5-5 變項關係的類型

相關（correlation）是用以檢驗兩個變項線性關係的統計技術。兩個連續變項的關聯情形，用以描述相關情形的量數，即爲相關係數（coefficient of correlation）。隨著共變數的大小與正負向，有些假說會預測變項間有正相關、負相關（或逆相關）、曲線相關等關係。茲將三種關係說明如下：

一、正相關（positive relationship）

在正相關中，依變項隨著自變項的程度增加而增加，或是隨著自變項的程度減少而減少，兩變項朝著相同的方向變動。例如：提升薪資水準，工作士氣就越高；籃球選手身高越高，則搶到籃板球的機率越高；身高越高；體重越重。

二、負相關（negative relationship）／逆相關（inverse relationship）

負相關指的是兩變項朝著相反的方向變動，即一個增加，另一個便減少。例如：工作負荷量越高，工作士氣越低；健保卡就醫次數越多，身體狀況越差；練習打字次數越多，錯誤字數越少。如果找不出兩者之間的關係，稱此兩變項爲零相關，亦即變項間無關係，例如：學習成績優劣與身高之間的關係，即爲零相關。

相關係數（correlation coefficient）是兩列變項間相關程度的數字表現形式，或者說是表現相關程度的指標。相關係數的數值介於-1.00~+1.00之間，常用小數符號表示，它只是一個比率，不代表相關的百分數，更不是相關量的相等單位度量。相關係數的正負號，表示相關的方向，正值表示正相關，負值表示負相關。相關係數的大小表示相關的程度，相關係爲0時，稱爲零相關，爲1.00時，表示完全正相關；相關係數爲-1.00時，爲完全負相關。相關係數以符號r，代表兩個變項之間關係程度，說明如下：

1. $-0.3 < r < 0.3$爲低度相關。
2. $-0.7 < r < -0.3$或$0.3 < r < 0.7$爲中度相關。
3. $-1 < r < -0.7$或$0.7 < r < 1$爲高度相關。
4. $r = 0$爲零相關，$r = 1$爲完全正相關，$r = -1$爲完全負相關。
5. r 的正負值代表相關的方向，正值爲正相關，負值爲負相關。

兩變項存在相關關係，不一定存在因果關係，必須要進一步分析，才能確定。相關係數不是等距的度量值，因此，在比較相關程度時，只能說相關係數值大者，比相關係數值小者相關程度更密切一些。

三、曲線關係（curvilinear relationship）

曲線關係指的是變項之間的變動方向，會隨著變項的程度高低而有所轉變。曲線相關會呈現倒U型曲線，或是正U型曲線等型態。

變項關係類型的圖解

(1) **正向關係**

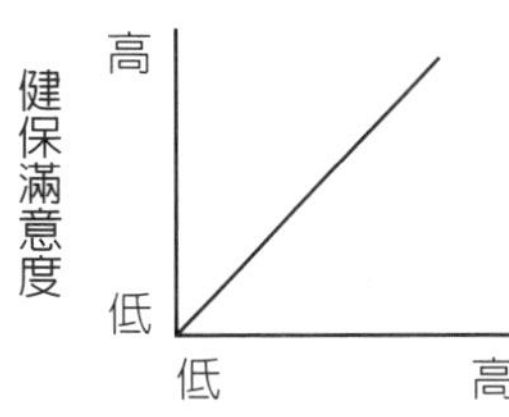

健保就醫便利性愈高，健保的滿意度就越高。

(2) **負向關係**

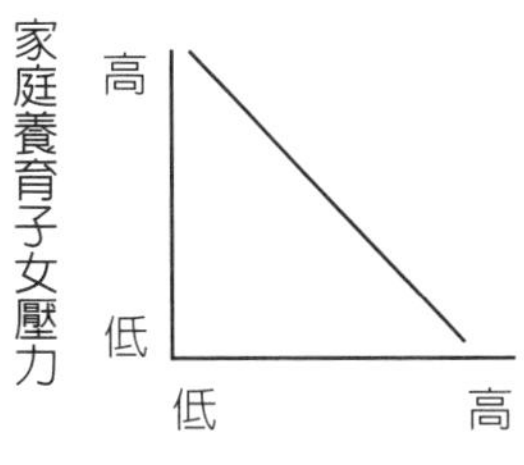

當家庭經濟能力愈低，則家庭養育子女的壓力就愈高。

(3) **曲線關係**

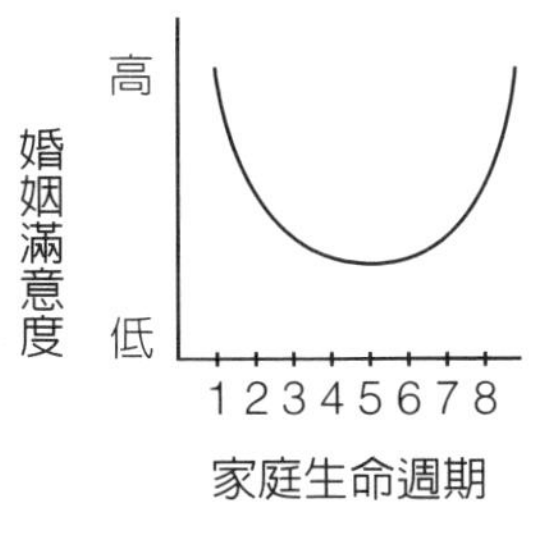

家庭生命週期和婚姻滿意度之間的關係可採曲線關係表示，婚姻滿意度在新婚與蜜月時期達到最高峰，然後逐步下降，有學齡子女的家庭婚姻滿意度處在最低狀態，家庭有青少年子女的階段時，婚姻滿意度又逐步上升，直到最後一個階段（家庭晚期或老年家庭時期），滿意度和新婚時期一樣，達到最高峰。

階段1：家庭開始
階段2：養育子女的家庭
階段3：有學齡前子女之家庭
階段4：有學齡子女之家庭
階段5：有青少年子女之家庭
階段6：發展的家庭
階段7：中年之家庭
階段8：晚年之家庭

第 6 章

測量

章節體系架構

Unit 6-1 測量尺度之基本概念

一、測量尺度之意涵

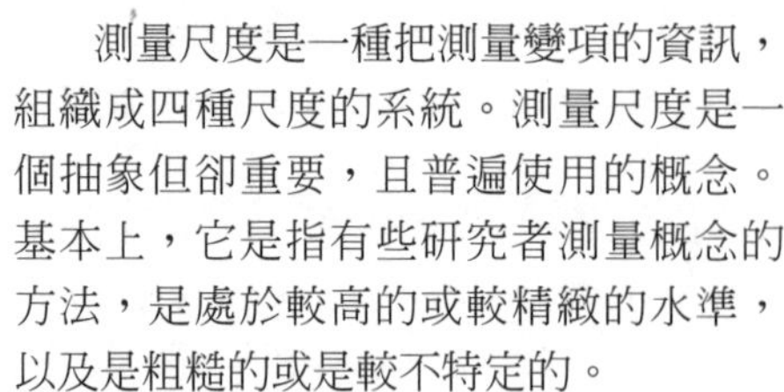

測量尺度是一種把測量變項的資訊，組織成四種尺度的系統。測量尺度是一個抽象但卻重要，且普遍使用的概念。基本上，它是指有些研究者測量概念的方法，是處於較高的或較精緻的水準，以及是粗糙的或是較不特定的。

測量尺度依靠概念被概念化的程度，亦即，憑藉著它是否有獨特的特性。測量尺度影響著研究者選擇的指標種類，並且與概念定義的基本假定相聯繫。研究者概念化一個概念的方式，限制著研究者能夠使用的測量尺度，並意味著如何進行測量與統計分析。

測量尺度可分為四種類型：⑴名義測量尺度（nominal-level measurement）；⑵次序測量尺度（ordinal-level measurement）；⑶等距測量尺度（interval-level measurement）；⑷比率測量尺度（ratio-level measurement）。各種測量尺度之詳細說明，另於後續單元加以說明。

二、連續變項與間斷變項

變項可以是連續的或者是間斷的。一個變項是連續的或者是間斷的，會影響到該變項的測量尺度。變項可分為連續變項（continuous variables）、間斷變項（discrete variables）等二種類型。

連續變項（continuous variables）包含了在一條連續線上移動的大量數值或者是屬性。我們可以把一個連續變項區分成許多較小的部分，而且在數學理論中，這些較小部分的數量是無窮的。例如：溫度、年齡、收入、犯罪率及接受教育的程度等。例如：在測量教育程度時，可以測量完成的學校教育年數。

間斷變項（discrete variables）是具有一組相對固定的個別數值或者是變項屬性。間斷變項所包含的不是一個由許多數值所組成的平順連續體，而是包含了數量有限的明確類別。例如：性別（男性或是女性）、宗教（新教、天主教、猶太教、回教、無神論者）、婚姻狀態（未婚、已婚、離婚或分居、喪偶）。

三、操作性定義

操作化是指把抽象的定義予以實體化，使之可以用測量的方式來衡量此概念時，即為操作化；而操作性定義（operational definition）是指「當界定概念或變項時，不直接描述該被界定項的性質或特徵，而是舉出測量該被界定項所做的操作活動」。亦即「可具體測量的變項定義」。主要是適用於量化研究而非質性研究。例如：生活滿意度問卷，1-非常不滿意、2-不滿意、3-尚可、4-滿意、5-非常滿意。

測量尺度範例

名義測量尺度：
國家

中華民國

日本

澳洲

次序測量尺度：
焦慮程度

低

中

高

等距測量尺度：
氣溫

6°

30°

比率測量尺度：
辦公室的人數

3人

5人

Unit 6-2 測量尺度之四種類型：名義測量尺度與次序測量尺度

測量尺度分為四種類型：(1)名義測量尺度（nominal-level measurement）；(2)次序測量尺度（ordinal-level measurement）；(3)等距測量尺度（interval-level measurement）；(4)比率測量尺度（ratio-level measurement）。本單元先就名義測量尺度、次序測量尺度予以說明，而等距測量尺度、比率測量尺度則於後續單元詳加說明。

一、名義測量尺度（nominal-level measurement）

名義測量尺度亦稱為名目測量尺度、類別測量尺度。名義測量尺度是最低的、最不精確的測量尺度。對於此種測量尺度而言，在變項的不同類別之間，只有類型上的差異而已。名義測量尺度所指的是，在不同類別之間存在著差異（例如：我國的人口組成分為閩南人、客家人、外省人、原住民、新住民、其他）。

名義測量尺度所定義的變項值，沒有數學上的解釋。雖在種類或特性上會有變化，但在數量上則沒有。例如：以我國的「縣市」為例，我們用數字來表明特定的縣市，例如：臺北市用數值1來表示，新北市用2表示，依此類推，但是除了這些數字不同外，它們無法告訴我們任何有關不同縣市之間差異的資訊。新北市數值是2，並不是比臺北市的數值1多一個「縣市」的單位，也不是兩倍大的「縣市」。國籍、職業、宗教信仰，也都以名義尺度來測量。

雖然類別變項的屬性沒有數學上的意義，但變項的屬性或值必須是互斥的，而且變項的屬性或數值也必須是周延（exhaustive）的。當一個變項的屬性是互斥且周延時，每一位受訪者會對應到一個，並且只有一個屬性。

二、次序測量尺度（ordinal-level measurement）

次序測量尺度亦稱為順序測量尺度。在這個尺度上，指派給受訪者的數字僅說明受訪者的次序，允許「大於」和「小於」的區分。次序測量尺度不但指明了差異，而且允許我們把這些類別加以排序或是排出等級（例如：以字母來代表分數1、2、3、4、5，用來測量意見的方法，表示非常同意、同意、不同意、非常不同意）。

如同名義變項，在次序測量尺度上，一個變項的不同數值，皆需具有互斥性和周延性。它們須涵蓋觀察數值的範圍，且每個個案被指配的數值不能超過一個。次序測量尺度的使用，常要求受訪者依一個連續性評價選項，如同意強度、重要性程度或相對次數等，對某個問題或陳述做適當評定。

名義測量的範例

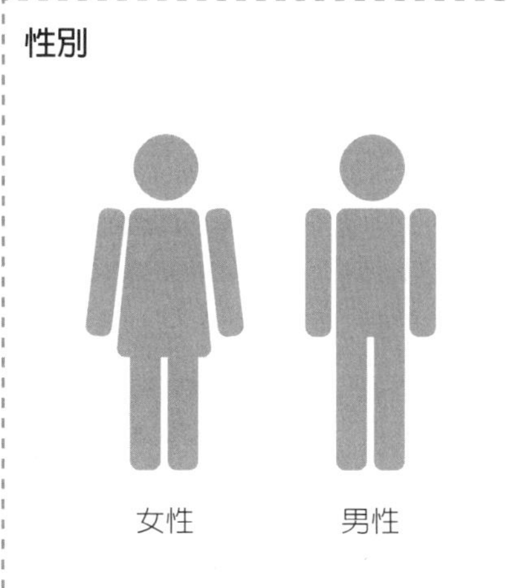

次序測量的範例

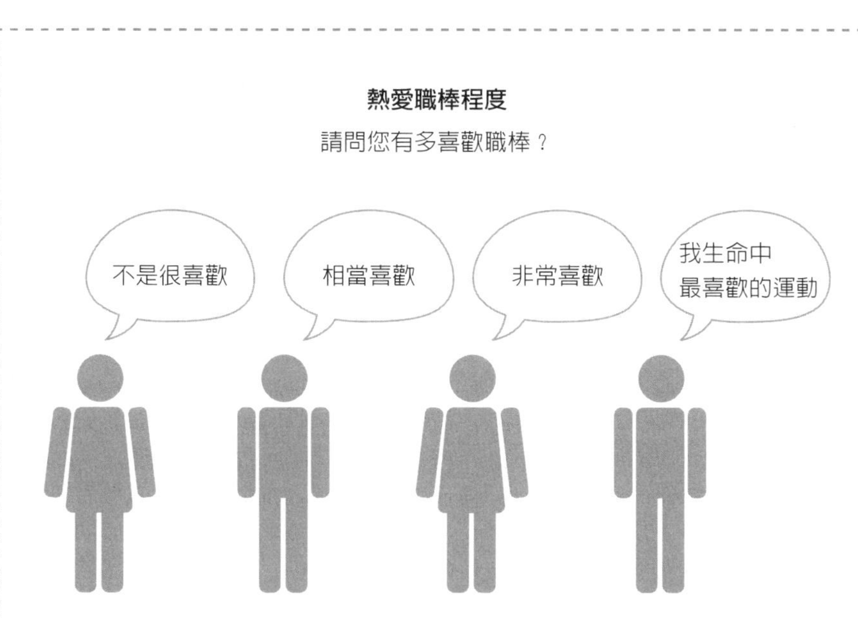

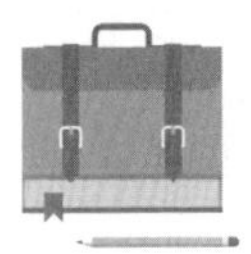

Unit 6-3 測量尺度之四種類型：等距測量尺度與比率測量尺度

測量尺度分爲四種類型：⑴名義測量尺度（nominal-level measurement）；⑵次序測量尺度（ordinal-level measurement）；⑶等距測量尺度（interval-level measurement）；⑷比率測量尺度（ratio-level measurement）。本單元接續說明等距測量尺度、比率測量尺度如下：

一、等距測量尺度（interval-level measurement）

等距測量尺度亦稱爲間距測量尺度、間隔測量尺度、區間測量尺度。等距測量尺度是由具有固定衡量單位，但無絕對或固定零點的量表所建立。因此，數字可以加減，但其比例是沒有意義的。同樣地，數值必須是互斥且周延的。等距測量尺度不但可以提供上述兩種尺度所能提供的資訊，而且允許我們詳細說明在類別之間距離的量（例如：攝氏溫度：5、45、90度；智商分數：95、110、125）。

在等距測量尺度上，係以固定衡量單位的數字來代表變項值，不過此單位並無絕對或固定的「零點」。例如：溫度60度比30度還要熱30度，但60度並不是30度的兩倍熱。爲什麼不是呢？因爲在溫度量表中，「熱」並非從零度開始。

在社會研究中，眞正的等距測量尺度並不多，許多研究者將由次序測量尺度的一系列變項合併爲指數，並視其爲等距尺度的測量。等距變項的數值因具有相同的基本單位，每個分數之間的間隔是相同的，所以，許多研究者會把李克特量尺的分數當作等距變項處理。

二、比率測量尺度（ratio-level measurement）

比率測量尺度亦稱爲等比測量尺度、比例測量尺度。在比率測量尺度上，係以具固定衡量單位數字來表示變項值，且此測量單位具有一個「絕對零點」，可說是測量尺度中最「嚴謹」、位階最高的一種。例如：身高、體重、子女數、住院日數、結婚次數。在此測量尺度中，絕對不會有「負值」出現，因此，也只有在此測量尺度中，才能計算倍數關係。比率變項擁有名義、次序、等距變項的所有特性，還具有乘除性。比率測量尺度和等距測量尺度很相似，但是多了「絕對零點」的物理特性，所謂零點就是自然的原點，代表零指的是完全不存在，例如：身高、體重爲零代表不存在。例如：如果某甲全年度使用健保卡就醫次數共15次，某乙全年度就醫爲5次，則某甲的健保就醫數就某乙的三倍。

等距和比率測量的變項之間，仍有一個重要差異存在。在比率尺度上，10比8多了兩點，也比5「大兩倍」，這些數字能以比值（ratio）來進行比較。比值的數字可以加減，而因爲數字從絕對零點開始，故可相乘除，所以數字之間構成比值。

等距測量的範例

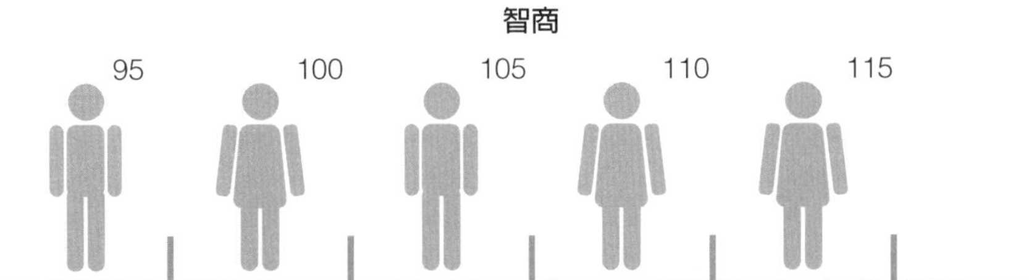

比率測量的範例

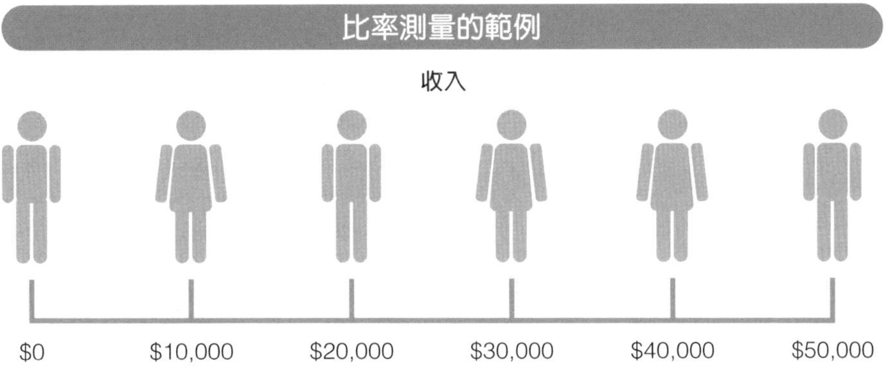

四種測量尺度的範例

測量尺度	變項範例
名義	■ 生理性別：生理男性、生理女性。 ■ 婚姻狀況：未婚、已婚、喪偶、離婚。 ■ 宗教信仰：佛教、道教、基督教、天主教、其他。 ■ 手搖飲的味道：太甜、稍甜、剛好、稍酸、太酸。
順序	■ 教育程度：國小、國中、高中、大學、研究所（含）以上。 ■ 參與志工服務頻率：從來沒有、每月一次、每月二次、每月三次、每月四次（含）以上。 ■ 考試名次：第一名、第二名、第三名。
等距	服務滿意度調查： 從「非常滿意、很滿意、滿意、普通、不滿意、很不滿意、非常不滿意」等選項中圈選出符合的，這原本是順序尺度，在此則拿來作為區間尺度使用。區間尺度因為設定的組距都相等，所以可作為「非常滿意7分、……非常不滿意1分」的處理方式，以李克特七點量表或五點量表為代表。
比率	■ A進口車車價150萬元，B國產車車價75萬元，進口車的車價是國產車的兩倍。 ■ 身高180公分，為身高90公分的兩倍。

Unit 6-4 測量誤差

測量誤差的產生，是因爲我們所獲得的資料並沒有正確代表所要測量的概念。常見的測量誤差有兩類，包括系統誤差、隨機誤差。茲說明如下：

一、系統誤差

當蒐集的資料以一致性的錯誤方式，反映我們所要測量的概念，系統誤差（systematic error）就發生了。錯誤的來源可能是蒐集資料者或提供資料者。相關類型如下：

㈠ 偏誤（biases）：即使要測量的是人們的觀點，也可能因爲受試者想到其他事物（亦即類似的行爲），而發生系統誤差。偏誤有多種形式，可能因爲詢問方式帶有預設性，暗示受訪者回答我們期望聽到的答案；或是當得到的答案是支持研究假說時，我們有意無意間，面露微笑或點頭表示同意；或受訪者可能受偏頗問題影響，而沒有回答他眞正的想法或行爲。當不論問題內容是什麼，都傾向回答同意或不同意（或同樣方向的答案），就是所謂的順從反應（acquiescent responseset）。

㈡ 社會期望偏誤（social desirabilitybias）：當受試者去做或說一些事情，使自己或所指稱的對象看起來更好，則是所謂的社會期望偏誤，亦即，社會期望偏誤是指不管什麼時候，當你詢問別人意見時，他們有可能會選擇那些讓他們看起來比較好的答案，特別是在面訪的情況下。例如：在歐洲許多國家面臨難民議題，使得當地居民的生活品質受到影響，然而，當在街頭公開訪問是否支持收容難民時，受訪者爲避免遭受撻伐爲種族歧視主義者，多表示支持難民收容政策。

㈢ 文化偏誤（culture bias）：指文化方面產生的偏誤。此係因不同文化有不同價值觀、語言、成長背景、次文化等，而在測量時產生偏誤。例如：閩南人、客家人、新移民之間，因爲文化的不同，對同樣的測量所認知與解讀不同，因而產生偏誤。

二、隨機誤差

不同於系統誤差，隨機誤差（random error）並沒有一致性型態的影響效應。隨機誤差並不會使測量產生特定方向的偏誤，而是在測量之間出現互相矛盾不一致。這並非表示不同時間點的資料有差異都是隨機誤差所產生，有時候是眞的有所改變。如果所測量的事物本身並沒有隨著時間而改變，但是測量卻一再得到前後不一致的結果，那麼該等測量本身就有不一致性，這也就是所謂的隨機誤差。

測量等值（measurement equivalence）

測量等值

指在某文化發展出來的測量程序移到另一文化應用時，仍應具有相同的價值和意義。

語言等值
（linguistic equivalence）
又稱為翻譯等值（translation equivalence），指的是一項工具被成功翻譯成另一種語言。

概念等值
（conceptual equivalence）
是指測量工具和觀察的行為在不同的文化中，有相同的意義。

度量等值
（metric equivalence）
指的是測量工具的分數在不同文化間都是等值的。

文化能力（cultural competence）

Q 文化能力

A 是指在進行調查和詮釋研究發現時，得以覺察到文化因素與文化差異對我們的影響，並予以適當回應。

影響訪員資料蒐集之文化能力程度的三個要素

- 訪員和受訪者是否使用同一種語言？
- 訪員和受訪者是否來自同樣的族裔？
- 訪員對於訪談該等族裔的受訪者，是否有充適的訓練和經驗？

Unit 6-5 測量誤差（續）

在研究過程中，要如何減少測量誤差，並不是一件容易的事。經綜整相關文獻，茲將避免測量誤差的方法，扼要說明如下（王雲東，2007；簡春安等人，2016；王牧恩譯，2007；王佳煌等人譯，2014）：

一、在建構問卷或自陳量表時

在建構問卷時，應使用不帶偏頗的用語，以中性的用語加以陳述，以避免系統誤差；此外，必須使用受訪者可以了解的用語，以避免隨機誤差。而在問卷建構後，先透過同僚的回饋，以了解自己未察覺的偏誤，或是語意、語句不清之處；且透過預試的程序，可以提升訪問母體對問題的了解程度，並藉此加以修正。

二、採用訪員或觀察員時

訪員是減少誤差重要影響因素之一，因此，對於訪員實施完整的訓練，以確保其對執行研究任務能的一致性，及提供訪員降低偏誤的方法。訪員在訪談過程中，不應加入個人的成見，或是過多的暗示，以免影響受訪者。此外，訪員的記錄方法、記錄的方式，必須盡量齊一，以減少隨機誤差。

三、測量涉及直接觀察行為時

直接觀察可以提升受訪者表述的實際情況，但直接觀察會面臨系統上的誤差。這就如同若自己知道被人觀察，其可能較容易與平常不一樣，而表現出符合社會期望的行爲。因此，盡量安排自然的情境，使案主不容易意識到有人在觀察，這樣就不會爲了要給觀察者留下好印象，而刻意表現出不符實情的言行。這種非干擾的觀察，可用來降低社會期望偏誤。

四、測量是根據既存的紀錄資料時

透過對現存紀錄資料的檢測，研究者可以了解其紀錄是否精確或草率，以減少因紀錄所產生的系統誤差。

五、採用三角檢核法

三角檢核（triangulation）是指透過使用幾種不同的途徑，去蒐集相同的資訊，目的是要處理系統誤差。爲避免測量的系統誤差，研究者可透過使用幾種不同的測量方法，來檢測是否發現同樣的結果。三角檢核的基本要求是，不同的測量應該會遭受不同來源的誤差，但如果每一種測量的誤差都相同，那麼即便三角檢核得到一致的結果，也無法告訴我們其中是否眞的沒有系統誤差。

避免測量誤差的案例

目的：評估實務工作者對於慢性精神病案主的回應敏銳度

測量方法1
透過實務工作者自評報告，了解他們對病患的態度。

測量方法2
詢問案主，他們與實務工作者接觸的次數，以及他們對服務的滿意度。

測量方法3
檢視個案紀錄，計算實務工作者提供案主服務的次數。

- 假設：所有實務工作者都表示，他們從服務案主中獲得極大滿足感，但是根據個案紀錄，案主接受服務的次數通常少於三次，且沒有後續追蹤。
- 進一步假設：大部分案主的說詞，有吻合個案紀錄關於服務次數的登載。他們甚至表示，實務工作者似乎對他們動作緩慢的情況有些不耐煩，還有對他們認為重要的問題缺乏興趣。
- 避免測量誤差方法：
  使用三角檢核法，會比只使用一種測量方法來得有立場去判斷資料是否值得信賴；且可避免實務工作者自陳測量中可能涉及的社會期望偏誤。

資料來源：案例整理自李政賢譯（2016）；圖由作者自繪。

NOTE：

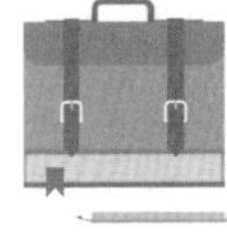

Unit 6-6 三角檢核法

在研究進行過程中，透過不同的觀點來觀察某事物，將能獲得更多眞實的訊息，這種程序，稱爲三角檢核法（triangulation），亦稱爲三角測量法、三角測定法、多元測量法、三角校正法。茲將三角檢核法的類型說明如下：

一、測量的三角檢核法（triangulation of measure）

是指研究者對同一現象進行多次測量。透過用一種以上的方法來測量某件事，研究者更可以看到事情的全貌。例如：在大學的研究法課程中，老師爲了確認學生的學習成果，透過申論題、測驗題來多方法進行檢測，甚至爲了確認學生的應用能力，進行SPSS資料分析實作，讓老師對教學成果更有信心。

二、觀察者的三角檢核法（triangulation of observers）

在研究過程中，研究者對於受訪對象的獨自訪談或觀察，有可能會因爲研究者個人的因素，造成觀察上的限制。例如：對某議題抱持偏見、對某些細節缺乏仔細觀察的能力，而使得研究的正確性受到影響。因此，如能使用多個觀察者或研究者，可以帶來不同的觀點、背景及社會特徵，也因此減少上述的限制。例如：對於一位兒童行爲的觀察，除社會工作者的觀察外，加入教保員、媽媽的觀察，將能更爲多面向與精確。這種整合由不同觀察者而得的資料，較能夠對背景環境形成更完整的圖像。

三、理論的三角檢核法（triangulation of theory）

理論三角檢核是要求研究者使用不同理論觀點，以規劃一項研究或是詮釋資料。透過不同理論觀點的假定與概念，建立多面向的觀察視野。例如：對於貧窮世襲的研究，從符號互動論、衝突論、生態理論的觀點進行研究，可使研究更爲周延。

四、方法的三角檢核法（triangulation of method）

指的是融合質性與量化的研究風格和資料。大部分的研究者只專精於其中一種取向，但是這兩種取向有著不同卻可互補的優點。一項融合了兩種取向的研究，通常會比較豐富，也比較全面。可以依序使用此兩種取向，或以平行或同時使用的方式進行。例如：對於感染新冠病毒接受隔離者的心理壓力，可先透過質性方法，進行個案的深度訪談；然後再依據質性研究資料，成爲發展問卷調查的基礎，再發展量化調查的問卷，對全國感染新冠病毒接受隔離者進行抽樣調查，進行問卷調查與資料分析，以了解其在染疫隔離期間的心理壓力。

三角檢核法的觀察方式

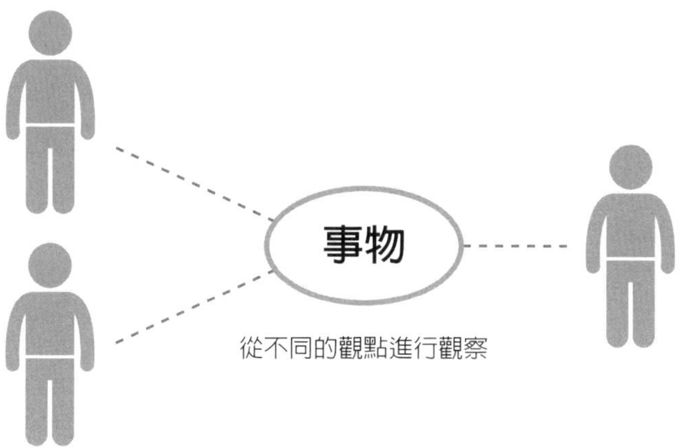

不同類型三角檢核法的案例：卡通對兒童攻擊行為的影響之研究

三角檢核類型	檢核方法	案例
測量的三角檢核	對同一對象進行多次測量	■ 卡通中的暴力行為 測量卡通中暴力行為的指標：出現的頻率、強度、時間長度
觀察者的三角檢核	多位觀察者對同一對象進行相同研究	■ 電視兒童的攻擊行為 由社會工作者、父母、師長等多位觀察者進行攻擊行為的觀察
理論的三角檢核	透過多種理論解釋研究結果	■ 電視兒童的暴力行為發生原因 從學習理論、符號互動論觀點等進行檢核
方法的三角檢核	使用多種方法研究相同問題	■ 兒童暴力行為的表現方式 查閱學校家長聯絡簿所書面記載資料、面訪兒童照顧者等

第 7 章

信度與效度

章節體系架構

Unit 7-1 信度的類型

信度（reliability）是指一個指標的可信賴程度，信度指研究的信賴度與一致性。受訪者被訪問時的回答或受測時的分數，若再施測一次，或再訪問一次時，其結果應該相同。相關的類型說明如下：

一、重測信度（test-retest reliability）／再測信度（reliability of measurement）

重測信度係指用同一測驗，對同一群受試者前後測驗兩次，再根據受試者兩次測驗的分數，計算其相關係數，此係數即為該測量的信度係數。此法的目的主要在了解該測量的穩定性。

二、內部一致性信度（internal consistency reliability）

內部一致性信度是屬於測量不同「題」的一致性。內部一致性信度類型可分為：1. 折半信度（split-half reliability）：就是把問卷「折」成一半，然後再看受訪者在這兩半測驗上的分數彼此之間的相關係數，即為其折半信度值；2. Cronbach's α係數：測量不同「題」一致性的方法是Cronbach's信度係數法。

三、複本信度（alternate-form reliability）

複本是指與正本本質相同、結構也相同的問卷或測驗卷，它是另外設計的問卷，與正本「一致」但不「一樣」。所以理論上兩者所測量的結果應該相同，其「信度」應該高，其信度則為複本信度。

四、分數信度（score reliability）

研究者可隨機抽取相當份數的測驗卷，請2位（或2位以上）評分者分別給分，研究者再計算這兩組分數的相關係數，這種相關係數則為分數信度。

五、穩定性信度（stability reliability）

穩定性信度是跨越時間的信度。它觸及的問題是：如果在不同的時間下使用同一個測量工具或指標進行測量，會獲得相同的答案嗎？使用相同的指標對同一組人再次施測或再做一次測量，如果所測量的事物是穩定的，指標也具有穩定性信度，那麼每次施測都會得到相同的結果。

六、代表性信度（representative reliability）

代表性信度是跨越次母群體或次團體的信度。它觸及的問題是：如果使用同一個測量工具或指標，對不同團體進行測量，會獲得相同的答案。

七、等值信度（equivalence reliability）

等值信度用在研究者使用多重指標時，亦即在操作化某個建構時，使用多個特定的測量工具（例如：問卷中有數個問項全都是測量同一個建構）。它觸及的問題是：不同的指標會得出一致的結果嗎？如果數個不同指標測量的是相同的建構，那麼只要是有信度的指標，都會得出相同的結果。

八、評分者間信度（inter-rater reliability）

評分者間信度通常是指觀察者間信度，有時又稱為計分者間信度（inter-scorer reliability）。關心測驗是如何計分一致或由2位評分者評定行為。

信度測量的範例

評分者間信度（inter-rater reliability）

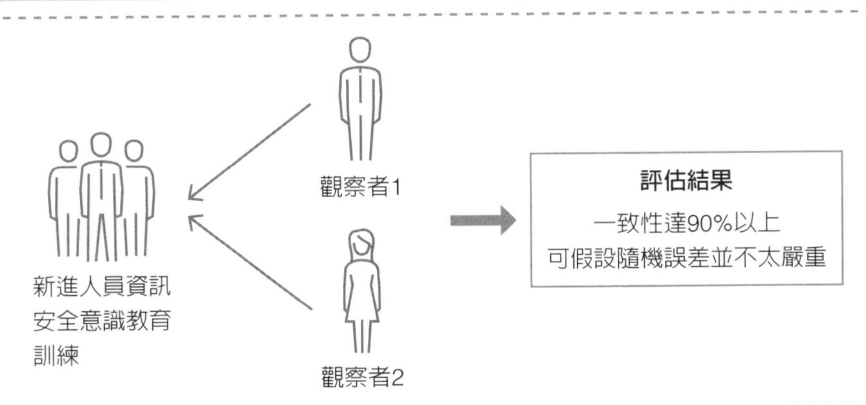

評估結果

一致性達90%以上
可假設隨機誤差並不太嚴重

再測信度（reliability of measurement）

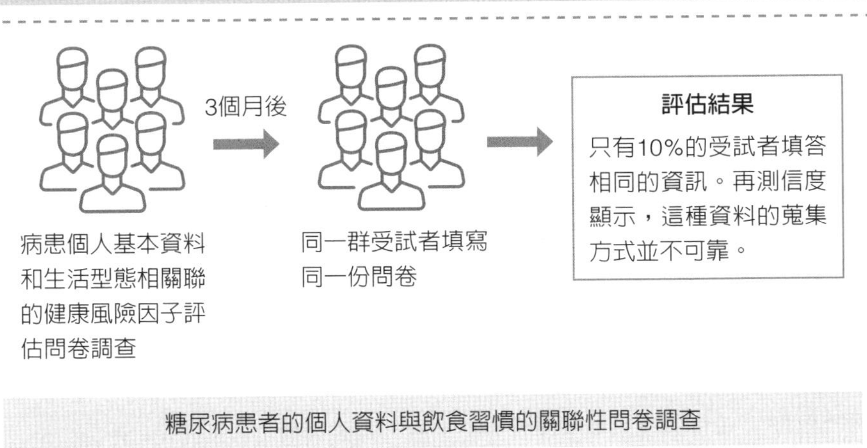

評估結果

只有10%的受試者填答相同的資訊。再測信度顯示，這種資料的蒐集方式並不可靠。

糖尿病患者的個人資料與飲食習慣的關聯性問卷調查

信度之意涵

信度
（可信賴的測量工具）

01	02	03
穩定性	**代表性**	**等值性**
禁得起時間的考驗	普遍適用於各個次團體	普遍適用於各個指標

Unit 7-2 效度的類型

效度（validity）是指研究的準確性，也就是眞正測出研究者想要測量的概念或變項的能力。相關類型說明如下：

一、表面效度（face validity）

指問卷或測驗在研究者或受試者主觀上覺得有效的程度。如某研究者認爲採用士兵抱怨次數，來測量軍中士氣是有效度的。

二、內容效度（content validity）

指有系統的檢查測驗內容之適切性，衡量測驗是否涵蓋足夠的項目，以及是否有適當的比例分配等。因強調其研究主題與問卷內容的合理性，又稱爲邏輯效度（logical validity）。這種藉由定義範圍與內容，再規劃問卷題目的過程，亦稱爲定義效度（validity by definition）。例如：測量健康狀況，應該包括生理、心理及社會等三層面。

三、經驗效度（empirical validity）

指從測量所獲取的資料與實際之情形相關的程度，可分爲三種次分類：

㈠ **同時效度／並行效度（concurrent validity）**：經由問卷所得到的調查結果若能與實質的狀況相稱，表示該問卷具有同時效度或並行效度，否則代表該問卷不能準確反映狀況，未能與事實並行。例如：若測量婚姻滿意度，則夫妻關係正常者（美滿者）的分數，應比正在分居中的夫妻高，若有這種辨別力，才能稱具有與事實相當的並行效度。

㈡ **預測效度（predictive validity）**：經由問卷或測驗所得到的調查結果若能預測當事者的「未來」，表示該問卷或測驗具有良好的預測效度。例如：於國小階段測量IQ高的人，若於國中階段在校的學業成績確實較佳，則可以說IQ測驗具有高度的預測效度。

㈢ **效標效度（criterion related validity）**：是指足以顯示所欲測量的概念或變數的指標。例如：憂鬱量表的主要效標，包括睡眠狀況、食量、是否不想與人談話等。若某位老人在憂鬱量表上的得分頗高（或說自覺憂鬱狀況嚴重），同時也確有以上所指效標的狀況，就可說此測驗的效標關聯效度良好。

四、建構效度（construct validity）

指測驗能否測量理論的概念或特質的程度。一個好的問卷，其結果不僅可反映現實，其結構也應符合理論。如「聯合國老人綱領」的五大要點：獨立、參與、照顧、自我實現與尊嚴等，建構出的問卷。若受試的老人得分越高者，其自覺人權受重視的程度也較高，這表示「聯合國老人綱領」所提出的五大要點在老人人權的實地測量上獲得驗證，即本測量的建構效度頗佳。

五、趨同效度（convergent validity）

指同一個建構的多個測量工具，都產生相同的結果或都以近似的模式運作。

六、區別效度（discriminant validity）

也稱爲歧異效度，與趨同效度正好相反。是指同一個建構的數個指標不但都產生一致的結果或趨同，且測量相反的建構時，全都得出相異的結果或負相關。指如果兩個建構A與B完全不同，那麼A與B兩個測量工具就不應有所關聯。

七、統計效度（statistical validity）

指選擇正確的統計程序，且滿足它所有的假設。

內在效度與外在效度

內在效度（internal validity）

是指我們有多少把握可以推論，研究結果正確描述一變項是否為另一變項的原因。研究滿足三項條件的程度：(1)「因」要發生在「果」之前；(2)兩變項間有實證上的相關性；(3)兩變項的關係不是由於第三變項所導致。滿足前述條件，則該研究具備了內在效度。相反地，若未達到該等條件，我們就很難推論說自變項在解釋依變項上扮演導因的角色。

外在效度（external validity）

是指研究發現的因果關係，可概化或推論到研究情境以外場域和母群體的程度。

效度類型的圖示

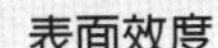

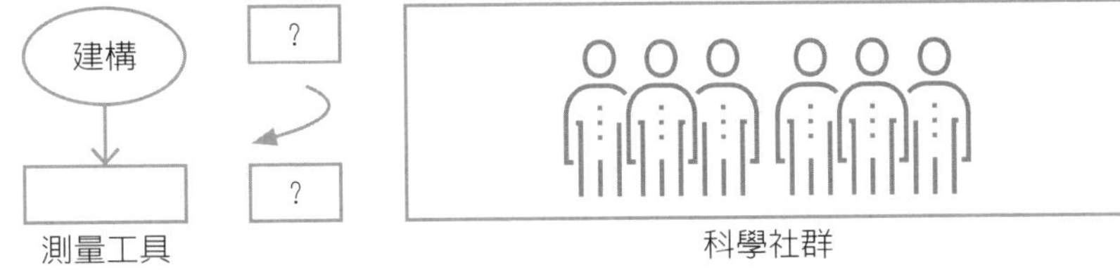

內容效度

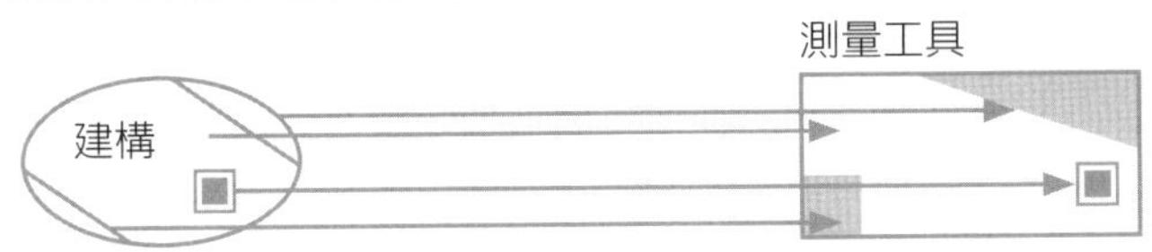

效標效度

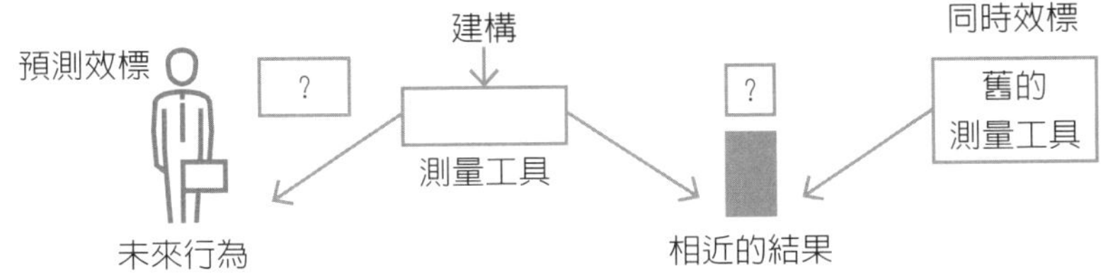

建構效度

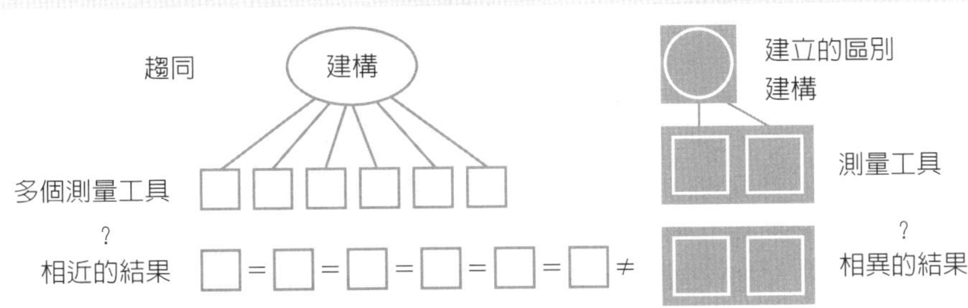

資料來源：王佳煌等人譯（2014）。

Unit 7-3 內在效度的威脅因素

當依變項可能受到自變項以外的其他因素影響，研究就面臨了內在效度的威脅，致使評鑑者可能做出錯誤方案，影響成效的結論。經綜整相關文獻及補充說明如下：（簡春安，2016；陳榮政主譯，2014；朱柔弱譯，2004；王佳煌等人譯，2014）：

一、歷史

指在研究過程中，是否發生一些外在的特殊事件左右了受測者的反應。在研究過程中發生的外在事件，可能混淆結果。例如：因對地震因素改變了對核能發電的支持度。外在事件不一定是重大新聞事件，或歷史書中讀到的歷史事件，而可以是單純的外在事件，與自變項剛好在同一期間發生。這可能就會威脅到研究的內在效度，因為依變項的改變，乃是由自變項以外的因素所造成。

二、成熟或時間歷程

受訪者個人的成熟以及身心變化，當然也會對研究造成影響。人們總是會成長和改變，不論這些因素是否為研究的一部分，都有可能影響研究結果。成熟、老化的過程可能構成內在效度的嚴重威脅。例如：由於個人的成熟，對於不施行心肺復甦術（DNR）的態度之變化。

三、測驗效應

測驗過程本身常會增進測驗的表現，只是這並不代表所欲測驗的眞正構念獲得實質的改善。熟悉測驗內容的人在受測時，其結果當然會比不熟悉其內容的人要佳。霍桑效應（Hawthorne effect）即是。

四、測量工具的改變

實驗的結果必須藉測量工具來測量，若是測量工具不準確或是被破壞，所測出來的結果當然會使整個研究的準確性降低，研究的內在效度就會降低。如果我們在前、後測時，使用不同的測量工具，如何能確定結果可以互相比較呢？例如：對於英聽能力的測驗，前測使用全民英檢，後測使用多益測驗，則難以精確比較。

五、統計迴歸

調查受訪者對某些事情的意見時，縱使其意見相當極端，但是經由多次的訪問與調查之後，總會有趨中的現象。群體受訪時也經常會互相左右，在統計上稱為迴歸的趨中現象，這種情形當然會影響研究的內在效度。眞正原因只是因為自然起伏使然，並不必然是因為介入所造成。

六、樣本選擇的偏誤

樣本選擇的偏誤是受試者未能形成相等組別所產生的威脅，這個問題之所以發生，是因為設計時沒有做好隨機指派，亦即，實驗組中的受試者帶有影響依變項的特性。

七、模稜兩可的因果影響方向

自變項和依變項之間的時間序列，有可能發生模稜兩可的情況。當這種情況發生時，藉由解釋所謂的「依」變項，如發現其實「依」變項是造成「自」變項改變的原因，則讓我們挑戰自變項造成依變項改變的研究結論。

內在效度的威脅因素之範例

威脅因素	案例說明
1. 歷史	某研究進行政府對提升民衆性騷擾防治意識的政策效果問卷調查。研究顯示，調查對象在調查前後對於性騷擾防治之意識有提高，政府因而宣稱其在性騷擾防治的成效是有效的。但在該期間，發生Me too事件，吸引民衆的注意力，連帶提升了民衆對性騷擾的防治意識。而此歷史事件，威脅到政府研究調查結果的內在效度。
2 成熟或 時間歷程	某研究進行藥物治療效果之研究，研究結果宣稱該藥物療效顯著，但實際的情況，可能是病患因為病程進展而自然恢復健康，而非因藥物之作用。此時間歷程因素，影響研究結果的內在效度。
3. 測驗效應	某研究者想了解停止喝母乳的嬰兒感冒有沒有減少，因此選擇一群有意給嬰兒改為配方乳的媽媽。研究者先詢問原來嬰兒喝母乳時的感冒頻率。但這個詢問動作，引起這些媽媽們的某種心理作用，因此比之前更加注意嬰兒的健康狀況，因而對結果有所扭曲。
4. 測量工具 的改變	某位研究者想要測量案主的憂鬱程度，前測使用測量憂鬱程度之工具，但後測卻使用測量焦慮程度之量表。測量工具不同，威脅內在效度。
5. 統計迴歸	某藥廠想了解所開發的控制血壓的新藥是否有效，在患者服藥前測一次血壓，服藥後再量一次。但某次測量結果，患者服藥前的血壓異常偏低，因此無法正確比較出服藥真正的作用。亦即，所測量的人事物，並非均是絕對穩定的，會有統計回歸的內在效度威脅。
6. 樣本選擇 的偏誤	某研究者想研究總統大選的各政黨支持率。在樣本的選擇過程中，當某些特定的受訪者有較高之中選機率時，會影響我們研究的推論。例如：打電話去電視臺call in投票的選民、網路民調。
7. 模稜兩可 的因果 影響方向	某研究發現，高中生家長經常參加班親會，則該高中生的月考成績會較家長沒有參加班親會的高中生成績表現較佳。然而，這當中可能就涉及模稜兩可的情況：是因為在高中成績表現較不佳的高中生，其家長希望透過班親會了解其子女的學習情況後，回家加強督促其子女提升學習成效？或是因為家長參加班親會，學校老師加強關注輔導有參加班親會的學生，致其成績因而提升。

Unit 7-4
信度與效度之關係

信度是效度的必要條件，也比效度更容易達到。雖然要成爲某個概念的有效測量之前，必須先具有信度，但是有了信度並不保證每個測量工具一定具有效度。信度不是效度的充分條件。測量工具可以每次都產生相同的結果（具有信度），但是它測量的東西可能完全不符合建構的定義（即效度）（陳榮政主譯，2014）。

信度是效度的必要條件、效度是信度的充分條件。效度高，信度一定高；信度低，效度一定低；信度高，效度不一定高；效度低，信度不一定低。因此，測量的工具可能只具有信度，卻不具有效度。例如：在Covid-19疫情期間，使用家用快篩進行二次的快篩，皆顯示陽性，但至醫院就診後，醫院採集檢體送往實驗室進行進一步檢驗，發現並未感染Covid-19，亦即，Covid-19家用試劑的快篩結果爲僞陽性。因此，家用試劑二次的快篩是具有信度的，但因並非眞正的感染結果，因此，是不具有效度的。另某高中針對即將參加大學學測的高中生進行模擬考，二次的模擬考考試結果顯示，90%的學生考科成績都可達到5A，但當實際參加大學學測後，成績公布只有不到10%的學生成績拿到5A，亦即，在校的二次模擬考具有信度，但卻不具有效度，因爲與參加大學學測成績差異太大。

信度與效度經常是互補的概念，但在某些特殊的情況下，它們也會互相牴觸。有些時候當效度增加時，會比較難以確保信度；反之，有些時候當信度增加時，效度會變得難以掌握，這是發生在當某個建構過於抽象，缺乏容易觀察的定義時；當測量値相當明確、便於觀察時，信度最容易達到（王佳煌等人譯，2014）。例如：馬克思主義所提出的「異化」（alienation）理論，是個非常抽象、高度主觀的建構，異化形成的原因，常常是由於某些問題，或者說異化或疏離常常源自於某些事情。資本主義所產生的異化，研究者可以根據前述抽象的概念，發展出測量的面向，如果問卷可以非常清楚的就各抽象概念發展出具體問項，則可能得出具有信度的測量值，但也有捕捉不到該概念主觀本相的風險。

發展具有信度又能夠測出豐富意義的測量，一直以來都是研究者的努力方向，但也常會發生難以完全兼顧的的兩難困境。因此，從不同面向或不同的檢核方法進行測量，可以提高信度及效度。

信度與效度的關係

正中靶心＝完美的測量工具

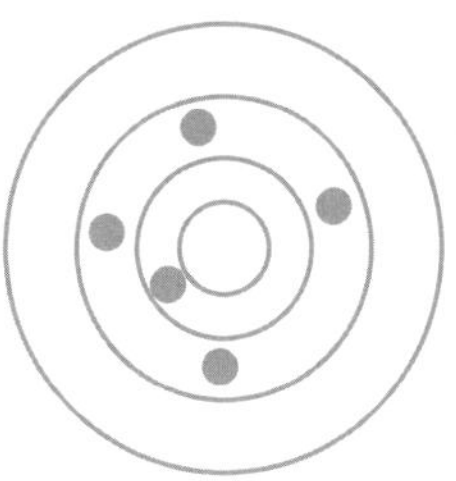

低信度、低效度

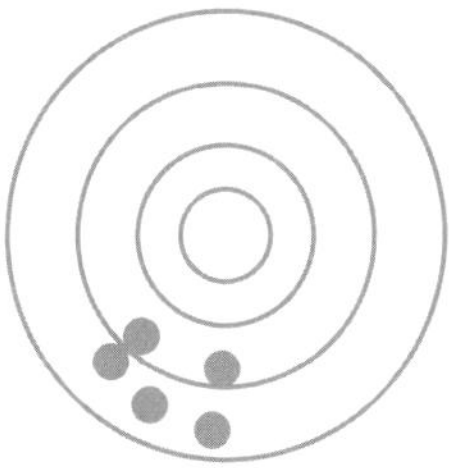

高信度、低效度

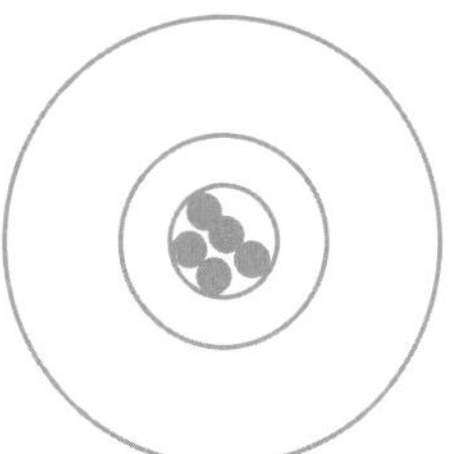

高信度、高效度

測量：你抽了幾根菸？

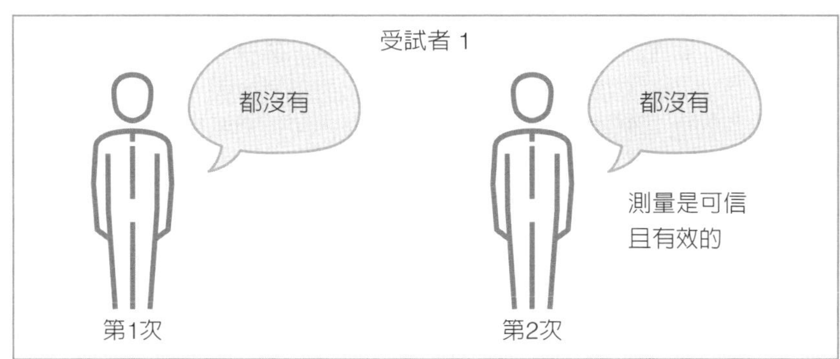

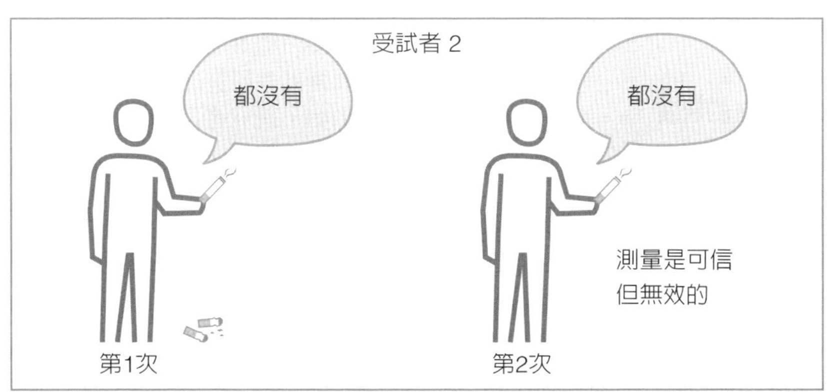

信度與效度的差異——抽菸行為

Unit 7-5 提升信度的方法

要如何提升信度，是研究者常見的難題。要達到完美的信度，有其一定的難度，提升信度的方法，經綜整相關文獻後並補充說明如下（陳榮政主譯，2014；朱柔弱譯，2004；王佳煌等人譯，2002；王佳煌等人譯，2014）：

一、清楚地將所有的構念加以概念化

當每個測量方法所要測量的對象只有唯一一個概念時，信度就會增加，而這也味著研究者必須發展出明確的、清楚的理論性定義。研究者必須詳細說明每一個構念，以排除來自於其他構念具干擾性質的資料。例如：以提升社會工作師工作士氣爲例，研究者應該要把工作士氣與相關的觀念（例如：心情、個性、精神、工作態度等）區隔開來，以利確定眞正的測量內容。所以，研究者在發展測量社會工作士氣這個概念時，必須避免非屬工作士氣的概念之干擾。當研究者使用一個指標來把不同的構念操作化時（例如：以相同的問卷題目來指明工作士氣及個性時），就是品質低劣的測量。

二、提升測量的尺度

具有較高或是較爲精確測量尺度的指標，會比那些較不精確的測量方法具有較高的信度，這是因爲後者所能獲得的詳細資訊比較少。如果測量了比較具體精確的資訊，那麼除了構念之外，研究者不太可能去捕捉到其他的事物。一般的原則是：盡量以可能範圍內最精確的尺度來進行測量。不過，在較高的測量尺度上進行量化工作會比較困難。例如：在測量社會工作師工作士氣時，研究者可以採用7點或5點量表進行工作士氣等級的分類，會比使用3點量表爲佳。

三、對同一變項使用多重指標

提升信度的第三種方法，就是使用多重指標，因爲對相同的構念使用兩個（或者是更多個）指標，會比只使用一個指標還要更好。有了多重指標，研究者就可以進行三角檢核，並且從一個概念性定義內容（也就是概念領域內的樣本）較爲廣泛的範圍來進行測量。研究者可以用一個構念本身的指標，來測量該構念的不同層面。以多重指標進行三角檢核，可以避免出現相同的錯誤，且較具有穩定性，及能夠完整囊括整體的圖像

四、使用前導研究及複製

研究者可自行發展出一個或者是多個測量的版本草案，先進行測量，然後才把最後確定的版本應用於假設考驗的情境中。使用前導測試的原則，也可以延伸到複製其他研究者所使用過的測量方法。例如：研究者搜尋了文獻資料了解測量社會工作師工作士氣的方法，文獻中發現有好的測量方法，研究者或許可利用這個測量方法爲基礎來進行研究。

使用多重指標測量的範例

多重指標的使用

- 自變項概念的三個指標，合併成整個測量—A
- 依變項的兩個指標，合併成單一的測量—B

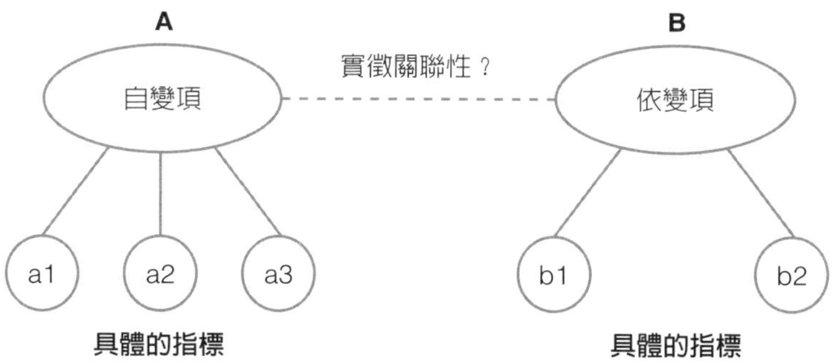

資料來源：王佳煌等人譯（2014）。

▶ A（自變項）

假定A 是教師士氣，研究者對於教師士氣有三個具體的量數：

a1：教師們對於在問卷中有一道與對學校態度有關的問題之回答。

a2：除了病假以外的缺席次數。

a3：其他人聽到教師們抱怨的次數。

▶ B（依變項）

依變項是對學生所付出的額外關注，共有兩個量數：

b1：教師在放學後與學生進行個別談話的小時數。

b2：教師是否經常詢問學生在其他課程方面的進步情況。

▶ 有了多重指標，研究者就可以進行三角檢核法，並且從一個概念性定義內容（也就是概念領域內的樣本）較為廣泛的範圍來進行測量。我們可以用一個構念本身的指標，來測量該構念的不同層面。除此之外，一個指標或許會有一些缺陷，但是數個不同的測量方法則比較不可能出現相同的錯誤。

第 8 章

抽樣

章節體系架構

Unit 8-1 抽樣的基本概念

社會科學研究是透過觀察某些人物，從中獲得暫時性的新洞視，進而用以描述關於較大群體的人、事、物，或檢驗關於該等群體的假說。在這當中，研究的小群體就稱爲樣本（sample），選擇樣本的過程就稱爲抽樣（sampling）。

在抽樣過程中，元素（element）是一個重要的基礎觀念。元素是指蒐集資訊及研究分析的單位。元素的類型非常多元，個人、團體、家戶等都是調查研究中的元素。

母群體（population）是指研究結果意圖推論的團體或集群，母群體乃是理論具體定義之研究元素的總和，亦即，母群體是研究對象的總體。在一研究中，具某種共同特徵的所有人（或物）所成的集合爲母群體；母群體內的個體（人或物）稱爲受測者（或稱爲受測單位）。量測（或蒐集）母群體中每個人（或物）所得資料稱爲母群體資料。例如：蒐集當地100位65歲以上老人的血壓資料，用以推知該地區所有老年人的血壓資料，該地區所有的老年人稱爲「母群體」；另研究者要研究社會工作者的工作認同度，則母群體爲在公私立社會工作機構任職的社會工作者。

在抽樣的類型上，依照抽樣機率的原則區分，可分爲隨機抽樣、非隨機抽樣。隨機抽樣（probability sample）是指母群體中每一個抽樣單位，包括樣本內的機率完全相同。當研究者運用亂數表或電腦程式軟體，按一定的機率抽取樣本，使每一個樣本有均等機會被抽中時，即可稱爲隨機抽樣。隨機抽樣所抽取的樣本，樣本具代表性，且得以概推以及推論統計之用。隨機抽樣的類型，包括：簡單隨機抽樣、系統隨機抽樣、分層隨機抽樣、集叢隨機抽樣等，均是隨機抽樣。

非隨機抽樣（nonprobability sampling）是指沒有辦法計算包含在樣本中每一個單位的中選機率，而且也不能保證每一個單位都有相同機會被包含在樣本內。在非隨機抽樣中，每個人被抽到的機會是不完全平等的，每個樣本不是處在一個絕對一樣的機率中被選爲研究樣本。這種抽樣方法適用於獨特性的研究資料中，基於研究本質所需，非得取得某種樣本不可，因此無法在隨機取樣中獲得，常於質性研究中加以使用。亦即，非隨機抽樣的樣本，並不是依照機率模式設計去抽取，而是根據研究者的專長、知識、研究的目的或考慮資料取得的方便性，來選取樣本的方法。使用此種方式所得到的樣本，較難推論至母群體特性。非隨機抽樣的類型，包括：便利抽樣、配額抽樣、立意抽樣、滾雪球抽樣等，均是非隨機抽樣。

抽樣邏輯的模型

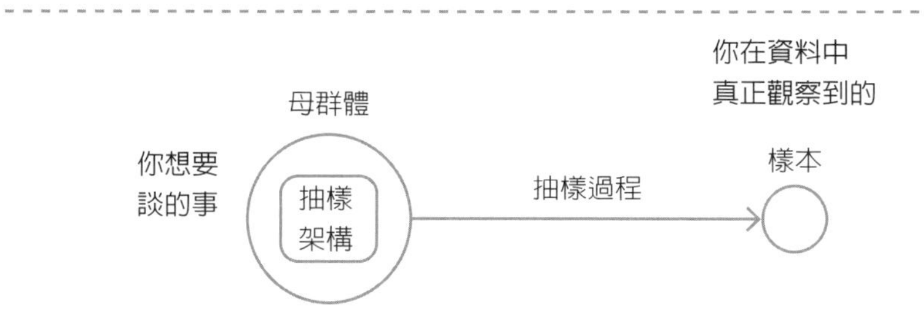

資料來源：朱柔弱譯（2004）。

元素與抽樣單位：兩階段研究中的樣本成分

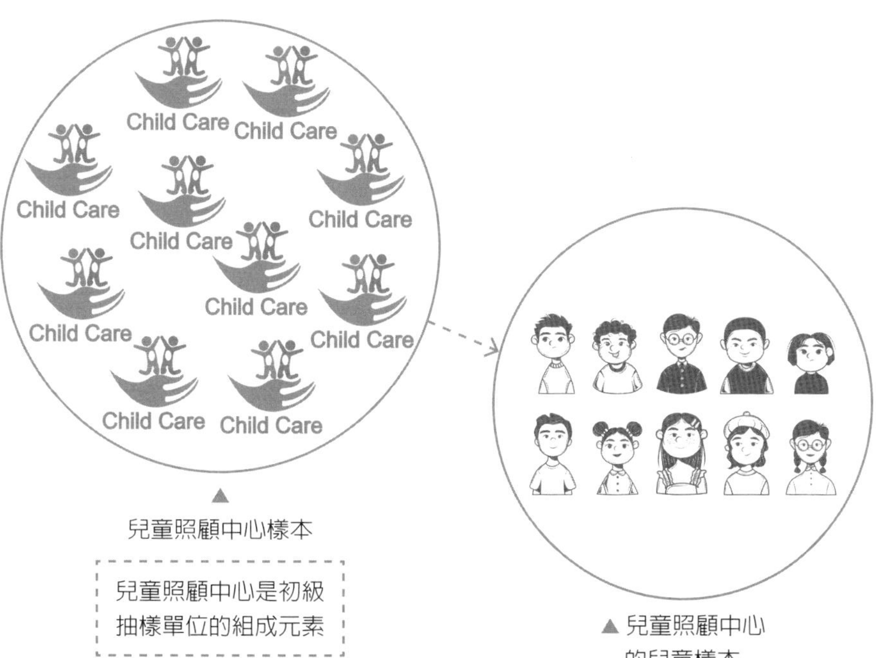

兒童照顧中心的兒童是次級抽樣單位，他們提供所有兒童關懷中心的照顧情況資訊

Unit 8-2 樣本與母群體

在研究進行中，研究者希望從所抽取的樣本推測出母群體的原貌，因此，抽出的樣本必須能反映全體的特性，亦即，樣本必須能代表母群體，即爲樣本代表性。抽樣代表性（representativeness）指的是樣本與母群體的特徵很相似，例如：如果研究的母群體有60%是20歲以下的青少年，有代表性的樣本中之青少年的比例也應該要接近60%。

抽樣過程除了樣本必須具有代表性外，樣本規模也是一項影響因素。例如：我們要針對臺北市共12個行政區進行市政滿意度調查，但研究者僅隨機挑選6個人爲樣本進行調查，除了未擴及各行政區均有樣本，使得行政區樣本不具代表性外，即使增至樣本24人，各行政區各2個樣本，則仍不具樣本代表性，這是因爲所抽樣的樣本數太少，不足以代表各行政區內多元的市民特性，例如：不同年齡層、性別、種族等。這樣的樣本對照臺北市戶政檔案人口基本特性，有可能與市民的人口基本特徵有所差異，而據此所做出來的市政滿意度調查，將因爲樣本的偏頗，而無法呈現出市民眞正對市政的滿意度。

在抽樣過程中，多大的樣本才算適當？多少抽樣單位才算是大樣本？多少抽樣單位爲小樣本？一般而言，樣本的大小並無一定通則，但樣本越大，抽樣誤差越小，由樣本所得的平均數與標準差越能代表母群體；因而共同通則是盡可能使用大樣本。然而。抽樣樣本數除必須考慮統計學的統計考驗標準，研究者尚會對研究調查的成本進行權衡。

抽樣的目的是要從母群體中選取一組元素，並期待選取的元素能夠精確代表母群體的特性。機率抽樣能夠提升達成這個目的之可能性，也可提供方法來評估此目標成功的可能住。隨機選取（random selection）樣本是一種精確的科學過程，而不是隨便選取。特定的抽樣技術，可以決定或控制所選取個案的機率相等（蘇芳儀，2007）。就是這種機率抽樣過程中的關鍵所在，每一個元素都有相同被選取的機率，且每一次的選取事件都是相互獨立的（黃國清等人譯，2009）。

隨機選取常見的案例，即是投擲硬幣，當我們投擲一枚正常的硬幣，出現正面及反面的機率都是50%，每一次投擲都是相互獨立的， 不管前面投擲出現多少次正面，每次出現正面的機率都是50%，此即爲隨機選取。採取隨機選取，可以確保研究者在過程中沒有故意或無意的偏誤，以及可確保推估樣本和母群體特性之間的接近程度。

樣本代表性：具代表性和不具代表性

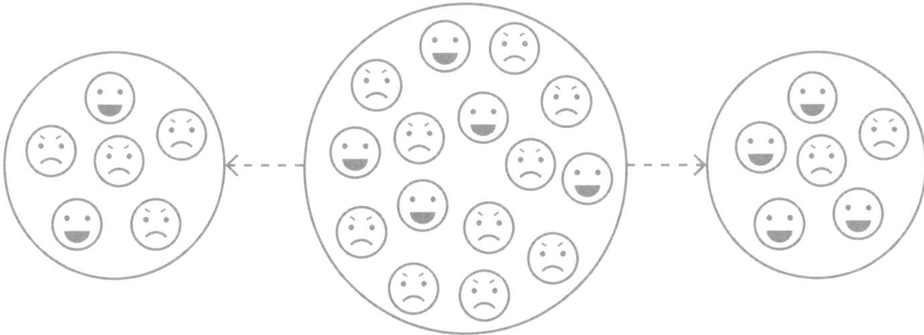

資料來源：朱美珍譯（2003）。

隨機指派與隨機抽樣

隨機指派

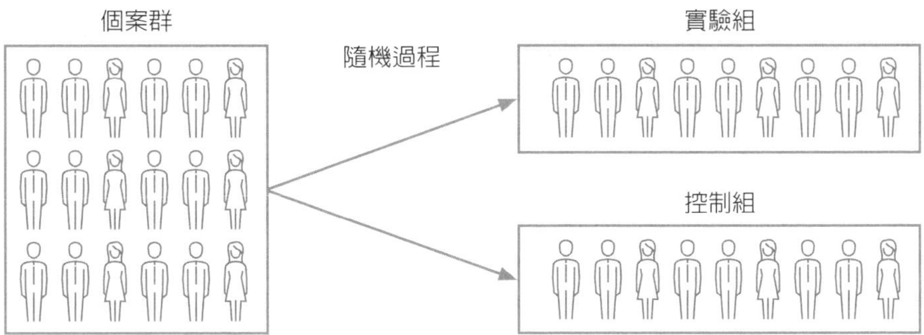

隨機抽樣

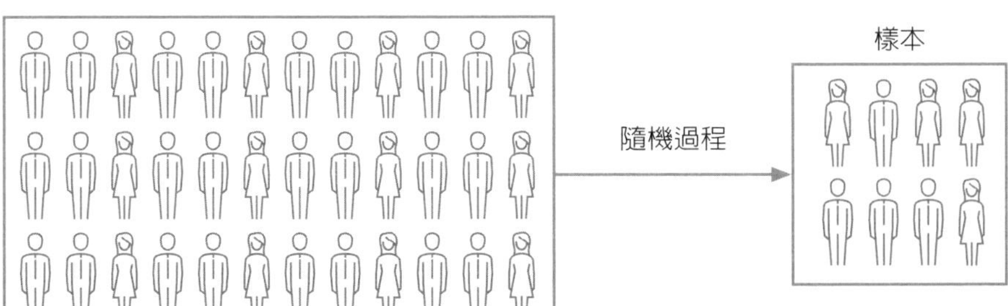

資料來源：修改自朱柔弱譯（2004）。

Unit 8-3 抽樣架構

抽樣架構（sampling frame）是研究者根據研究主題與對象的範圍，列出一份包含所有抽樣條件的名單，再從全部名單中，研究者決定要抽取百分之多少的計畫（簡春安等人，2016）。研究者將母群體概念化之後，必須針對抽樣的母群體提出一個操作性定義，而這個過程也同樣類似於測量過程中的操作化。研究者把這個抽樣想法轉變為一個在實徵方面的具體清單，而這份清單則是非常近似於母群體中的所有元素，這份清單就是抽樣架構（sampling frame）（王佳煌等人譯，2014）。

從前述對於抽樣架構的說明，可以知道抽樣架構是一份列出母群體中所有個案的清單，或是最接近這些個案的清單，亦即，抽樣架構是指抽樣所依據的元素名單或準名單。例如：從家庭暴力資料庫抽取受家庭暴力婦女的名單為樣本，該家庭暴力資料庫中的受暴婦女名單即是抽樣架構；從全民健保就醫資料庫中抽取罹患肺腺癌的患者名單，則全民健保資料庫中的就醫者名單，就是研究的抽樣架構。抽樣架構並非全然是電子資料檔案，亦有可能是紙本或其他形式。

抽樣架構是構成母群體單位的清冊或準清冊，從此清冊中得以選取樣本，亦即，抽樣架構是所有抽樣單位的集合，例如：投保人員名冊、電話通訊錄、大學生學籍資料等。抽樣架構必須與研究者希望研究的母群體一致，最簡單的抽樣設計裡，抽樣架構其實就是研究母群體之所有元素的表列清冊。所以，好的抽樣架構對於正確的抽樣是非常重要的。

在抽樣架構與概念上定義的母群體之間，若是有任何搭配不當的地方，都有可能會造成誤差。正如同在變項的理論性定義和操作性定義之間的錯誤搭配，會減弱測量效度一樣，在抽樣母群體與抽樣架構之間的錯誤搭配，也會對研究者的抽樣效度造成傷害（朱柔弱譯，2004）。抽樣架構必須與所要研究的母群體特性一致，在最簡單的抽樣設計中，抽樣架構就是研究母群體所有元素的總名單。但在實際操作中，通常是以存在的抽樣架構來定義研究群，而不是由母群體來定義抽樣架構。研究者通常先在心中形成研究母群體形象，才尋找可能的抽樣架構。檢視和評估各種可取得之抽樣架構，從而決定哪一個架構適合我們所需要的母群體特性

此外，根據樣本所做出的研究結果，只能用來代表該樣本所得出的抽樣架構與其構成元素；而且，在實務上，仍有可能面臨抽樣架構未眞正包含名冊中所有元素的遺漏風險，研究者應謹愼評估遺漏的程度，並盡力改善之，以提升研究結果的正確性。

抽樣架構描述的範例

※畫底線強調的部分，為該研究的抽樣架構※

01

大學學測題目鑑別度：
研究的樣本，是從113年全國參加大學學測的應考學生中隨機抽樣而得。

02

社會工作師工作士氣調查：
研究的樣本，是從截至112年12月31日止在公私立機構執業的社會工作師加以抽樣而得。

03

臺北市國中生成長歷程研究：
本研究從臺北市113年全體國中1至3年級學生進行隨機抽樣。

04

高科技產業對科學園區管理局之滿意度調查：
以113年10月新竹、中部及台南科學園區管理局網站所提供之產業分類及廠商名冊進行抽樣。

05

全民健保民眾就醫滿意度調查：
以113年1月1日至6月30日曾於全民健保特約西醫基層診所就醫之民眾進行抽樣。

06

低收入戶及中低收入戶生活狀況調查：
以全國111年12月底之低收入戶及中低收入戶戶數及人數進行抽樣。

07

身心障礙者生活狀況及需求調查：
以113年6月底於我國設有戶籍，並領有身心障礙證明之人口進行抽樣。

08

勞動力需求調查：
以113年11月勞保局勞工保險事業單位檔案中僱用員工30人以上之事業單位進行抽樣。

Unit 8-4 隨機抽樣的類型：簡單隨機抽樣與系統隨機抽樣

隨機抽樣的類型，可分爲簡單隨機抽樣（simple random sampling）、系統隨機抽樣（systematic random sampling）、分層隨機抽樣（stratified random sampling）、叢集隨機抽樣（cluster random sampling）。本單元將先說明前述兩種隨機抽樣類型，其餘類型於後續單元分別說明之。

一、簡單隨機抽樣（simple random sampling）

研究者在建立抽樣架構後，如果採取簡單隨機抽樣，則研究者會對名冊中的每個元素依序進行編號，且不可以跳號或空號。全部元素編號完成之後，則依據亂數表的號碼進行抽樣。若研究者的抽樣架構是電腦檔案，可使用電腦自動隨機抽樣的方式進行抽樣。

二、系統隨機抽樣（systematic random sampling）

系統隨機抽樣亦稱爲系統抽樣（systematic sampling）。系統隨機抽樣是簡單隨機抽樣的一種變化型態，這種抽樣方式的進行，是先將第一個元素從名單或連續性檔案中隨機選取出來，接著選出每第 k 個元素，這是根據所需樣本的大小，從名冊中每隔 k 個元素抽樣。當母群體元素是按順序安排時，這是一個方便選取隨機樣本的方法。例如：名冊中含有50,000個就醫者資料元素，要抽取1,000個元素的樣本時，就可以在名冊中每隔50個元素抽出一個當作樣本。爲避免可能的人爲偏誤，必須隨機選出第一個元素的號碼。例如：從1到10號中，隨機選擇一個號碼作爲起點，這個號碼是7，這個隨機起點號碼的元素連同往後每隔50個號碼的所有元素，總和就是樣本。

在進行系統隨機抽樣時，有幾項相關聯的概念，說明如下：

1. 抽樣間距（sampling interval）：指一個元素之間的標準距離，在前例的抽樣間距爲50。計算公式爲：抽樣間距＝母群體大小／樣本大小。
2. 抽樣比例（sampling ratio）：指樣本元素與母群體元素之比例，在前例的抽樣比例爲1,000／50,000，即1／50。公式：抽樣比例：樣本大小／母群體大小。

系統隨機抽樣雖然在使用上相當便利，但其在某些情況下是不適合使用的，尤其是元素順序會受到週期性（periodicity）的影響，也就是排列順序是屬於有規則和週期性的變化模式。這種抽樣的週期性風險，會使得抽樣產生嚴重的抽樣偏差。因此，在考慮使用某種名冊來進行系統抽樣時，研究者應仔細檢驗該名冊的特性。如果遇到此種情況時，研究者應思考採用其他方式進行抽樣之可行性。

簡單抽樣的範例

亂數表

10480	15011	01536
22368	46573	25596
24130	48360	22527
42167	93093	06243
37570	39975	81837
77921	06907	11008
99562	72905	56420
96301	91977	05463
89579	14342	63661
85475	36857	53342
28918	69578	88231
63553	40961	48235
09429	93969	52636

樣本	
30	67
70	21
62	01
79	75
18	53

資料來源：李政賢譯（2016）。

虛構一個小規模母群體，編號從1到100。
使用此圖所附的亂數表選取亂數。
例如：建議我們從亂數表的最左欄上面數來的第三個亂數（亦即24130）開始，並選用該等亂數的末兩位數（亦即30），這樣編號30的元素就是我們選取的第一個樣本。依此類推，編號67是第二個樣本，直到抽出你預計的樣本數目為止（如果當中有亂數最後兩碼是00，那就是要選編號100的元素）。

系統隨機抽樣的週期性風險範例

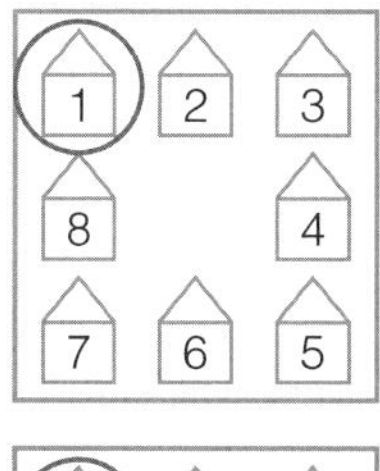

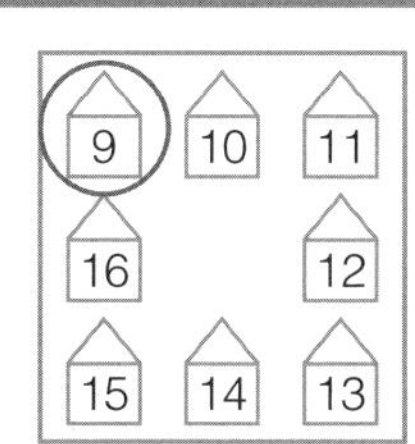

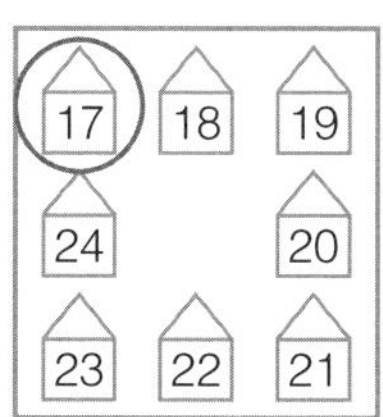

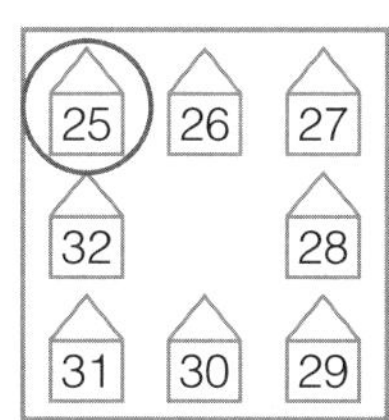

案例

一處新發展的住宅社區，每一個區塊都有相同數目的房子（例如：8間），依據區塊列出的清單中，從每一個區塊住在西北角落的房子開始，然後以順時鐘方向計算。如果抽樣間距是8，與區塊的週期性模式相同，那麼所有被選出的個案，都將落在相同的位置上。

資料來源：朱美珍譯（2003）。

Unit 8-5 隨機抽樣的類型：分層隨機抽樣

隨機抽樣的類型，可分為簡單隨機抽樣（simple random sampling）、系統隨機抽樣（systematic random sampling）、分層隨機抽樣（stratified rando msampling）、叢集隨機抽樣（cluster random sampling）。本單元將就「分層隨機抽樣」說明如下：

分層隨機抽樣（stratified random sampling），亦稱為分層抽樣（stratified sampling）。假如群體的結構較為複雜，具有高度的異質性，一個母群體之內含有若干「次母群」，則抽樣時按次母群體先予以分層（類），再就各層分別依據隨機方式抽取一定比例的樣本，然後合成一個完整的樣本，此即為分層隨機抽樣（Leedy & Qrmrod, 2019；轉引自鈕文英，2021）。分層抽樣是在抽樣之前，利用所有已知的母群體資訊，讓抽樣過程更有效率。分層抽樣是先將所有群體（抽樣架構）中的元素，根據某些相關特質加以區分，此種特質形成抽樣層級。接著，就從這些層級內抽取元素。若要使用這種方法，比起簡單隨機抽樣，在抽樣之前需要有更多的資訊，它必須有可能將每一個元素加以歸類，而且只有一個層級，每一個層級在母群體的規模必須是已知。

分層（stratification）的主要目的，是為了讓所抽出的樣本更具有代表性。分層是將母群體中同質的元素組成子集合（各子集合之間彼此則是相互異質的），再從每個子集合中選取適當數目的元素。此依照某變項而建立的子集合之同質元素，對於其他變項，也有可能是同質的。基本上，分層變項的選擇，會因研究可取得使用的變項而定。例如：抽樣名冊當中，學歷、性別、年齡等變項就常用來分層。

等比例分層抽樣法（proportionate stratified sampling）是分層抽樣的一種類型，是從同質的組別中抽取相同比例的樣本。例如：研究者想要研究某大學管理學院不同系所對同婚政策的支持度，研究者預計要從母群體抽取10%的樣本，研究者就從各系所中各抽取10%。假如某大學管理學院有大學生1,000人，共4個系所，其中包含甲系所400名、乙系所250名、丙系所200名、丁系所150人，採用等比例分層抽樣，即是從每一個系所各抽出10%的案主，則樣本將有甲系所40人、乙系所25人、丙系所20人、丁系所15人。

非等比例分層抽樣法（disproportionate stratified sampling）為另一種類型的分層抽樣方法。如果研究目的是想要細部分析，某些個案樣本太少，代表性也越低。因此，必須酌量增加個案較少的組別之抽樣比例，此稱為非等比例分層抽樣法。例如：針對就醫需求的調查，可針對罹患罕見疾病者進行非等比例之分層抽樣，以提升罕見疾病患者樣本的代表性。

分層抽樣的案例：108年15-64歲婦女生活狀況調查

抽樣母群體 戶籍資料檔

抽樣方法 本調查採用「分層二段隨機抽樣法（stratified two-stage random sampling method）」，第一段抽樣單位為鄉鎮市區，第二段抽樣單位為抽出鄉鎮市區內有15-64歲女性人口之普通住戶。

分層準則

1. 以縣市為副母群體（金門縣、連江縣合併為金馬地區），各副母群體依據「戶內成員含15-64歲女性」戶數占全國「戶內成員含15-64歲女性」戶數的比率分配樣本，若該副母群體樣本數不足100戶者，則增補至100戶。
2. 為提升分層效果，以鄉鎮市區之「人口密度」、「15-64歲婦女人口比率」、「專科以上教育程度人口比率」、「農業人口比率」及「服務業人口比率」等為分層變數，就各縣市每一鄉鎮市區進行分層，最多分為3層。
3. 第一階段抽出單位為鄉鎮市區，各副母群體抽出之鄉鎮市區數，係以各副母群體配置樣本戶數除以30戶計算，若所需之鄉鎮市區數大於該副母群體之所有鄉鎮市區數，則抽出該副母群體所有鄉鎮市區。副母群體各層抽出之鄉鎮市區數，則以各層鄉鎮市區數占該副母群體總鄉鎮市區數的比率乘以該副母群體抽出鄉鎮市區數分配；之後再依各層分配之樣本鄉鎮市區數隨機抽取。
4. 副母群體各層樣本戶數之決定，係依各層抽出樣本鄉鎮市區母群體總戶數占該副母群體全部抽出樣本鄉鎮市區母群體總戶數比率分配。樣本鄉鎮市區之抽出戶數，則按該樣本鄉鎮市區母群體戶數占該層所有抽出樣本鄉鎮市區母群體總戶數的比率決定。
5. 第二階段抽樣單位訂為「戶」，抽出樣本鄉鎮市區母群體先按「地址」及「戶號」排序，再依「樣本鄉鎮市區戶數占該層所有抽出樣本鄉鎮市區總戶數」分配之樣本戶數系統隨機抽取。
6. 樣本戶數：預計抽出10,119戶、15,041人，總抽出率約1.76‰。

資料來源：整理自衛生福利部統計處（2021）。

Unit 8-6 隨機抽樣的類型：叢集隨機抽樣

隨機抽樣的類型，可分爲簡單隨機抽樣（simple random sampling）、系統隨機抽樣（systematic random sampling）、分層隨機抽樣（stratifiedrandom sampling）、叢集隨機抽樣（cluster random sampling）。本單元將就「叢集隨機抽樣」說明如下：

叢集隨機抽樣（cluster random sampling），亦稱爲集叢隨機抽樣。當母群體的個案散布地區分散或分屬不同組織時，抽樣架構無法建立，這時使用叢集隨機抽樣，是個有效的方法。叢集（cluster）是母群體元素自然產生的集合體，每一個元素都只在一個，而且是在唯一的叢集中出現。首先選出若干子團體（subgroup）作爲樣本，如此的子團體就稱爲叢集（cluster），再從各個叢集中選取元素，這種多階段的抽樣設計，就稱爲叢集抽樣。例如：要調查社會工作系學生對社會工作的認同度，各大專院校設有社會工作相關的學系，即是抽樣學生的叢集。

在叢集抽樣時，常使用多階段叢集抽樣法，第一階段先針對初級抽樣單位（例如：大專院校、行政區域、縣市別）造冊，然後採用分層抽樣之類的方式，先抽出該等初級抽樣單位的叢集樣本；第二階段再將第一階段抽出的叢集樣本造冊，再用分層抽樣之類的方式從中抽樣。依此類推，每一階段先以前一階段的叢集樣本造冊，然後再抽樣。如此，先造冊再抽樣的程序如法炮製，重複直到完成所需的最終樣本。

前述的叢集抽樣法的設計，是先在母群體中隨機或系統抽選幾個叢集，再對所選取的叢集隨機或系統抽出元素，母群體的每個元素有同等選取的機率。但在許多研究中，叢集的規模並不相等或近似，呈現規模極大差異時，可使用修正的叢集抽樣方法，稱爲規模比例機率的抽樣法（probability proportionate to size, PPS）（亦稱爲樣本比例抽樣法），這可確保每個元素在母群體中有相同選取機率，即各個叢集被選取的機率應和其規模大小成正比，可確保每個元素在母群體中有相同選取機率。

例如：假設甲部落有100戶人家，乙部落只有10戶人家，根據規模比例機率抽樣法，甲部落被選取機率就應該是乙部落的10倍。所以，如果在整體抽樣設計中，甲部落被選取的機率是1/20，那乙部落就應該只有1/200被選取的機率。假如是甲部落被選中，接著從其中抽出5個家戶，則甲部落的家戶在此叢集中被選取的機率是5/100。總體而言，甲部落家戶在母群體當中被選取的機率是1/20×5/100＝5/2,000＝1/400。如果是乙部落被選中，因爲其中戶數較少，故這些家戶在此叢集中也有較高的機率。換言之，從乙部落10個家戶抽出5個家戶，選取機率爲5/10。但是總體而言，乙部落的家戶在母群體當中被選取的機率是1/200×5/10＝5/2,000＝1/400，這跟甲部落的家戶被選取機率是相同的。

各種隨機抽樣類型的說明與比較

類型	敘述	優點	缺點
簡單隨機抽樣	將母群體中每一單位個體進行編號，使其均有相等且獨立的機率被抽選為樣本	學理上最為準確	母群體太大時，有時難以列出完整名冊供抽樣使用
系統隨機抽樣	從母群體中系統性的按照名冊每隔一定間距的個體抽選樣本。第一個樣本是利用亂數表取得的	和隨機抽樣方式類似，但比隨機抽樣方式更容易實施	如果母群體呈現順序性的規則偏差，則所抽取的樣本亦會呈現同樣偏差
分層隨機抽樣	依據母群體的特性進行分層，再自每一層中依簡單隨機抽樣抽出一定之比例形成所需之樣本	方便大範圍、結構複雜、異質性高的母群體進行抽樣，以提升抽樣效率及代表性	在分層比例抽樣中，若各層級的加權錯誤，可能導致偏差
叢集隨機抽樣	依據母群體的特性分為若干叢集，再以簡單隨機抽樣的方式抽出樣本	在蒐集樣本的資料上較為容易	若叢集中的數目小，容易導致偏差

特色	簡單隨機抽樣	系統隨機抽樣	分層隨機抽樣	叢集隨機抽樣
無偏誤選擇個案	是	是	是	是
需要抽樣架構	是	否	是	否
確保關鍵層級的代表性	否	否	是	否
運用自然的個案分組	否	否	否	是
降低抽樣成本	否	否	否	是
與簡單隨機抽樣比較抽樣誤差	—	相同	較低	較高

資料來源：朱美珍譯（2013）。

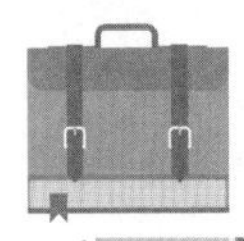

Unit 8-7 非隨機抽樣的類型：便利抽樣與配額抽樣

在社會工作的許多研究中，有時情況不允許或不適合採用隨機抽樣，因此，往往就得退而求其次，改爲採用非隨機抽樣。非隨機抽樣的類型，可分爲便利抽樣（convenience sampling）、配額抽樣（quota sampling）、立意抽樣（purposive sampling）、滾雪球抽樣（snowball sampling）。本單元將先說明前述兩種非隨機抽樣類型，其餘類型於後續單元分別說明之。

一、便利抽樣（convenience sampling）

便利抽樣是因爲樣本元素是立即可得或容易找尋，所以，便利抽樣也被稱爲依賴可得性樣本（reliance on available subjects），又稱爲可得性抽樣（ability sampling）、偶發抽樣（accidental sampling），是社會工作研究常用的抽樣方法。便利性抽樣由於樣本取得較其他抽樣方法便利，所以所需的成本較爲低廉。在一些對特殊群體的研究，較常採用此種抽樣方式。

便利抽樣雖有其方便性，且省時、省力、省錢，但其限制爲樣本較不具代表性。例如：研究者在賣場外針對消費者進行是否支持調高老人津貼抽樣調查，這種以當時前往購物的消費者進行抽樣，即是便利性抽樣，所以，調查結果僅能代表在該特定時間恰巧經過的民衆之意向，不應過度概化推論研究結果。

二、配額抽樣（quota sampling）

前述便利抽樣強調方便取得樣本即可，並不考慮母群體的相似性，而配額抽樣則可彌補便利性抽樣的明顯缺點。配額抽樣係依照母群體的人口特徵，按比例分配樣本數，在配額之內進行非機率抽樣，也就是把調查物件依照特徵分類後，根據各類別的百分比，每類立意選樣至額滿爲止。

配額抽樣的特點，就是必須依據母群體的特性，設定各特性要抽樣的配額，以確保樣本在母群體的普遍性比例，可以代表其特定的特質。例如：研究者果要調查20至30歲男女對於家務分工的看法，如果我國人口在該年齡層的男女比例爲55%、45%，則所要抽出的樣本總數中，亦必須依照性別比例抽樣。

配額抽樣的限制是必須知道整個母群體的特質，才能設定正確的配額。大部分的情況下，研究者了解的母群體只侷限於他們關心的相關特質，而且在某些情況下，他們對於整個母群體也不會有這類的資訊（朱美珍譯，2013）。因此，研究者在採用配額抽樣法時，應注母群體的特質及配額的架構，以避免樣本配額失眞。

便利抽樣與配額抽樣觀念的思考

冬天裡，小盧經常看到街友瑟縮在騎樓的角落，因此他常去街友出現的街道訪問，請問他用那一種抽樣方法？

(A) 便利抽樣（convenience sampling）
(B) 配額抽樣（quota sampling）
(C) 滾雪球抽樣（snowball sampling）
(D) 叢集抽樣（cluster sampling）

答案：A

資料來源：102年第一次專技社工師考試試題

情況：林社會工作師想了解大臺北地區高中生網路成癮的現況，於是他設計了一份網路問卷放到高中生常瀏覽的網站上，讓在網站看到此問卷的高中生自由填寫，以此蒐集研究資料。林社會工作師所採用的抽樣方法是：

(A) 標準抽樣法（criterion sampling）
(B) 簡單隨機抽樣法（simple random sampling）
(C) 便利抽樣法（convenience sampling）
(D) 配額抽樣法（quota sampling）

答案：C

資料來源：103年第一次專技社工師考試試題

下列關於抽樣（sampling）方法的敘述，何者錯誤？

(A) 配額抽樣（quota sampling）是一種隨機（random）抽樣的方法
(B) 不同的隨機抽樣方法結合在一起，還是隨機抽樣
(C) 立意抽樣（purposive sampling）是最常見的質性研究抽樣方法
(D) 當有效樣本數在各層的比例與母群體差距頗大時，可用加權（weighting）的方式來處理

答案：A

資料來源：101年第二次專技社工師考試試題

關於誤差（error）與偏誤（bias）的敘述，下列何者錯誤？

(A) 誤差包括隨機誤差（randomerror）與系統性誤差（systematic error），系統性誤差會造成偏誤問題
(B) 配額抽樣（quota sampling）注重樣本代表性，不會有偏誤問題
(C) 依循機率原則抽取樣本，可以降低抽樣偏誤
(D) 測量過程中的選樣偏誤，會影響樣本的代表性

答案：B

資料來源：112年第二次專技社工師考試試題

下列何者不是配額抽樣（quota sampling）的特徵？

(A) 依照研究母群體的重要特徵之比例來設定配額
(B) 是根據隨機原則抽樣
(C) 抽樣的樣本組成結構只能反映出研究母群體某些特徵屬性之結構
(D) 要建立研究母群體重要特徵的矩陣表

答案：B

資料來源：112年第二次專技社工師考試試題

Unit 8-8 非隨機抽樣的類型：立意抽樣與滾雪球抽樣

在社會工作的許多研究中，有時情況卻不允許或不適合採用隨機抽樣。因此，往往就得退而求其次，改而採用非隨機抽樣。非隨機抽樣的類型，可分爲便利抽樣（convenience sampling）、配額抽樣（quota sampling）、立意抽樣（purposive sampling）、滾雪球抽樣（snowball sampling）。本單元就立意抽樣、滾雪球抽樣加以說明之。

一、立意抽樣（purposive sampling）

立意抽樣又稱爲專家抽樣（expert sampling）、判斷抽樣（judgment sampling）。立意抽樣是指研究者依據研究目的及對母群體的理解判斷來抽選樣本，而刻意尋找具備某種特質的個體來組成研究樣本。亦即，立意抽樣基於研究者判斷何者爲最適當或最具代表性，選取所觀察的單位作爲樣本。

在立意抽樣的使用時機上，研究者可使用立意抽樣以選擇特別能提供訊息的獨特個案或是特殊母群體中的成員，以便進行深入研究。立意抽樣在質性研究中經常被使用，例如：探索性研究、紮根理論或或田野研究等。立意抽樣所需的經費不多、方便可行，但立意抽樣面臨樣本代表性的質疑，主要係研究者對代表性樣本可能判斷錯誤；以及其可相互抵銷的假定未必完全可靠。

二、滾雪球抽樣（snowball sampling）

滾雪球抽樣是一種辨識、選擇網絡中個案的方法，又稱爲網絡抽樣、關係鎖鏈、聲望抽樣。滾雪球抽樣始於一個或少數人的個案，然後根據與初始個案的連結而擴展開來，是一種使用網絡來選擇樣本的過程，最先從母群體中的一些人開始，不斷蒐集研究所需的資訊，直到資料蒐集完整。

滾雪球抽樣有個先決條件，母群體成員之間須有個人網絡相連結。抽樣訪問過程中得以輾轉介紹，就是依循既有的人際聯繫與個人網絡。如此利用聯繫來追蹤訪問，憑藉的是社會網絡的觀點。因此，滾雪球抽樣也可以說是網絡抽樣（network sampling），充分反映出隱藏人口成員之間的人際聯繫與網絡關係（傅仰止，2001）。

滾雪球抽樣的優點是可適用於難以尋找的特殊母群體，例如：研究同性戀者、接受器官移殖者、毒癮者、罕見疾病患者等相關議題時，這是比較容易取得和接近樣本的方法。滾雪球抽樣方法的缺點爲抽樣的母群體不知，抽樣結果也不具有代表性，以及樣本若由自願者參與，可能是一種偏差樣本，這是因爲受訪者容易轉介比較活躍的人，也就是比較多人認識的人，讓活躍者在樣本中所占的比例偏高，因此樣本面臨無法代表整個母群體的質疑。

各種非隨機抽樣類型的說明與比較

類型	敘述	優點	缺點
便利抽樣	以研究者方便取的研究對象的方式為抽樣樣本	樣本可近性高、成本低、可節省抽樣時間	樣本代表性受到質疑、研究結果不具推論性
配額抽樣	依據母群體的特性進行樣本數的額度分配	可以確保抽取的樣本數配額結構與母群體的特徵相同	並非每個研究都可完整知道母群體的特徵，可能會面臨樣本配額失真的情形
立意抽樣	研究者依據研究的目的，決定要抽樣的對象，以符合要研究的主題	透過此種抽樣方式，可以使樣本具有獨特性、具有樣本取得的方便性	可能因為研究者的樣本選擇錯誤判斷，使得樣本不具代表性
滾雪球抽樣	藉由於一個初始個案的樣本開始，然後逐步與初始個案的連結而擴展開來	在特殊領域的研究，對於母群體中難尋找或稀少的個案，使得取得樣本的可近性提高	透過滾雪球方式所取得的樣本，都是自願者參與，有可能會是一種偏差樣本，因為自願者不代表整個母群體

立意抽樣與滾雪球抽樣觀念的思考

某學者想邀請校園性騷擾被害者進行研究，下列何種抽樣方法最適當？

(A) 系統隨機抽樣　(B) 簡單隨機抽樣

(C) 分層隨機抽樣　(D) 立意抽樣

答案：D　資料來源：113年第一次專技社工師考試試題

小英的姑姑去年收養了一位2歲小孩，念社工研究所的小英想了解北部地區收養家庭的親子互動情形及其家庭動力分析。請問小英該用什麼樣的抽樣方法找到樣本？

(A) 滾雪球抽樣法（snowball sampling）

(B) 配額抽樣法（quota sampling）

(C) 系統抽樣法（systematic sampling）

(D) 直接找姑姑問就好，用個案研究分析法

答案：A　資料來源：101年第一次專技社工師考試試題

情況：研究人員想探究一個社區組織長久以來招募人員的型態，一開始先訪問最近加入的成員，問他們由誰介紹加入這個組織，再來訪問被提及的介紹人，再問這些人由誰介紹他們加入，然後再訪問那些被指名的人。請問此運用方法是下列何者？

(A) 配額抽樣（quota sampling）

(B) 立意或判斷抽樣（purposive or judgmental sampling）

(C) 機率抽樣（probability sampling）

(D) 滾雪球抽樣（snowball sampling）

答案：D　資料來源：106年第二次專技社工師考試試題

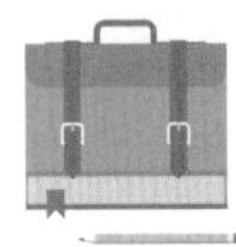

Unit 8-9 抽樣分配

抽樣分配（sampling distribution）是統計推論的基礎，是很重要的觀念。抽樣分配是根據對不同樣本所計算的統計數值，因此，樣本統計量的機率分配，稱爲抽樣分配。抽樣分配是一個理論上的分配，我們能利用抽樣分配的特性，來計算隨機樣本的抽樣誤差。計算抽樣誤差的工具，被稱爲推論統計量（inferential statistics）。

在社會工作研究實務中，研究者可能對母群體無法完全掌握，研究者可以採取隨機抽樣的方法，從該母群體中抽出一組n個樣本，並以樣本的統計量來推論母群體的參數。由於研究者只是從母群體中抽出了一組樣本，如果以同樣的方法再抽一組或是多組，結果雖然都不一樣，但是會有某種可預測的變異型態，抽樣分配就是描述這種型態。以平均數爲例，母群體的平均數是未知的，於是我們就從母群體（平均數爲μ，標準差爲σ）中隨機抽出一組n個樣本，這組樣本平均數 $\bar{x}$ 是母群體平均數的一個估計值，如果我們以相同的方式，反覆的抽取k組樣本，每個樣本組都可以算出一個$\bar{x}$，那麼k個$\bar{x}$所形成的分配，就稱爲平均數的抽樣分配。

統計上的抽樣分配，包括平均數，都有一個「常態」的形狀。一個常態的圖形看起來像是一個鐘，有一個「駝峰」在中間，以母群體的平均數爲中心，個案數會在平均數的兩側逐漸遞減。一個常態、分配是對稱的；如果從中間（母群體平均數）將它對折，其兩半應該會完全吻合。這個形狀是由隨機抽樣誤差（random sampling error）產生，純粹是由於機會而產生的變異。因爲是機會，所以統計數值也會隨不同的樣本而異，較高和較低的數值都是同樣可能（朱美珍譯，2013）。

抽樣分配的特性，有助於統計推論的過程。在抽樣分配中，最常見的樣本統計（sample statistic），從樣本資料計算得到的統計數值（像是平均數），等同於母群體參數（population parameter），亦即從全部母群體計算得到的統計值。換句話說，我們有很大的信心了解，鐘形曲線頂端的數值可以代表全部母群體的基準。而母群體參數同時也被稱爲母群體數值中的眞值（true value），樣本統計值是母群體參數的估計。

常態分配可以預測個案比例會落在特定範圍內，推論統計利用這個特性，讓研究人員可以估計特定樣本，眞正的母群體數值將會落在可能的統計值範圍，此則稱爲爲「信賴區間」（confidence interval），此區間的下限和上限則被稱爲「信賴界限」（confidence limit）。

信賴區間所指的是一個範圍，其中包括母群體的某個特質（也就是母群體母數，像是平均值或者是統計平均數）之估計值略高及略低的數值。區間具有上限及下限，信賴區間是指「一段標示出包含被估計的母群體母數機率值的數值間」，而此機率值稱爲信賴水準／信心水準（confidence level），此區間的兩端點數值就稱爲信賴界限。

常態的抽樣分配：家庭平均收入

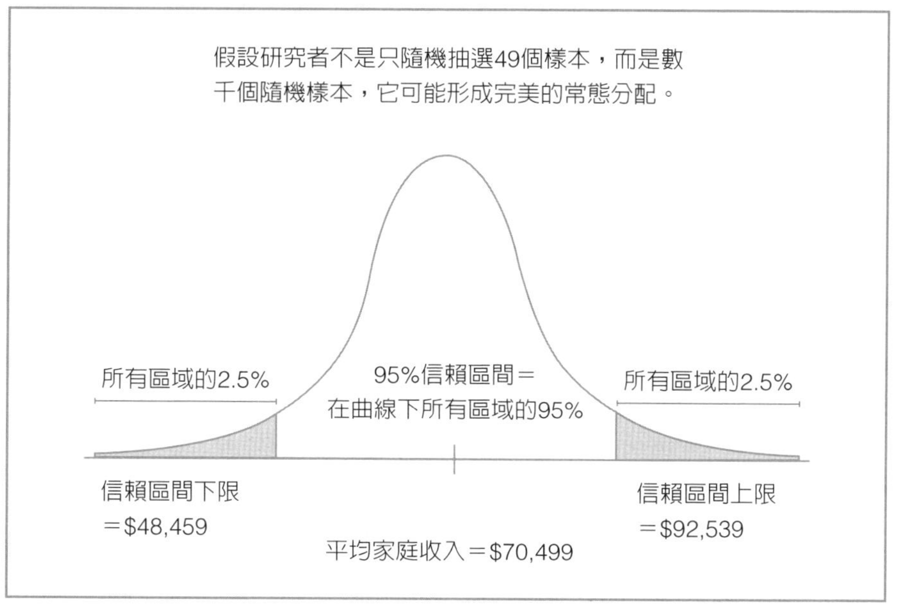

資料來源：朱美珍譯（2013）。

信賴區間

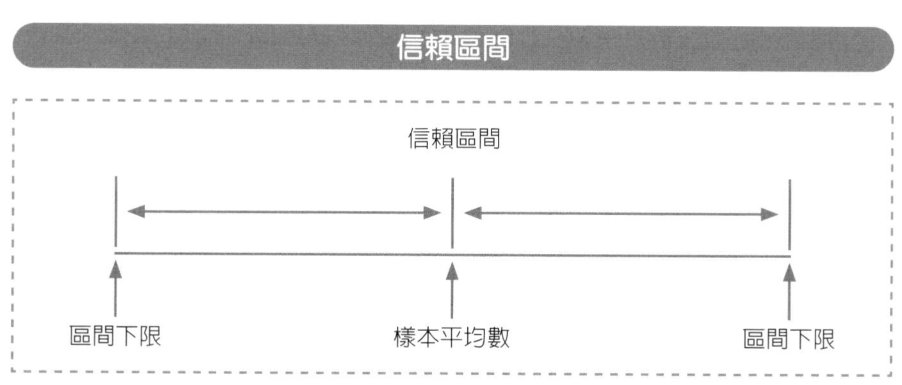

▶ 案例：

某大學全校同學真實托福平均成績（被估計的母數）落在530分到570分的機率為95%，則「530分」及「570分」為信賴界限，「95%」為信賴水準／信心水準，530分到570分的間隔為95%的信賴區間。

Unit 8-10 抽樣誤差

母群體參數的眞正數值和估計值之間的差距，稱爲抽樣誤差（sampling error）。亦即，抽樣誤差是利用抽樣方法所獲得的統計量，以推論母群體未知參數而造成的誤差。樣本大小與抽樣誤差具有相關性。當研究者想要有越小的抽樣誤差，樣本的規模就必須越大；此外，母群體同質性越高的樣本，其規模可以小於母群體多樣性程度高的樣本。

在抽樣誤差的案例說明上，常見用擲硬幣加以說明。假設研究者投擲硬幣二次，二次都出現正面，研究者並不會因此就下結論說，這枚硬幣每次擲出後，都會出現正面；因爲，每一枚硬幣都有正、反面，每次擲出硬幣後，會出現正、反面的機率都是相同的。如果只是投擲二次，有可能二次都出現正面，或是二次都出現反面，也以可能出現一次正面、一次反面（無論是先出現正面，或是先出現反面，在計算正、反面出現次數上均不受影響）。如果研究者根據前述擲硬幣二次都出現正面，就做出研究結論聲稱投擲硬幣100%都會出現正面，如此，研究者的結論所宣稱的估計值，事實上是和和母群體參數眞正的數值誤差50%。亦即，研究者聲稱估計100%會出現硬幣正面，0%出現硬幣反面，但眞正的參數值應該是正、反面都是50%。所以誤差就是50%。母群體參數的眞正數值（50%）和研究者的的估計值（100%），就稱爲抽樣誤差，其抽樣誤差爲50%。

再以前述擲硬幣的案例接續說明，當研究者投擲硬幣的次數，由二次增加爲100次時，這時候連續100次都擲出正面或反面的機率，應該會相當的小。亦即，因爲增加了樣本的大小（擲硬幣的次數），也就降低了抽樣誤差的可能性。而且隨著投擲次數越多，這種可能性也會跟著越來越低。因此，提高樣本的大小，抽樣發生隨機誤差的機率就會降低。再者，樣本越大，估計值接近母群體參數眞正數值的可能性也會越高。

如果隨機抽選足夠大的樣本，就可以估計在很小的抽樣誤差範圍內之母群體參數。機率理論可用來估計樣本統計數值接近母群體參數眞實數值的程度，亦即，根據母群體抽選的一個樣本，研究結果的統計數值能以某種信心水準近似母群體參數，並且估計誤差範圍。隨機抽樣容許研究者得以使用機率理論來處理樣本所得的研究發現，從而估計該等研究發現的準確程度。例如：研究報告可以宣稱，在 x%信心水準之下，母群體參數會介於兩個特定數值之間（黃國清等人譯，2009）。例如：在我國的總統大選中，許多民調機構都會做得票率的預測，此時，民調專家就可以報導說，在95%的信心水準下，48%至54%的選民會把選票投給候選人甲。

抽樣誤差的運用案例：民意調查候選人支持率

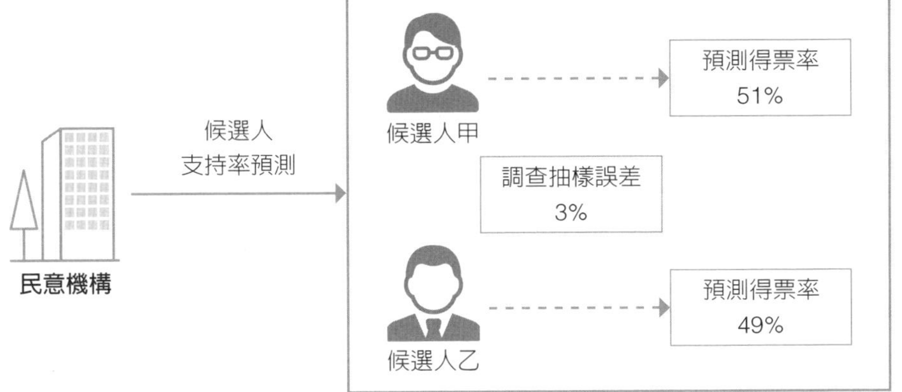

有很高的機率，真正的母群體參數為：

- 候選人甲得票率是51±3%，亦即介於48%至54%之間。
- 候選人乙得票率是49±3%，亦即介於46%至52%之間。

可能的選舉結果：
如果抽樣誤差範圍是3%，而民調結果兩位候選人只有2%的差距，那麼民調49%的候選人不無可能比51%的候選人獲得更多選民的支持；反之，民調51%的候選人獲得之選民支持，則有可能低於49%的候選人。

量化研究之抽樣應有較大樣本之情況

1. 母群體的異質性較大，或研究樣本必須再分為次團體（例如：按年齡分層）來分析
2. 分析的研究變項較多
3. 預期會有較高的未回應比率和流失率
4. 研究的重要性高
5. 研究中有較多的外在變項未被妥善控制
6. 研究工具的效度和信度較低
7. 預期研究結果可能會較不明朗。例如：兩個研究變項的相關，自變項對依變項的效果不明顯時
8. 期望有較高的「信心水準」自樣本推論至母群體
9. 期望有統計顯著性或較高統計檢定力

資料來源：文字整理自鈕文英（2021）；圖作者自繪。

實驗設計

章節體系架構

Unit 9-1 實驗設計之類型

實驗設計（experimental design）亦稱爲「研究設計」，顧名思義就是爲了某種實驗目的所進行的設計。實驗設計乃是研究者爲了解答研究問題，說明如何控制各種變異來源的一種扼要計畫、架構和策略（楊國樞，1989）。

標準的實驗設計，通常會包括前測、後測，採取實驗組、控制組的對照方式，以了解實驗的成效。在社會工作領域中，透過實驗設計的方式，可以了解社會工作處遇的成效。在實驗設計中，因爲諸多因素，可能某一種實驗設計沒有進行前測，或是沒有控制組等。依據這些不同的實驗設計，從實驗設計的準確程度，可區分爲以下三種實驗設計類型，本單元先就其基本觀念加以說明，至於各類型可再詳加區分爲各種形式，將於後續單元加以說明。

一、前實驗設計（pre-experimental design）

在實驗設計的三種類型中，此種類型是最不具科學嚴謹性，甚或可說談不上是個「實驗」。此類型只求方便或限於經費、人力，簡單的研究而已。簡春安等人（2016）指出，實驗設計只具備了實驗研究三大要素中最重要的前兩項「自變項與依變項」及「實驗組與控制組」之一，因此只是簡單的研究而已。此類型的研究設計因不具科學嚴謹性，內在效度不高，且在推論因果關係上較不具研究說服力。

二、眞實驗設計（true experimental design）

眞實驗設計比前實驗設計嚴謹，此設計具有隨機抽樣及前測、後測，以及實驗組和控制組的比較。眞實驗設計至少必須具有下列三大特徵：1.兩個組別〔最簡單的範例就是實驗組（experimental group）與對照組（comparison group）〕；2.在評估依變項的變化前，自變項即存有變異；3.研究參與者隨機分配，進入可供比較的兩組或多組中（簡春安，2016）

所謂的實驗組，是指參與者有接受某些處遇；而對照組則是沒有接受處遇，以供與實驗組相互比較。亦即，對照組與實驗組的差異，在於實驗組有變項的介入，變項所產生的影響經過測量後，就是實驗組與對照組之間的差異，以供研究者作爲處遇成效的判斷。

三、準實驗設計（quasi-experimental design）

在社會科學研究中，許多情境礙於現實，無法採用眞實的實驗方法來控制變異量時，就利用準實驗設計的方法來進行。準實驗設計中，研究者必須了解有哪些特殊的變項是無法控制的，而對該控制不了的變項特別注意，以便使之更精確。

準實驗設計的受試者指派並未採用隨機程序，因爲，在社會工作實務中，常有無法利用隨機化指派受試者到某一種處遇條件中的情況。雖然如此，但準實驗設計試圖控制會危及內在效度的威脅，進而能做出因果推論。

實驗組、對照組、控制組

實驗組	對照組	控制組
參與者有接受某些處遇	相較於實驗組的參與者，此組參與者是可供比較的。對照組與實驗組的差異來自於一個或多個的獨立變項，這些變項的影響就是測量的標的。亦即，獨立變項的變異就決定了實驗組與對照組間的差異。	相對於實驗組，若對照組沒有接受特定處遇方案，這時即可被稱為控制組。
experimental group	comparison group	control group

前測、後測

前測
（pretest）

就是在引入處遇之前先對依變項進行測量

後測
（posttest）

就是在已經把處遇引進實驗之後，再測量依變項

Unit 9-2 前實驗設計之類型：單組後測設計

前實驗設計可分為三種型式：單組後測設計（one-group posttest-only design）、單組前後測設計（one-group pretest-posttest design）、不對等兩組後測設計（posttest-only with nonequivalent group design），本單元說明「單組後測設計」。

單組後測設計（one-group posttest-only design），亦稱為單組試驗研究（one-shot study）、單組個案研究（one-shot case study）。單組後測設計是一種只有一個實驗組、一次後測，且沒有前測的實驗計畫。在單組後測設計中，只有一個群組、一次處遇，以及一次後測。由於只有一個組別，因此沒有隨機分派。此實驗設計只有一個組，在接受實驗處理一段期間後，評量其改變的情形。

單組後測設計之速記符號為：X代表一種實驗或處遇，O代表觀察或結果，是對依變項的測量。如前所述，此種研究設計因為只有一個組別，沒有另一組可比較，所以無法肯定X的作用，O的結果可能沒有X時也一樣可以產生，所以O只是推測的結果而已，所以稱為前實驗設計。

在這設計中，研究者直接（主觀）判定實驗結果皆是來自於實驗處理或調整實驗變數。單一組的研究參與者在接受介入或其他實驗刺激後，便進行依變項的測量，而沒有將結果和其他任何事項進行比較。因為這種實驗設計並沒前測，因此，測量結果很難可以肯定的下結論為係經過處遇後的改變。又因為缺乏比較組，所以亦難以解釋是否有其他因素對依變項產生作用。綜合言之，這種實驗設計雖然具備了自變項與依變項，但卻仍然缺乏「實驗組與控制組」以及「前測、後測之間的比較」等兩項重要元素。因此，研究者無法斷定實驗觀察的結果就是實驗處遇所造成，只能把實驗的結果作為參考。

例如：研究者想研究民眾對東南亞新住民的種族平等態度，因此，研究者先播放有關介紹東南亞國家人民的影片給一組研究對象觀看。看完影片後，研究者發送對東南亞新住民種族態度的結構性問卷供填答，研究者根據問卷填答結果，聲稱前述影片對提升民眾對東南亞新住民的種族平等態度有幫助。但前述結論是被質疑的，因為，研究者並未在民眾觀看影片前，先進行民眾對東南亞新住民之種族平等態度的前測，因此，無法獲知民眾在觀看影片前，對東南亞新住民的種族平等態度，而研究者僅依觀看影片後的一次問卷填答結果，即聲稱該影片提升了民眾對東南亞新住民的種族平等態度，研究結果不具說服力。這是因為無前、後測比較，無法比較觀看影片前後的種族平等態度之差異情形。

前實驗設計的三種類型

01 單組後測設計 / 單組後測設計（one-group posttest-only design）

同義之設計類型
- 單組試驗研究（one-shot study）
- 單組個案研究（one-shot case study）

02 單組前後測設計/單組前測、後測設計 One-Group Pretest-Posttest Design

03 不對等兩組後測設計（posttest-only with nonequivalent group design）

同義之設計類型
- 雙組、無控制設計（two-group, no control）
- 不對等團體單一組後測設計（唯後測非同等群組設計）（posttest-only design with nonequivalent group）
- 小組靜態比較 / 靜態比較組設計 / 靜態組間比較（static-group comparison）

單組後測設計之案例

- 某大學社會工作系大二學生修習社會統計學，經過一個學期後，進行統計學能力評量，評量成績平均值為75分。研究者即推論修讀過社會統計學的學生，其統計學能力一定比未修讀過的學生高。
- 某銀行櫃檯督導對櫃員進行服務禮儀教育訓練後，針對前來銀行辦理金融業務的民眾進行滿意度的調查為80分，研究者即推論櫃員禮儀教育訓練對提升顧客滿意度有幫助。

Unit 9-3 前實驗設計之類型：單組前後測設計

前實驗設計可分爲三種型式：單組後測設計（one-group posttest-only design）、單組前後測設計（one-group pretest-posttest design）、不對等兩組後測設計（posttest-only with nonequivalent groupdesign），本單元說明「單組前後測設計」。

單組前後測設計（one-group pretest-posttest design）有一群組、一個前測（pretest）、一個自變項和一個後測（posttest），但是沒有對照組和隨機分配。這種設計與單組後測設計不同之處，在於研究者在實施實驗處遇前後，分別對依變項進行前測、後測。由於此種設計有前測、後測，因此，研究者可以確立相關性與時間序列，藉以評估依變項在刺激物（介入）引進之前和之後的改變狀況，可以了解處遇的成效。亦即，單組前後測設計只有一個組，在接受實驗處理的前後，均施以評量，以比較其前後測的差異情形。

單組前後測設計的速記符號，可採用以下方式加以標示：

$$O_1 \ \ X \ \ O_2$$

下標的1和2指的是觀察的順序。因此，O_1是介入前的前測，X是實驗處理（處遇），O_2是介入後的後測。

單組前後測設計係選擇一批實驗單位（受測者），在實驗處理前，進行觀察測量（O_1），隨後進行實驗處理（X），之後觀察實驗結果或後測（O_2）。經過比較前測O_1和後測O_2測量差異，推論其差異是來自於實驗處理或調整實驗變數。例如：一位家庭福利服務中心的社會工作者，規劃一個維持三個月的青少年情緒管理之團體，爲了能夠呈現此團體的成效，此位社會工作者計畫透過設計，以同一份問卷進行前測與後測。

雖然如前所述，此種研究設計可以藉由相關性與時間序列之確立，藉以評估依變項在處遇前後的改變狀況，但仍無法排除可能會受其他因素的影響。這種設計雖然可以評估因果時間序列的共變性和控制，但卻無法說明自變項以外可能導致前測或後測結果之改變的其他因素（楊家裕譯，2009）。

這些因素通常和內在效度威脅有關，例如：歷史、成熟、測驗和統計迴歸。此外，因爲此研究設計爲單組前後測設計，亦即表示此設計並無控制組。所以，即使此設計有前測、後測可測量處遇前後的改變，但研究者仍無法掌握在前測及後測之間，是否有除了處遇之外的事情發生，以致於影響了後來的結果，這是此研究設計面臨的限制。

單組前後測設計之案例

某研究者想檢驗「冒險探索教育」（project adventure）對於青少年自我效能之成效，其採用「單組前後測」研究設計，於三個月內提供青少年團體與個別輔導活動，並於服務一開始進行前測，三個月後進行後測，在比較「冒險探索教育」前測和後測分數後，發現青少年之自我效能有顯著的進步，有助於提升青少年之自我效能。

資料來源：修改自103年公務人員高等考試試題

某國中老師想以互動式電子白板之使用差異對國中學生英語學習動機進行研究，其採用以「單組前後測設計」為基礎設計，在所任教的班級進行本教學實驗，藉以了解使用互動式電子白板對國小學生英語學習動機與學習成就是否有差異性。在實驗前，研究者先對學生以「英語學習動機量表」施測；在教學實驗後，再對同樣的學生以相同的量表施測，藉以了解三組學生在動機量表得分的變化情形，得分越高則表示其英語學習動機越強，反之亦然。

資料來源：修改自蔡文榮等人（2006）。

某大學教授為驗證翻轉教學之練習與活動對學生參與、思考與動手能力於學期初與學期末的差異，採用「單組前後測設計」，以其所擔任導師的大一班級為研究對象，進行翻轉教育教學，於學期初及學期末進行翻轉教學前後主觀與客觀上的定性及定量之差異評估。

資料來源：修改自教育部（2019）。

Unit 9-4 前實驗設計之類型：不對等兩組後測設計

前實驗設計可分為三種型式：單組後測設計（one-group posttest-only design）、單組前後測設計（one-group pretest-posttest design）、不對等兩組後測設計（posttest-only with nonequivalent group design），本單元說明「不對等兩組後測設計」。

不對等兩組後測設計（posttest-only with nonequivalent group design）是一種有兩個群組、沒有隨機分派，而且只有一次後測的實驗計畫。亦即，本設計有兩個群組、一次後測，以及一次處遇。這種設計中的兩組，其中一組接受處遇，另一組沒有接受該等處遇，然後評估這兩組的依變項結果，據以判斷處遇成效。

不對等兩組後測設計的速記符號，標示如下：

X O
　O

當研究者發現某個既存團體看起來和實驗組相似，因而可以進行比較時，便可以使用不對等比較團體設計。亦即，研究者找到二個看起來相似的既存組別，並在某一組被置入處遇前與處遇後，測量它們在依變項上的表現。這種設計評估不對等的兩組，其中一組接受刺激（介入），另一組沒有接受該等刺激，然後評估這兩組的依變項結果（陳若萍譯，2007）。

例如：研究者針對育有幼兒的家長進行親職教育課程的介入，採用不對等兩組後測設計，將有接受幼兒親職教育課程介入之家長的後測分數，與沒有接受幼兒親職教育課程介入之家長的測量分數做比較。但這種採用不對等的二組進行後測設計，受到批評之處為缺乏隨機分派，以及沒有進行前測。因此，這兩個群組在後測結果所造成的差異，無法確定為實驗設計所產生，亦有可能是因為在實驗之前，二組之間本身即存在的差異所導致，並非一定是由處遇所造成的。因為，如果沒有進行前測，研究者就沒有辦法知道，兩組之間的測量結果在未接受處遇前，是否即存有差異；如果原來在未處遇前，二組即存有差異，而研究者因為未進行前測，所以未能掌握兩者具有差異，逕自以兩組後測的結果差異，推論是因為處遇的介入，使得二組之間存有差異，這樣的推論是缺乏說服力的。

例如：前述育有幼兒的家長進行親職教育課程的案例，研究者係以有接受和沒接受幼兒親職教育課程介入的家長之後測分數進行比較，而非以有接受幼兒親職教育課程的家長進行前測、後測，以了解親職教育課程的介入成效，即使有接受親職教育的家長分數優於未接受親職教育之家長，似乎顯示自變項（有無接受親職教育）和依變項（測驗分數高低）之間呈現研究者所期待的相關性，但這種相關性並不能容許研究者做出「兩組得分差異是由於親職教育介入所造成」之推論。

不對等兩組後測設計之案例

CRITICAL THINKING

某社工師採用不對等比較組設計（nonequivalent comparison groups design）方式，以了解懷舊團體在老人之家的功能，下列敘述何者正確？

(A) 找一個現存團體與實驗組相似，以便用來比較其功能

(B) 二組的基本資料差異太大無法比較

(C) 一組進行前測，另一組不須前測

(D) 二組都進行懷舊團體

答案：A

資料來源：109年第一次專技社工師考試試題

前實驗設計三種類型的圖解說明

1. 單組後測設計（one-shot case study）

對單一組施予實驗刺激，然後測量依變項的變化，直覺判斷測量結果是「高」或「低」。

比較

刺激　後測

時間

直覺評估依變項是否高或低於「正常」水準

2. 單組前後測設計（one-group pretest-posttest design）

測量單組的依變項，施予實驗刺激，然後重複測量依變項，比較前、後測的結果。

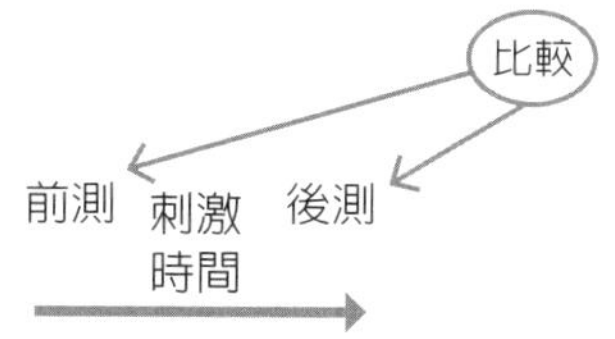

3. 不對等兩組後測設計（posttest-only with nonequivalent group design）

對實驗組施予實驗刺激，然後測量實驗組和對照組的依變項。

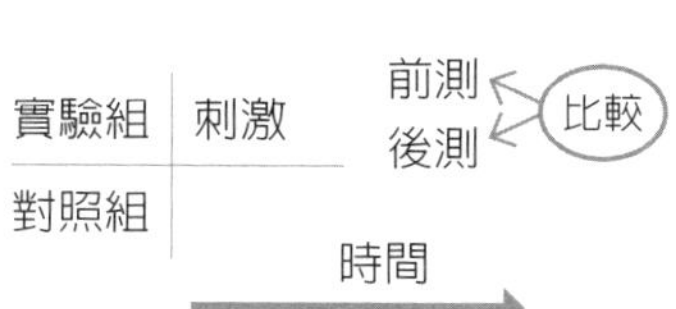

資料來源：楊碧雲譯（2007）。

Unit 9-5 真實驗設計之類型：前後控制組的設計

眞實驗設計可分爲三種型式：前後控制組設計（pretest-posttest control group design）、雙組比較僅後測設計（two-group posttest-only design）、所羅門四組比較設計（Solomon four-group design），本單元說明「前後控制組設計」。

前後控制組設計（pretest-posttest control group design）亦稱爲「前測—後測控制組設計」、「古典實驗設計」（classic experimental design）。

前後控制組設計的速記符號，可標示如下：

$$\begin{matrix} R & O_1 & X & O_2 \\ R & O_1 & & O_2 \end{matrix}$$

在此設計中，R代表隨機分派研究參與者到實驗組或控制組。O_1表示前測，O_2表示後測，X表示要檢驗的介入。

前後控制組設計，主要特色是樣本經由隨機的方法分派至實驗組或控制組，而且觀察比較中，除了有實驗組與控制組的比較外，兩組均進行前後測的比較。因爲是以隨機分派法將受試者分成兩組，所以這兩組在理論上能力應該是一樣的（簡春安等人，2016）。而在進行實驗時，兩組均接受前測，其目的是要檢測兩組O_1是否不同，而在實驗處理完時，再進行後測，比較兩組O_2之間的差異。

與「單組前後測設計」（one-group pretest-posttest design）之差異，在於前後控制組設計在實驗過程中增加第二個組以作爲比較，可稱爲控制組或比較組。研究者將受試者按照隨機分派的方式，將所有的受試者分派至實驗組或控制組之中，並對依變項施予前測，再對實驗組的受試者進行處理。經過一段時間後，再對兩組之依變項實施後測，此時每組之前測與後測間的平均分數之差異便可顯現出來。最後再比較前測與後測之間平均分數的差異，以確定實驗處理產生的變化是否比控制情境大。

前後控制組設計因爲兩組均有進行前後測，所以在統計分析上，可以進行較精確的分析。本設計的統計分析，可採較爲精確的統計程序，以自變項之後測分數與前測分數作爲共變量，進行共變數分析。此外，簡春安等人（2016）指出，此設計可使「歷史」、「成熟」、「測驗」、「工具」及「迴歸」等五個問題得以克服，因爲縱使有這些內在效度的困擾，也因爲兩組都面臨到了，所以在比較上可以「扯平」，且不至於造成誤差。也因爲是用隨機分派法，所以「選擇」、受試者的「流失」，與「成熟」的「交互作用」相互抵銷，因此在內在效度上可以說是相當完美。但本設計因爲強調了前測與後測，難免會牽涉到測驗情境的可推論性，所以外在效度多少會受其影響。

真實驗設計的三種類型

01 前後控制組設計（pretest-posttest control group design）

同義之設計類型

- 前測－後測控制組設計（pretest-posttest control group design）
- 「古典實驗設計」（classic experimental design）

02 雙組比較僅後測設計（two-group posttest-only design）

同義之設計類型

後測控制組設計（posttet only control group design）

03 所羅門四組比較設計（Solomon four-group design）

前後控制組的設計（古典實驗設計）之基本實驗設計圖解

資料來源：林秀雲譯（2016）。

Unit 9-6 真實驗設計之類型：雙組比較僅後測設計

眞實驗設計可分爲三種型式：前後控制組設計（pretest-posttest control group design）、雙組比較僅後測設計（two-group posttest-only design）、所羅門四組比較設計（Solomon four-group design），本單元說明「雙組比較僅後測設計」。

雙組比較僅後測設計（two-group posttest-only design），亦稱爲「後測控制組設計」（posttest only control group design）。與前一單元的前後控制組設計（pretest-posttest control group design）相較，前後控制組設計並沒有控制測驗和再測驗的效應。如果考慮到進行前測可能會對處遇效果有影響，或考慮到這可能導致後測的回應產生偏誤，「雙組比較僅後測設計」將是比較適合的研究設計。此外，如果研究情況不適合或不容許實施前測時，或是實施前測可能引起副作用，可使用此實驗設計進行研究。例如：對於兒童虐待、家庭暴力等方案的效果評鑑。

雙組比較僅後測設計的速記符號，可標示爲：

R X O
R   O

雙組比較僅後測設計基本上和不對等兩組後測設計（posttest-only with nonequivalent group design）幾乎完全相同，只有一個例外之處：群組是隨機分派的，除此之外，此種設計除了沒有前測之外，其餘部分都和古典實驗設計完全相同。隨機分派的過程排除了實驗組與控制組在實驗之初的任何重要差異。亦即，隨機分派減少了在施予處遇之前的群組差異，但是在沒有前測的情況下，研究者無法確定實驗開始時所有的群組在依變項方面都是同等水準（王佳煌等人譯，2014）。

這種設計預設，隨機分派過程排除了實驗組和控制組在實驗之初的任何重要差異。這種對兩組初始對等的預設，容許研究者能夠推論，這兩組在後測的任何差異乃是反映了自變項的因果效應（李政賢譯，2016）。

雙組比較僅後測設計的優點是，在具備了基本而重要的實驗元素前提之下，相對來得簡單、經濟，但必須有良好的隨機抽樣與隨機分派過程。此設計之缺點，簡春安等人（2016）指出，此方法控制了處置的主要作用及過程所產生的互動，但並未測量它們到底有多少。

雙組比較僅後測設計之案例

1

研究者

Frasher, Day, Galinsky, Hodges, & Smokowski (2004)

2

研究主題

社會工作實驗：評鑑嚴重行為問題高風險兒童處遇方案的有效性。

3

研究緣起：嚴重行為問題高風險兒童因為反社會攻擊行為，而受到同儕排擠。

4

研究設計規劃

- 兒童隨機分派到實驗組或控制組（等待名單）。
- 實驗組的兒童參與社會技巧訓練方案，家長和照顧者參與居家介入方案，旨在增進親職教養技巧。
- 控制組的兒童「照常接受原有的日常服務」。
- 研究結束之後，控制組的兒童和家長也接受了和實驗組相同的介入處遇。結果評量是由老師在前測、後測填答，評量每位兒童在課堂和遊戲情境的行為表現。

5

研究結果

實驗組兒童在利社會行為、情緒管控能力和同儕社交接觸等方面，都有優於控制組兒童的顯著改善。

資料來源：案例引自李政賢譯（2016）；圖作者自繪

Unit 9-7 真實驗設計之類型：所羅門四組比較設計

眞實驗設計可分爲三種型式：前後控制組設計（pretest-posttest control group design）、雙組比較僅後測設計（two-group posttest-only design）、所羅門四組比較設計（Solomon four-group design）。本單元說明「所羅門四組比較設計」。

在進行實驗設計的過程中，研究者常會遭遇如果進行前測，可能會對處遇或依變項造成影響，且進行前測也會使得參與對象對進行處遇的敏感度提高，而使其改善在後測時的表現。針對這些可能面臨的問題，所羅門（Richard L. Solomon）發展了所羅門四組設計來處理前測效應的問題。所羅門四組設計是將「前後控制組的設計」與「雙組比較僅後測設計」加在一起組合而成。

所羅門四組比較設計的速記符號，可標示如下：

R	O_1	X	O_2
R	O_3		O_4
R		X	O_5
R			O_6

Solomon認爲前測可能會對參與對象的態度及行爲產生影響，亦即受測者可能經由前測資料的學習或記憶，而因此膨脹了後測的成績或結果，這種情形會威脅到成效評估的內在效度，這種現象稱爲前測的感應性（pretest sensitization）。爲克服此種現象。Solomon提出另外再增加兩組未做前測的實驗組與控制組，來檢驗與防止潛在的前測「汙染效果」（contaminating effect）（林文政等人，2003），此即爲所羅門四組比較設計。

所羅門四組比較設計的優點，在於將「有無前測」此一變項納入實驗設計中，將其所造成的變異數部分，從總變異量排除掉，以看出所產生的影響是否顯著。因此，不僅對內在效度的考慮相當嚴謹，外在效度的情形也較「前後控制組的設計」爲優。

簡春安等人（2016）指出，因爲從O_6與其他組的比較，可以算出到底樣本對測驗所累積的反應有多嚴重（如O_6優於O_5；O_5優於O_4；O_4優於O_2）。藉O_2比O_4、O_5比O_6及O_3比O_5的分析，可看出處遇（X）的功能，藉O_6、O_1、O_3的比較，可綜合出成熟及歷史的效應到底有多少。但是，所羅門四組比較設計即使獲得激賞，在社會工作領域中使用頻率仍不是太高，因爲有實驗設計較複雜、費時與花錢等缺點。

所羅門四組比較設計之案例

以所羅門四組比較設計評估團隊建立訓練的成效

組別	前測	接受訓練與否	後測
前測訓練組	✓	是	✓
前測控制組	✓	否	✓
未前測訓練組		是	✓
未前測控制組		否	✓

資料來源：案例引自林文政等人（2003）。

所羅門四組比較設計之觀念思考

當研究人員想確定一項事物是否成為造成另項事物的原因時，實驗設計（experimental design）被認為是最好的方法之一，其中有一種比較精緻的實驗設計為所羅門四組設計（Solomon four-group design）。若你是老人日間照顧中心的社工人員，請你以所羅門四組設計方式說明日間照顧對老人身體機能是否有助益。

資料來源：105年第二次專技社工師考試試題

Unit 9-8 準實驗設計之類型：時間系列設計與相等時間樣本設計

常見的準實驗設計，包括時間系列設計（time sequential design）、相等時間樣本設計（equivalent time sample design）、不對等的對照組設計（nonequivalent comparison groups design）、平衡對抗設計（counterbalanced design）等類型。本單元說明「時間系列設計」、「相等時間樣本設計」。

一、時間系列設計（time sequential design）

顧名思義，這是以時間序列爲主軸進行的實驗設計。時間系列設計特別適用在縱貫性研究，在研究者無法順利找到控制組時，可將測量的時間拉長，以觀察實驗處遇是否有效，以及所造成的影響是否可持久或具週期性。

時間系列設計對於某些團體或個人所進行的週期性測量之過程，將其呈現在時間系列中，以觀察實驗所產生的改變狀況。

時間系列設計的速記符號，可標示爲：

$O_1 \quad O_2 \quad O_3 \quad O_4 \quad O_5 \quad X \quad O_6 \quad O_7 \quad O_8 \quad O_9 \quad O_{10}$

上述速記式子，每個O代表測量依變項的不同觀察時間點，雖然測量的點越多越好，但沒有一定的標準。在上述的式子中，介入（X）之前，有五個測量點，而介入後，又測量了5次。透過特定進行實驗介入，研究者希望了解在進行實驗介入時間點前後的觀察測量是否有顯著性變化，藉以了解實驗介入的效果。

時間系列設計與前實驗設計之「單組前測、後測設計」，在邏輯上是相同的，雖然都使用前測與後側，但均同樣缺乏控制組。時間系列設計的缺點爲在內在效度上，無法克服「歷史」、「工具」、「測驗」等問題（簡春安等人，2016）。

二、相等時間樣本設計（equivalent time sample design）

相等時間樣本設計是針對一組受試者抽取兩個相等的時間樣本（time sample），在其中一個時間樣本裡，出現實驗變項（X_1），在另一個時間樣本裡，不出現實驗變項（X_0）之實驗設計。

相等時間樣本設計的速記符號，可標示爲：

$X_1 Y \quad X_0 Y \quad X_1 Y \quad X_0 Y \cdots\cdots$

這種設計方法因爲藉著實驗處遇的交互出現，而克服很多可能會影響到內在效度的問題。例如：歷史效應、成熟效應、測量效應、工具效應，以及統計迴歸等，不過每一階段實驗的結果還是可能受到之前實驗處理所造成的「殘餘」效應之影響，而減低其內在效度（王雲東，2007）。此設計缺點是，研究者在取樣時不是採用隨機方式，則會影響外在效度，故研究結果只能適用在與樣本同性質者。

時間系列設計

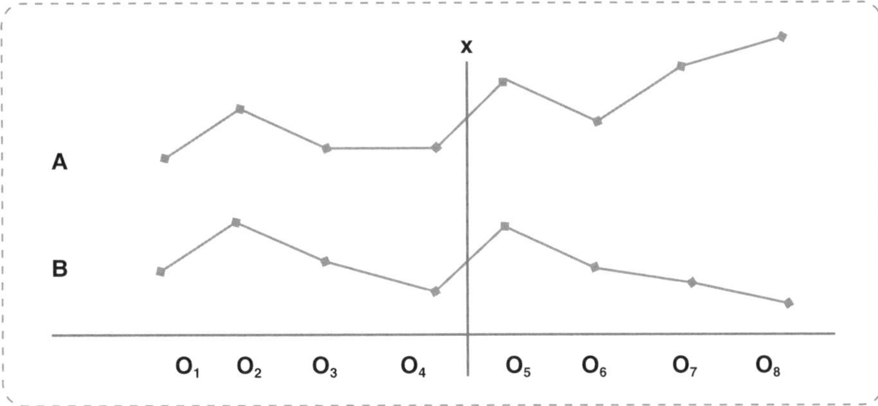

相等樣本時間設計之範例

案例：幼兒園午休播放音樂對幼兒入睡之研究設計

某研究者想要了解幼兒園於午休播放音樂對協助幼兒入睡的效果，是播放音樂，還是不播放音樂，幼兒較容易順利入睡。

研究者就利用某幼兒園的中班幼兒為受試者，播放音樂一段時間（X_1）與不播放音樂一段時間（X_0）交替出現，而後在每一段時間結束後，記錄其幼兒的入睡人數。

實驗處理＼時間取樣	1	2	3	4	5	6
放音樂（X_1）	V		V		V	
不放音樂（X_0）		V		V		V

實驗的條件（X_1）與控制處理（X_0）在相等時間間距交互出現，受試者均重複接受處理。

Unit 9-9 準實驗設計之類型：不對等的對照組設計

常見的準實驗設計，包括時間系列設計（time sequential design）、相等時間樣本設計（equivalent time sample design）、不對等的對照組設計（nonequivalent comparison groups design）、平衡對抗設計（counterbalanced design）等類型。本單元說明「不對等的對照組設計」。

不對等的對照組設計（nonequivalent comparison groups design）又稱爲「不對等比較團體設計」，適用於無法使用隨機分派將參與者分至各組，但是可以找到一個相似於實驗組的團體，因此可用來作爲對照組加以比較，在其中一個組進行介入後，測量兩組依變項的改變。

當研究者發現某個既存團體看起來和實驗組相似，因而可以進行比較時，便可以使用不對等比較團體設計。亦即，研究者找到兩個看起來相似的既存組別，並在某一組被置入處遇之前與之後，測量它們在依變項上的表現。

不對等的對照組設計之速記符號，可標示爲：

實驗組	O_1 X O_2
不對等對照組	O_1 O_2

這個速記內容基本上和前後測控制組設計一樣，唯一差別在於缺乏代表隨機分派的R。例如：陳曉佩等人（2003）的「大專生性教育介入效果研究——以某二專新生爲例」研究，以不對等的對照組設計，立意取樣某專校二專一年級四個班學生作爲研究對象，並以班級爲單位，隨機分派爲實驗組和對照組各兩班，各班男女比率接近。在教育介入前一週，兩組學生皆接受前測問卷作爲評量實驗效果的基準。實驗組學生接受五週（10小時）性教育教學活動，並探討學生對教學過程的評價及心得，而對照組則未接受教學；教學結束後一週，實行後測以評量此性教育教學之效果。張麗春（2006）的「公共衛生護理人員充能教育歷程與介入成效評價研究」研究，研究設計係以不對等控制組對照設計方式，立意選取北部兩個衛生局，分派爲實驗組與對照組，其中，實驗組公共衛生護理人員接受4週、共24小時之充權課程與團體工作坊，對照組沒有接受任何實驗處理，於介入後4週進行後測以評價立即成效，並進行充權歷程分析。

不對等的對照組設計之研究對象並非隨機分配，若研究中的選擇偏誤是高可能性時，則組和組之間的比較就會被削弱。如果研究者可以提出有力的證據，證明這兩個外部變項和前測分數的可比性，則兩組之間的差異就會令人高度質疑。亦即，在使用此設計方法時，取決於研究者是否有詳細提供資訊以證明兩組之間的可比較性，使用此設計的研究結果可以有很強，也可以有很弱的實務參考價值（楊碧雲譯，2007）。

強化不對等對照組設計內在效度的兩種方式（幫助化解不對等比較設計可比較性的疑慮）

01 多元前測（multiple pretests）

- 當實驗涉及選擇性偏誤，是指實驗組可能比控制組有更強的改變動機，因此可能在處遇之前就已經進行一些改變。
- 透過多元前測，指在介入之前的不同時間點進行相同的前測，這樣就可以偵測是否有一組已經在改變，而另一組則沒有。這也可以幫助我們偵測，其中是否有一組發生統計迴歸。

設計的速記符號

處遇組	O_1	O_2	X	O_3
對照組	O_1	O_2		O_3

在首列的處遇組接受處遇（X），下一列代表對照組；在每一列中，O_1和O_2代表的是第一次和第二次的前測，而O_3代表後測。

02 交換複製研究（switching replication）

- 交換複製研究係藉由在第一次後測之後讓對照組接受處遇，來偵測結果顯現的改善狀況是否由於選擇偏誤所導致。
- 如果對照組第二次後測的結果，有複製處遇組第一次後測的改善狀況，那就可以減少我們對處遇組第一次後測的改善是由選擇偏誤所致的懷疑。
- 反之，如果對照組第二次後測結果，並沒有複製處遇組第一次後測的改善狀況，那麼第一次後測兩組間的差異，就可歸因為兩組缺乏可對照比較性的緣故。

設計的速記符號

處遇組	O_1	O_2		O_3
對照組	O_1	O_2	X	O_3

首列表示的是處遇組，下列是對照組；在每一列中，O_1代表的是前測，O_2和O_3代表後測，X表示處遇。

資料來源：文字整理自李政賢譯（2016）；圖作者自繪。

Unit 9-10 準實驗設計之類型：平衡對抗設計

常見的準實驗設計，包括時間系列設計（time sequential design）、相等時間樣本設計（equivalent time sample design）、不對等的對照組設計（nonequivalent comparison groups design）、平衡對抗設計（counterbalanced design）等類型。本單元說明「平衡對抗設計」。

平衡對抗設計（counterbalanced design）又稱爲對抗平衡設計、輪換實驗設計（rotation experiment design），亦可稱爲拉丁方格設計（Latin square design）。

此設計係基於實驗流程呈現的刺激順序，可能會混淆或影響到實驗的結果，所以研究者將研究刺激材料平均分配其出現的順序。這種設計爲經由完全輪換方式或配對區組等平衡設計方法，將每種實驗處理都分派至每一組研究對象，藉以制衡每組之間的實驗誤差。採用此種設計，使可能發生的誤差盡量平衡而終能互相抵銷，並可比較四種處遇的差異。

本設計旨在讓所有受試者接受全部處遇的條件，且要防範因爲各組接受處遇之次序而產生的解釋問題而提出的，故本設計中的各組，均要接受所有處遇，只是以不同的順序進行。各組接受各種處遇的順序，則是隨機決定的。當有好幾種處遇有待考驗，或者僅有兩種處遇有待考驗，可使用此設計。例如：某大學教授爲了比較兩種社會統計教學方法對學科學習的成效，而採行平衡對抗設計，該教師選擇兩個班級，以及在難度、長度等可供比較的兩個單元，這兩個單元涉及的概念難度和複雜度都力求相等。第一次第一個班級採用A方法教第一個單元，第二班以B方法教第一個單元，第一個單元結束，兩個班級施予測驗。接著，第一個班級以B方法教第二個單元，第二個班級以A方法教第二個單元，第二個單元結束，兩個班級均接受測驗。

這種實驗設計包含的處遇變項，包括：X（處遇）、G（組別）、t（時機）、y（處遇的效果）（見右頁圖示）。研究者利用四組未經隨機分派、維持團體形式（例如：原來班級）的受試者，每組別在前後四個時機裡，重複接受四種不同的實驗處理，以考驗組別、時間的差異。把四個時機的總和再互相比較，亦可以看出不同時間的不同效果。但因所選擇的四組受試者是不同質的，所以即使「實驗處理」水準間的差異達到顯著水準，仍有可能是「組別」和「時機」兩個自變項之間的交互作用所造成（簡春安等人，2016）。

平衡對抗設計之圖示

組別 \ 實驗處理（X）	X_1	X_2	X_3	X_4
G_1	t_1y	t_2y	t_3y	t_4y
G_2	t_3y	t_1y	t_4y	t_2y
G_3	t_2y	t_4y	t_1y	t_3y
G_4	t_4y	t_3y	t_2y	t_1y

備註：X處遇；G組別；t時機；y處遇效果

資料來源：楊國樞（1989）。

準實驗設計的四種類型

01 時間系列設計（time sequential design）

02 相等時間樣本設計（equivalent time sample design）

03 不對等的對照組設計（nonequivalent comparison groups design）

同義之設計類型：不對等比較團體設計（nonequivalent comparison groups design）

04 平衡對抗設計（counterbalanced design）

同義之設計類型：

- ■ 對抗平衡對抗設計（counterbalanced design）
- ■ 輪換實驗設計（rotation experiment design）
- ■ 拉丁方格設計（Latin square design）

Unit 9-11 實驗者期望的控制：雙盲實驗

實驗者的行爲，也可能威脅到因果邏輯。如果實驗者的行爲間接地傳達了預期的結果時，實驗者的行爲就有可能會威脅到內在效度，這種情況被稱爲實驗者期望（experimenter expectancy）。亦即，實驗者期望是一種實驗反應的類型，發生此種情況的原因，是因爲實驗者間接地使得參與者意識到實驗的假設，或者是預期得到的結果（王佳煌等人譯，2014）。

受試者從實驗中找到線索，根據自己所猜測的研究者之預期而改變自己行爲，以討研究者歡心，這種反應即屬於實驗者期望。然而，研究者威脅到內在效度，通常並不是出於別有用心的不道德行爲，而是間接地把實驗者的期望告訴了受試者，研究者可能非常相信某個假設，並且間接地把這個假設或想要看到的結果傳遞給受試者，研究者可以透過雙盲實驗法進行實驗者期望之偵測。

雙盲實驗（double-blind experiment），亦稱爲雙面障眼法、雙重保密實驗。雙盲實驗是爲了控制研究者期望而設計的，在實驗中，與受試者直接接觸的人，並不知道假說或處遇的細節，它是雙重保密的，因爲受試者與他們接觸的人對實驗細節茫然不知。這種雙盲實驗的設計，就是爲了要控制研究者的期待不要影響到實驗。在這種設計裡，與實驗對象會有直接接觸的工作人員，都不會知道假設的任何細節，或是自變項爲何。所謂雙盲的意義在於，實驗對象（第一重）與跟實驗對象有接觸的人（第二重），都不知道任何實驗相關的細節（見右頁圖示）。

解說雙盲實驗的案例，最經典的就是藥廠對於新藥的測試。研究者要知道一款新藥是否有效，研究者用三種顏色的藥丸（綠、黃、粉紅），把新藥放在黃色藥丸中，舊藥放在粉紅藥丸中，綠色藥丸則是安慰劑（以假亂眞的處遇，沒有任何實際效果的糖果）。給藥並記錄效果的助手，並不知道哪一種藥丸是新藥；只有另一個不處理受試者的人，知道哪個藥丸是新藥，並檢查結果。亦即，雙盲實驗室設計係因控制「研究者期望」的一種內在效度控制方式。這時與受試者直接接觸的人，並不知道關於假設或處理的細節。在雙盲實驗中，受試者與施測人員雙方皆不知道受試者屬於實驗組或是對照組，直到資料蒐集完成後核對受測者代碼才知道分組，這種受試者與其接觸者雙方都不知實驗細節的實驗方式，可避免參與試驗的受試者或觀察者主觀偏向影響觀察結果，它使得研究結果更爲嚴謹。

雙盲實驗

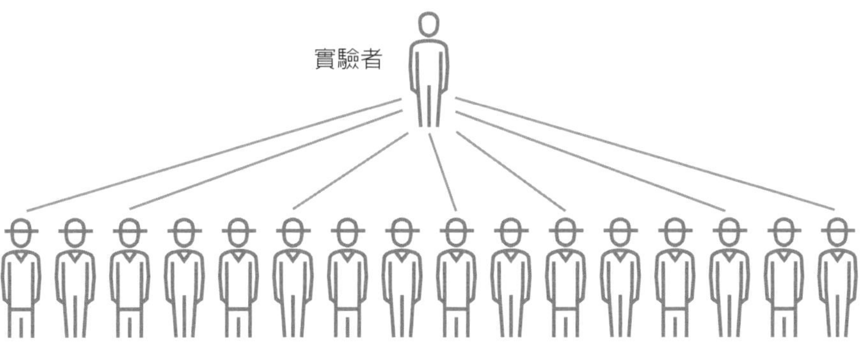

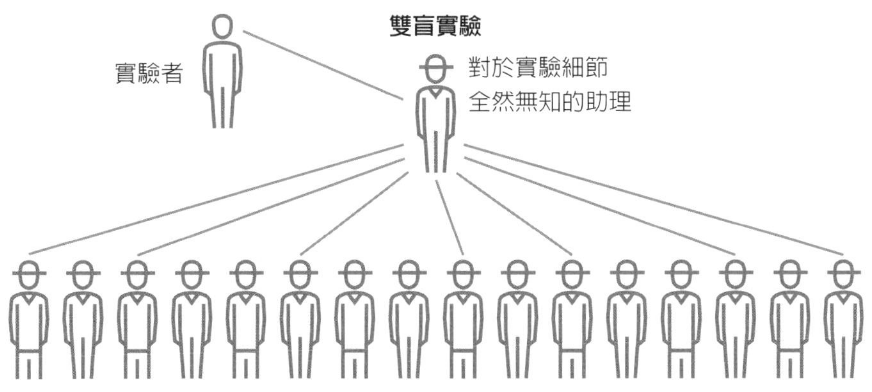

資料來源：朱柔弱譯（2000）。

名詞解釋

■ **實驗者期望**

一種實驗反應的類型，發生此種狀況的原因，是因為實驗者間接地使得參與者意識到實驗的假設，或者是預期得到的結果。

■ **雙盲實驗**

一種實驗研究的類型，在此實驗中，參與者以及代表實驗者直接與其接觸的人，都不知道實驗的細節為何。

單案研究設計

章節體系架構

Unit 10-1 單案研究設計：基本概念

在研究過程中，當情況不容許隨機指派樣本進入控制組時，可考慮改採時間序列設計，這也可用來協助評鑑方案或介入對於個案的影響。藉由對依變項（服務或政策目標，或個案希望改變的目標問題）重複施測，有接受處遇的團體，也可以當作控制組。重複測量的用意，是想要確認目標問題的改變是否呈現穩定趨勢。如果在服務引進或是撤除的同時，問題的改變趨勢出現明顯偏離情形，就可能用來支持研究假設的合理性，亦即依變項的改變可能是由於服務或介入（自變項）的改變所造成。

單案研究的設計邏輯是要利用足夠的重複測量，以盡量減少外部因素的影響（像是案主環境的變化），這樣才可以將目標改善的原因歸諸於介入的效果（廖育青譯，2007）。依據時間序列分析設計邏輯，應用在單一個案或成果評鑑時，可以稱作單一受試者設計（single-subject designs）、單案設計（single-case designs），或單一系統設計（single system designs）（李政賢譯，2016）。

單案研究設計相較於其他研究設計的最大區別，在於樣本數只有一個。不論分析的單位是一個人、一個家戶、一個社區或是一個組織，樣本數都是一個。此外，Kazden澄清，單一個案的名稱容易讓人誤以爲它只是用於一位研究者；事實上，單一個案就能運用在多位研究者或小組上，名爲「單一個案」，只是突顯其評鑑自變項對個案依變項之成效的特色（鈕文英，2021）。

在單案研究中，多元測量點是重要的關鍵概念。亦即，藉由多次的測量，使得測量偵測到的趨勢更穩定，則將目標問題的改變可能歸因於自變項的變異，其結論就更爲可信。例如：成熟、歷史或統計的迴歸。亦即，藉由多次的重複測量，研究者能夠確認目標問題的穩定改變趨勢，因此能夠提升無法有控制組研究的內在效度。這樣的設計可以讓研究者精確解釋，依變項在哪裡產生了變化，以及該等變化是否和自變項中的變化同時發生。當依變項的變化幾乎只發生在自變項引進或撤離之後（而非其他時間點），而且兩者重疊一致的程度越高，從中就可確認爲一種不太可能的巧合，進而得以排除其他可能的對立解釋（例如：成熟或歷史因素）。

在進行單案設計時，必須要設立基準線（baseline），亦即是在介入之前的重複測量階段，以作爲控制的階段。透過在基準線階段（控制組）所蒐集到的資料，再與介入階段（實驗組）所蒐集到的資料互相比較，持續進行測量，以檢視目標問題在介入之後是否呈現持續改善的模式。

單案研究設計的優缺點

S 優點

- 可深入了解個案（因為觀察與研究的對象只有一個），因此相對較有機會提出有效而又具體的處理辦法。
- 蒐集資料的方式較有彈性（可針對此觀察與研究的對象而彈性調整）。

W 缺點

- 資料來源的可信度與客觀性可能有疑問（例如：個人紀錄可能是自傳、日記等，也許是主觀看法而未必反映事實）。
- 因單案研究強調深入性，因此可能較費時。
- 不易進行有效的推論，也就是外在效度低；而這也正是單案研究最大的缺點與限制。主要原因：
  (1) 因為樣本數太少，又往往非隨機取樣而來，因此樣本的代表性顯然不足。
  (2) 與「時間系列設計」的狀況類似，因為重複測量的次數頗多，因此實驗的結果只能推論到重複測驗的族群。

資料來源：文字引自王雲東（2007）；圖作者自繪。

單案研究設計的主要類型

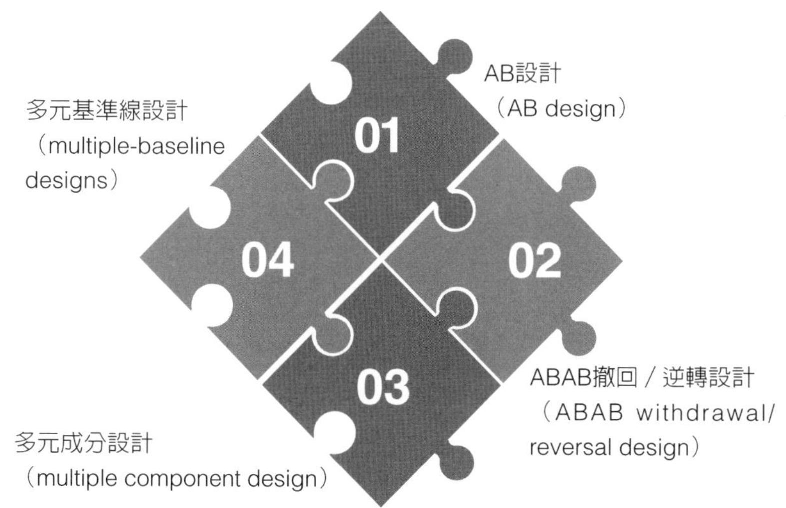

Unit 10-2 單案研究設計：基線期（基準線）

在單案研究中，基線期（baseline）是指干預介入之前的重複評量階段。基線期亦稱爲基準線，基線期是一種控制階段，在基線期蒐集的資料模式（趨勢），將與干預期（試驗期）所蒐集的資料模式（趨勢）相比較，以確知實驗干預是否有效。至於什麼時間才是適合由基線期進入到干預期的時間點？端視在基線期的資料模式（趨勢）顯現出一種可以預期和有秩序的情況（王雲東，2007）。

基線期的設立，主要是用來觀察干預前後的成效。但基線期階段要測量幾次呢？這必須透過對基線期資料發展的趨勢進行觀察，那就要看何時可以呈現出穩定的趨勢。一般來說，在基線期階段規劃進行5至10次的施測是合理的。如果基線期很穩定，大概第三至第五個施測點就可能開始觀察到某些趨勢。當然施測越多次，對於觀察到的趨勢就會越有信心，也就越能夠確認在介入期間，外部因素應該是比較不可能巧合對目標問題發生影響作用（廖育青，2007）。

如果在基線期，趨勢已經顯示「增加」，那麼在干預期中如果資料發展的模式（趨勢）還是「增加」，且增加的幅度與基線期大致相同，則不能推估說是因爲實驗干預造成的「增加」（因爲可能就算沒有干預，繼續停留在基線期，仍會維持既定的「增加」趨勢）；如果在干預期中資料確實呈現出上升或下降的穩定趨勢，那就表示雖然在基線期受測對象於被測項目的表現不是很穩定，但實驗干預還是造成受測者在被測項目的上升或下降狀況，也就是說，干預應該還是有效的；如果在干預期中的資料仍然呈現出不穩定的趨勢，那可能就要藉由回溯的基線（或稱重建的基線）去試圖讓趨勢更明朗化，否則可能就要另尋個案重做實驗。

所謂穩定的趨勢，是指目標問題呈現出一種可預測且有次序的樣態。將資料點一時間序列標示在圖表上，然後在點和點之間畫一線連起來，接著我們可以觀察這條線整體的模式是明顯的穩定上升、穩定下降、相對平緩，或是有規律的上下。相反地，如果圖形是一種不穩定的基準線，則無法觀察出清楚的趨勢。

然而，在現實的實務工作中，不可能每次都能允許我們在基線期階段測量到資料足夠後再進行介入。例如：案主的問題可能十分緊急，以致我們無法延遲介入的提供。因此，即使基線期的趨勢還不夠明顯，我們也只能在臨床和實務當時許可的範圍內，盡可能完成最接近理想趨勢的測量資料點。

基線期的各種趨勢

(A) 上升

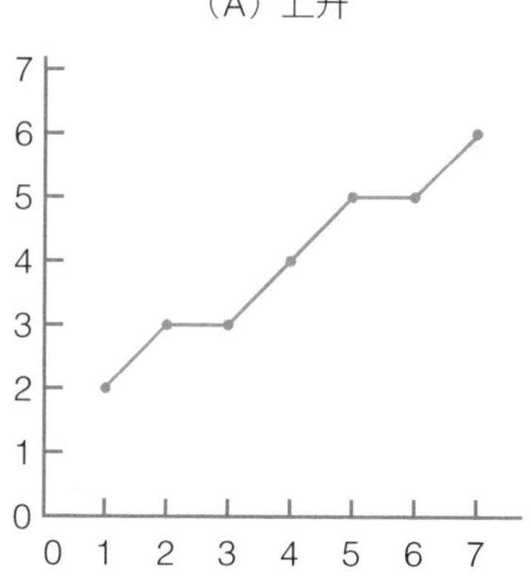

(B) 下降

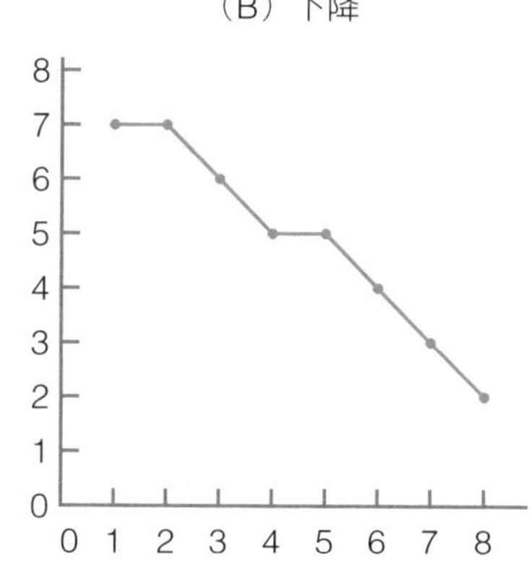

(C) 平緩

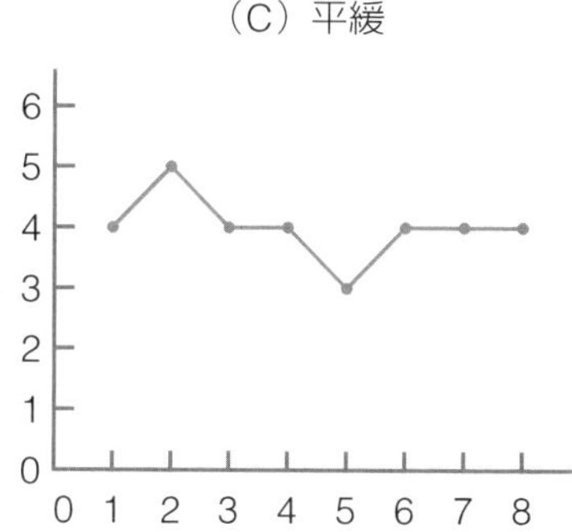

(D) 規律上下

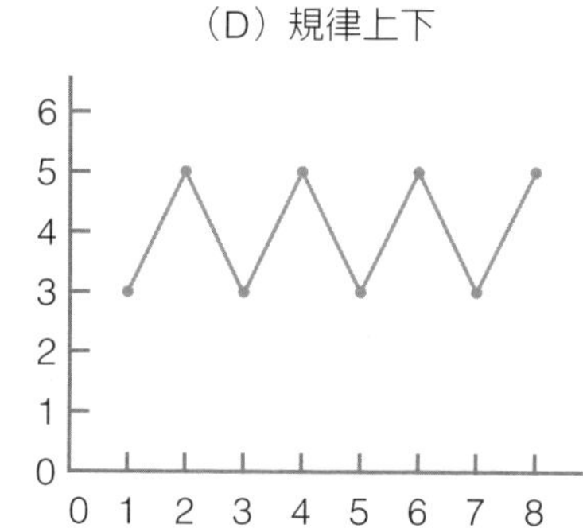

(E) 未穩定

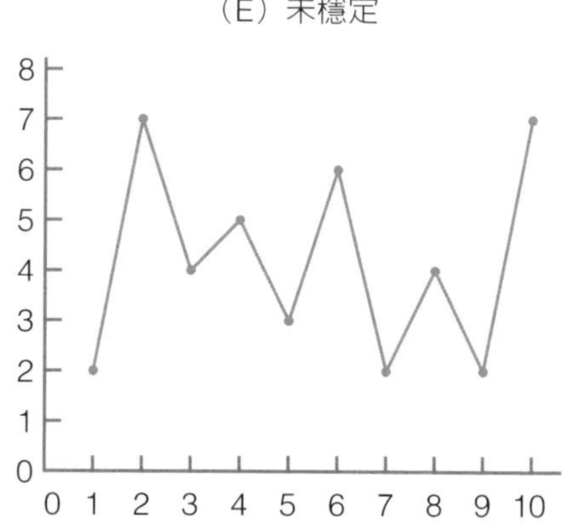

Unit 10-3
單案研究設計：AB設計

單案研究設計主要的設計類型，包括AB設計（AB design）、ABAB撤回設計／逆轉設計（ABAB withdrawal/reversaldesign）、多元基準線設計（multiple-baseline designs）、多元成分設計（multiple component design）。本單元就「AB設計」先予說明，其餘類型於後續各單元另行說明。

AB設計（AB design）亦稱爲基本AB設計，單案研究設計的AB設計，是最基本的單案設計類型。AB設計包括一個基準線階段（A），以及一個介入階段（B）。

AB設計的基線理論，是在至少兩個情境（基線A與介入B）之下，對某一行爲進行重複測量，且假定該行爲會因爲介入而產生改變。在AB設計的基線期A階段，研究者只蒐集資料不介入處理策略，重複地觀察與記錄行爲資料，直到資料水準與趨勢呈現穩定，一般最少爲三個資料點；在介入期B，則引進處理策略，重複地觀察記錄行爲資料。AB設計是最受實務工作者兼研究者喜愛的類型，因爲只需要建立一個基準線階段。

AB設計法之優點，包括簡單、可行性高、容易完成與複製；此設計的缺點爲，因爲只有一個基線期，所以沒有比較，因此容易得出錯誤結論（例如：受歷史效應影響），亦即，這樣的設計會比有一個以上的基準線設計還要薄弱。因爲只有一個基準線，自變項產生轉變的時間點只有一個。如此一來，有可能如此巧合的情況只發生一次。雖然，多次重複施測能夠降低外部事件（而非介入本身）於介入開始後，對依變項資料型態改變的可能合理解釋，但相較而言，當有若干個基準線和介入、時期交互穿插時，外部因素受到控制的情況會更好一些。但AB設計在處理階段行爲的改變可能受個體成熟、同時事件等因素的影響等，面臨研究的限制。

雖然，AB設計有一些相對性方面的缺點，但是依然是很有用的。在很多實務工作的情境下，更加嚴謹的單案研究設計可能不太可行。對於還沒有接受足夠科學檢驗的特定介入處遇，透過AB設計重複的施測，還是能夠提供具有邏輯和實證的證據，用以支持處遇的有效性。再者，AB設計能夠被重複實施（複製），所以假設針對同一介入方式有很多AB設計研究結果都一致，那麼就有更強的證據得以支持該介入可能有效（李政賢譯，2016）。

AB設計之範例

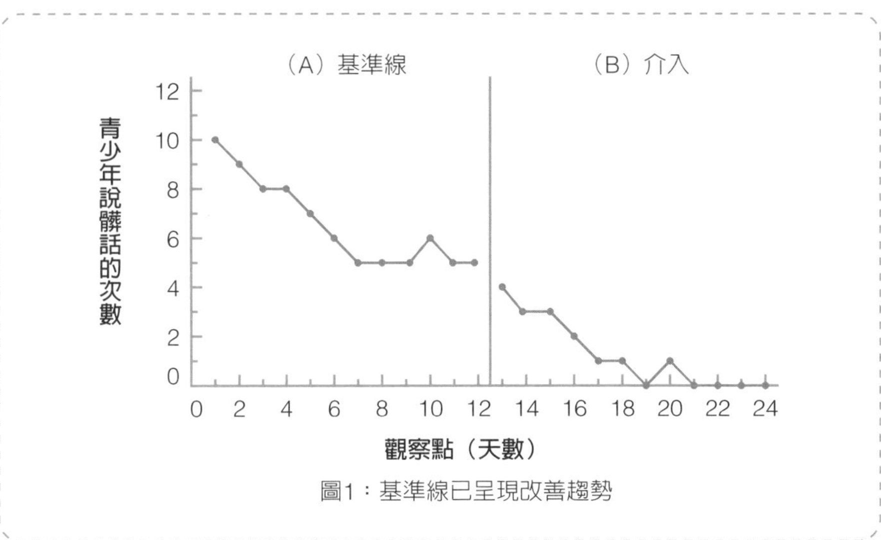

圖1:基準線已呈現改善趨勢

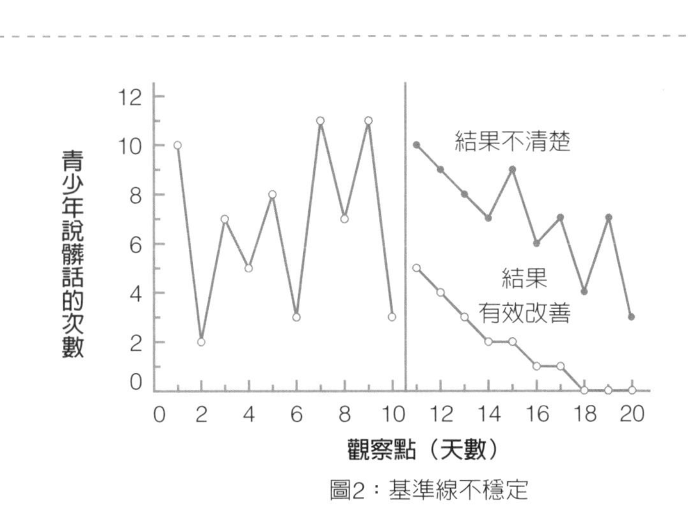

圖2:基準線不穩定

Unit 10-4
單案研究設計：ABAB撤回設計／逆轉設計

單案研究設計主要的設計類型，包括AB設計（AB design）、ABAB撤回設計／逆轉設計（ABAB withdrawal/reversaldesign）、多元基準線設計（multiple-baseline designs）、多元成分設計（multiple component design）。本單元就「ABAB撤回／逆轉設計」加以說明。

ABAB撤回設計／逆轉設計（ABAB withdrawal/reversal design）亦稱爲ABAB抽回和反轉設計，是爲了要更強化控制外部事件對於研究的影響，ABAB撤回／逆轉設計增加了第二個基準線階段（A）和第二個介入階段（B）。第二個基準線階段是在撤掉介入之後建立，接著在第二個基準線開始呈現出穩定的趨勢之後，我們就可以再引進介入。

ABAB撤回設計在撤除行爲處理策略之後，期待目標行爲倒返，以確定目標行爲的改變是因爲處理策略，而不是因爲成熟或同時事件所致。亦即，如果介入眞的在一個介入階段造成影響，那麼在第二個基準線階段（撤掉介入），目標問題應該會逆轉回到它原本的基準線程度。而當再次引進介入時，目標問題應該也會重新出現開始改善的跡象。

與AB設計相較，ABAB撤回設計藉由增加一個基線期；一個干預期，使得外部因素的影響干擾能夠較有效的控制，也較AB設計而言更具有因果證據。例如：李姿德等人（2003）進行「交互教學法對增進聽覺障礙學生閱讀理解能力之研究」，該研究的研究目的在於探討交互教學法對聽覺障礙學生閱讀理解能力之成效。研究方法採用單一受試研究之ABAB設計，自變項爲交互教學法，依變項爲聽覺障礙學生的閱讀理解能力。該研究對象爲三名十至十二歲就讀啟聰班的中重度聽覺障礙學生，三名受試者分別接受四個階段，包括基線期一（A_1）、基線期一（A_2）、介入期一（B_1）和介入期二（B_2）之資料蒐集，資料的蒐集是記錄三名受試者在「閱讀理解測驗」的表現。

ABAB撤回設計藉由增加一個基線期（A）和干預期（B），對可能的外在因素所造成的干擾影響能有較好的控制；也就是說，「實驗」的效果比「基本AB設計」要來得好，是其優點（王雲東，2007）。ABAB設計的假設是可以回復到原本基準線狀態，但是社會工作實務中，有許多的情況是無法或是不適合回復到原本的基準線狀態，因爲，如果研究者堅持要回復到原先的基準線狀態，將有可能對案主造成傷害，這違反了社會工作倫理。因此，社會工作實務者在此用此種設計，於撤除介入的決定前必須謹愼而行，應考量以案主的利益爲優先。

ABAB撤回／逆轉設計之範例

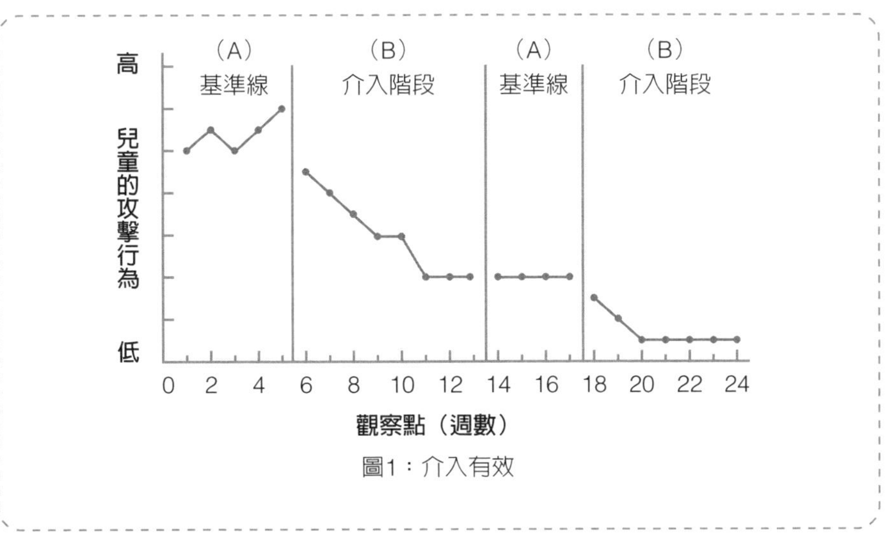

圖1：介入有效

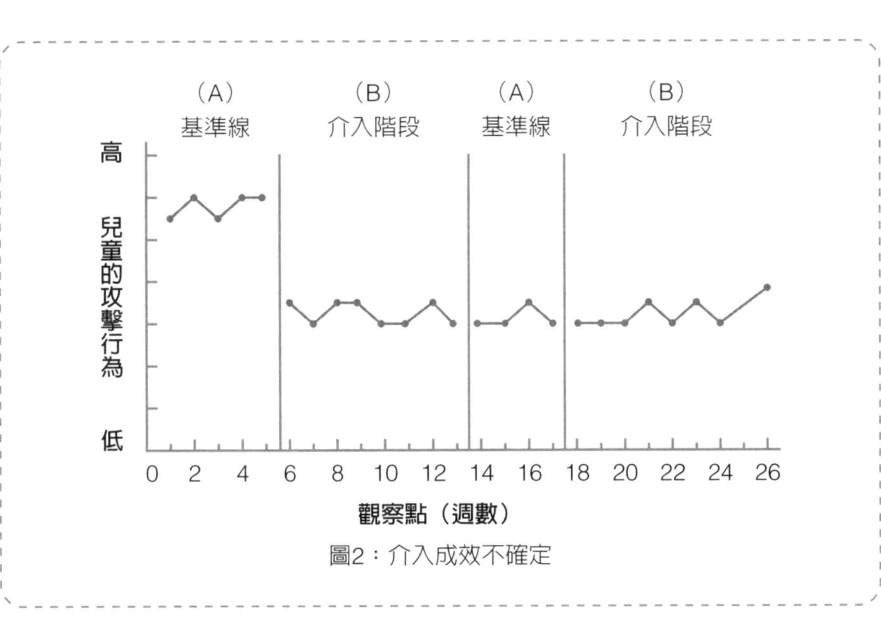

圖2：介入成效不確定

Unit 10-5 單案研究設計：多元基準線設計

單案研究設計主要的設計類型，包括AB設計（AB design）、ABAB撤回設計／逆轉設計（ABAB withdrawal/reversal design）、多元基準線設計（multiple-baseline designs）、多元成分設計（multiple component design）。本單元就「多元基準線設計」加以說明。

多元基準線設計（multiple-baseline designs）亦稱爲多重基線設計。多元基準線設計是爲了改進AB設計只有一個基線期，因此容易得出錯誤的缺點，不是像ABAB設計一樣，在干預期（B）之後再加上第二個基線期（A）和第二個干預期（B）；取而代之的是，對兩個或兩個以上的個案在同一個時間點開始進入基線期，而後在不同的時間點進入干預期。

多元基準線設計是藉著設立一個以上的基準線階段和介入階段，以控制外部變項對於研究的影響。但是，多元基準線設計不是用撤除介入的方式再多建立一個基準線階段，而是在研究一開始的時候，就同時建立兩個或多個基準線階段。它的操作方式是在每一個基準線中測量不同的目標問題，或是在兩個不同的情境或不同的個案中測量一個目標問題。雖然每一個基準線都是同時開始的，但是介入引進的時間點卻不一樣。亦即，在第一個行爲、情境或個案進入介入階段時，另一個行爲、情境或個案仍停留在基準線階段；同樣地，當介入引進到第二個行爲、情境或個案時，第三個（如果有超過兩個的話）仍在基準線階段（李政賢譯，2016）。

多元基準線設計可以對外在因素所造成的干擾影響有較好的控制，此爲其優點；相對於ABAB設計，多重基準線設計可以改善社會工作倫理的問題，因爲多重基準線設計不會讓案主重新回到失望與無助的情境，以及當干預具備無法倒轉的影響力特質時，可能會使得對干預是否有效無法判定。王雲東（2007）指出，採用多元基準線設計，在某些情況下，不一定能找到一個以上的個案來參與研究；個案的產生往往不是採隨機抽樣，因此樣本本身可能有很大的不同，難以確定研究結果究竟是處遇有效或無效所造成的，或是個案本身特質因素不同所導致的。解決之道還是透過複製的方式，也就是說，如果不同的個案（多重基準線設計組）在此種設計方式下均呈現相同的反應模式（趨勢），就更有信心認爲這是因干預而造成的（並非是個案本身特質因素的不同所導致）。

多元基準線設計之範例

案例：三位在安養中心對生活感到極為無助的住民

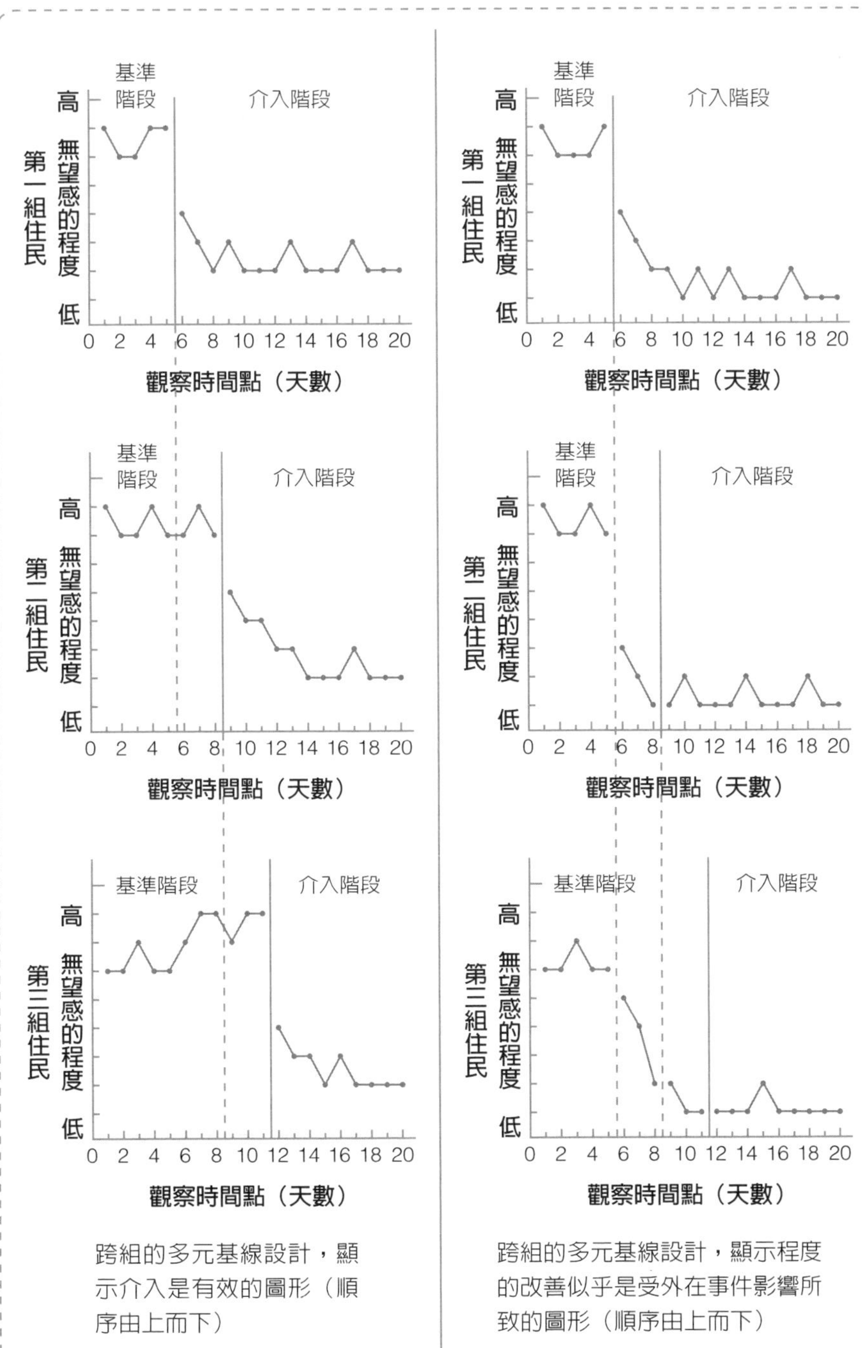

資料來源：廖育青譯（2007）。

Unit 10-6 單案研究設計：多元成分設計

單案研究設計主要的設計類型，包括AB設計（AB design）、ABAB撤回設計／逆轉設計（ABAB withdrawal/reversal design）、多元基準線設計（multiple-baseline designs）、多元成分設計（multiple component design）。本單元就「多元成分設計」加以說明。

多元成分設計（multiple component design）亦稱爲多重組合設計、多元處理設計。在ABAB設計法或多元基準線設計，不論觀測的對象有幾個，抑或是基線期與干預期有幾個階段，相同的是干預的種類都只有一種。如果想要了解在幾種可能的干預方式中，哪一種對案主是最有效的？多元成分設計是可以採用的設計。

多元成分設計的使用適當時機，在於當實驗者欲對一種行爲評估兩種或更多的介入效果時所採用的方法。在多重處理設計中，若干的介入能安排成一個時間序列實施，並同時對兩個鄰近的不同狀況容許進行比較。多重成分設計有利於對某一目標行爲的兩種以上或合成性介入的實驗處理做效果評估，並且可比較出其中效果最佳之介入方式（杜正治譯，1994）。

改變強度設計（changing intensity design）是多元成分設計的一種設計方法。這種設計包括了同一個介入的很多階段，但在每一個階段，可能是介入的總量，或是案主表現期待的程度有所增加，這種設計的標示方式是$AB_1B_2B_3$依此類推。例如：林素貞（2003）進行「學習策略介入對國小讀寫障礙學生在普通班學習行爲之影響」研究，該研究以單一受試研究法之多重處理設計，此設計自變項爲三種實驗處理介入。其中A爲基線期，B實驗處理指教師之特定學習指引介入；B_1實驗處理指教師之特定學習指引介入，B_2實驗處理指教師之特定學習指引介入和研究對象的「自我督導」策略運用共同實施；B_3實驗處理指僅研究對象運用「自我督導」策略，而教師不再介入協助，以比較前述實驗處理的成效。另歐育璋（2002）進行「重複閱讀與故事結構對國小學習障礙學生閱讀理解教學之比較研究」，採用單一受試多元成分設計，探討和比較重複閱讀理解策略、故事結構理解策略、重複閱讀理解策略結合故事結構理解策略等對國小資源班學習障礙學生的閱讀理解教學的相對效果。該研究教學實驗過程分爲四個階段，分別爲基線期A只施測閱讀理解測驗，不做任何閱讀理解策略之指導，干預期B_1實施重複閱讀理解策略教學，B_2實施故事結構理解策略教學，B_3實施重複閱讀理解策略結合故事結構理解策略之教學，以進行效果比較。

多元成分設計之優點，可避免ABAB設計在倫理議題上的缺點，也可避免多種基準線設計不一定能找到超過一個以上特質因素相同之個案來參與研究的限制；但其缺點有可能受「歷史效應」與「干預具備無法倒轉的影響力特質」之影響，而造成干預是否有效且不易辨識，此外，多元成分設計有很多種不同的設計方法，卻也因爲這種設計太過於複雜，以致在社會工作實務的執行頗爲受限。

多元成分設計之範例

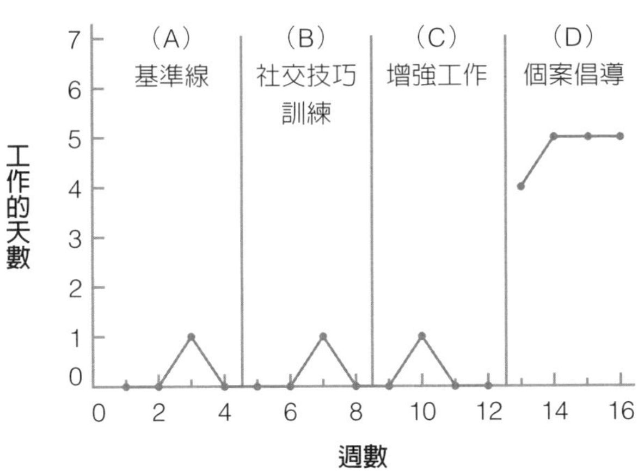

圖：假設的多元成分ABCD設計，單案評鑑結果不確定

資料來源：李政賢譯（2016）。

單案研究的基本要求

01 系統地引進自變項，必要時撤除它，在研究參與者內評鑑介入效果。

02 明確界定依變項。

03 使用客觀明確、具良好效度和信度的評量工具蒐集依變項資料。

04 執行基線期的評量。

05 隨著時間的演進，進行重複評量。

資料來源：文字引自鈕文英（2021）；圖作者自繪。

第 11 章

調查研究法

章節體系架構

Unit 11-1 調查研究的基本概念
Unit 11-2 調查研究的步驟
Unit 11-3 問卷設計的準則
Unit 11-4 問卷之類型：封閉式與開放式問卷
Unit 11-5 問卷的問題形式
Unit 11-6 調查研究的類型：面對面訪問調查
Unit 11-7 調查研究的類型：集體填答調查
Unit 11-8 調查研究的類型：郵寄問卷調查
Unit 11-9 調查研究的類型：電話訪問調查
Unit 11-10 調查研究的類型：線上調查

Unit 11-1 調查研究的基本概念

調查研究法（survey research method）旨在了解某項主題上的一般現象，而不是特殊個案的獨特觀點；所以，調查研究的對象是群體或具代表性的人，而非個案（Kumar, 2019）。調查研究法先行抽樣後進行實地調查，以蒐集所需要的資料，主要的邏輯是藉由對樣本的了解「回推」到母群體（王雲東，2007）。調查研究法適合的研究主題，包括：行爲、態度／想法／意見、特性／特徵、期望、自我歸類、知識等。調查研究法可以被用來作爲描述性、解釋性或探索性目的之研究。

調查研究法受到歡迎，可以歸功於三個特質：⑴通用性：這是最重要的，調查研究的方法是通用的，是經過良好設計的調查方式，能提升我們對社會議題的了解；⑵效率：調查研究之所以受到歡迎，也是因爲它能以相對低廉的成本及相對快速的時間，從許多人那裡蒐集訊息。調查之所以有效率，是因爲在沒有增加太多時間和費用下，能測量許多變項；⑶概推：調查方法適用於來自大量母群體中的概率抽樣，因此，想對大量母群體的態度和特質發展出一個代表性的圖樣，調查研究通常是唯一的可行方法（許素彬譯，2003）。

調查研究法是以抽樣的方式，探討樣本的狀況與現象（即樣本的屬性），把樣本所得之資料推論到整個樣本。因此，調查研究者遵循邏輯取向，以某個理論或應用的研究問題爲始，而以進行經驗測量與資料分析爲終。研究者在調查研究時，必須先發展出一個測量工具，亦即調查問卷與訪談項目表。調查研究者將變項加以概念化與操作化，使之成爲問項，問卷的問項是調查研究的中心項目。調查研究法在進行時測量許多變項，檢定多種假設，然後從有關問題中加以推論。調查研究者測量可能原因的變項，然後用統計分析檢定這些變項的效果，以排除其他可能的解釋。

調查研究法又稱爲相關性研究法（correlational research），調查研究使用控制變項及統計學中的相關分析，這種作法相當近似實驗研究者實際控制時間順序，以及其他可能的替代解釋，以求對因果關係的嚴格檢定（王佳煌等人譯，2014）。調查研究者的主題，最主要是針對研究者希望獲得大量的資料，藉由謹慎地取得隨機樣本，由隨機樣本的特性，反映出大量母群體的特質。調查研究的類型，包括：面對面訪問調查法、集體填答調查法、郵寄問卷調查法、電話訪問調查法、線上調查法等（將於本章其他單元分述）。

調查研究中主要的詢問資訊類型

1 行為：

- 你多久運動一次？
- 你多久與朋友聚餐一次？
- 你最近一次去夜店是什麼時候？

2 態度／想法／意見：

- 你對於同婚的態度為何？
- 你對於精神矯治機構設在社區內的想法為何？
- 你對於由縣市首長決定放颱風假的意見為何？

3 特質／特徵：

- 你現在的婚姻狀是？
- 你的宗教信仰是？
- 你的教育程度是？

4 期望：

- 你對於政府提供老年年金的期望程度是？
- 你對於我們社區參與地方創生的期望是？
- 你最希望在此次市議員選舉所看到的政見是？

5 自我歸類：

- 你認為你是一位支持性別平權的人嗎？
- 你認為你的人格特質屬於哪一類？
- 你認為你是一位熱衷於參與公眾事務的人嗎？

6 知識：

- 你知道如何防止Covid-19疫情擴散嗎？
- 你知道臺灣目前的生育率嗎？
- 你知道臺灣將在何時進入超高齡社會嗎？

調查研究的類型

❶ 面對面訪問調查法

❷ 集體填答調查法

❸ 郵寄問卷調查法

❹ 電話訪問調查法

❺ 線上調查法

Unit 11-2 調查研究的步驟

調查研究是一門科學，有關調查研究的步驟，諸多學者提出相關的進行流程，茲以簡春安等人（2016）所提出的調查研究步驟為綱要，並綜整相關文獻及補充相關說明如下（王佳煌等人譯，2014；王雲東，2007）：

一、設計與澄清研究之目的與主題

確定了目的與主題後，研究者才能決定是否採用調查研究的方法最為有效？是否有其他較適合的研究方法？經過再三考慮以後，才開始進行調查研究。

二、劃定母群體範圍

調查研究是靠研究的樣本來推論母群體的狀況，在確定樣本之前，當然要劃定母群體的範圍，了解其特性；母群體異質性高，所抽的樣本要多，以便使不同的樣本都包含在研究內。反之，若母群體同質性高，則所抽的樣本可酌量減少。

三、抽樣

抽樣方法依研究目的而異。一般以隨機抽樣最能控制干擾因素，樣本一旦具有代表性，所得到的答案當然就可以反應母群體。

四、問卷設計

問卷設計的用途是要讓所研究的自變項或依變項能融入問卷裡，也要考慮到問卷題數的質與量，是否能表現出該變項的特質？問卷題目的次序也必須講究，隨著樣本不同的特質與程度，問題的次序也須做調整，而且還要強調整個調查的絕對保密，以免使受訪者有不必要的顧忌。

五、試測

問卷設計是否具有效度、信度，必須在正式調查前進行試測，以便及時修正。試測可以了解問卷內容是否妥當？問卷長度是否適當？試測是設法改進問卷表的一種方法，試測以後，可以計算每個題目的效度，而把不良題目在正式調查之前予以淘汰。

六、決定用何種方法蒐集資料

採用訪問調查、電話調查、郵寄問卷或是集體施測？這種選擇關係到研究的成果與品質，不可大意。

七、訪員的挑選與訓練

訓練督導是調查進行的重要環節，若訪員的素質高、訪員訓練扎實，將可使研究進行得極其順暢。

八、實地調查並蒐集資料

訪員進行實地調查時，必須依據訪員訓練之調查相關程序進行，以利調查資料的正確蒐集，避免所蒐集的資料因訪員不同而異。研究者在調查進行過程中的訪員調配、突發事件的解決、資料的保管、後勤作業補給，以及調查的安全維護等，亦應一併妥善規劃。

九、整理分析

資料蒐集後的整理分析是決定研究資料是否確實可用的重要步驟。正確且統一的過錄（coding）、採用的統計分析方法等，都必須細心思考。

調查研究的步驟

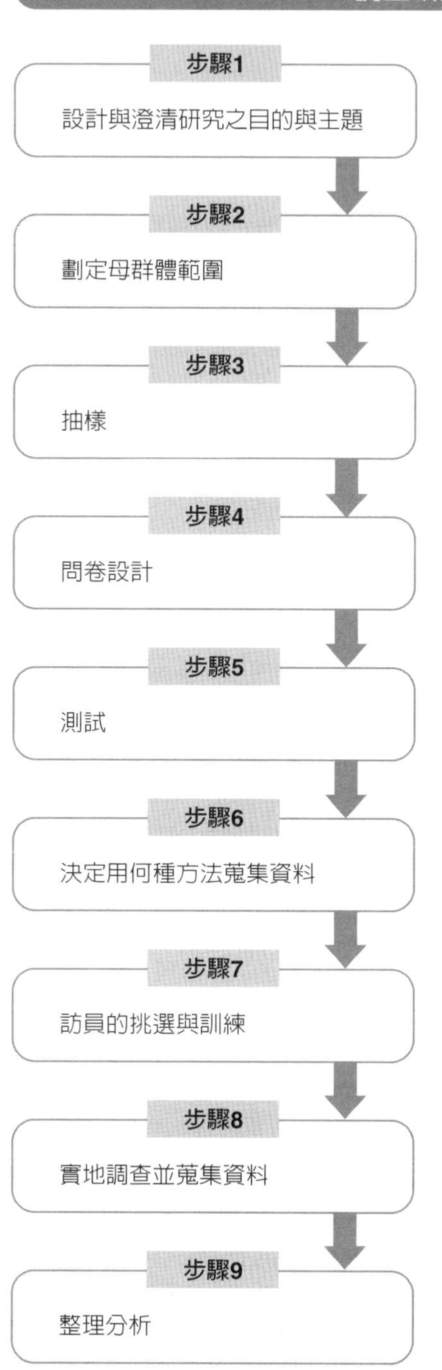

資料來源：引自簡春安等人（2016）；圖作者自繪。

步驟1
- 形成假設
- 決定調查類型（郵寄、面訪、電訪）
- 撰寫調查問題
- 確認答案類別
- 設計大綱

步驟2
- 計畫如何進行資料記錄
- 調查工具前測

步驟3
- 決定標的人口
- 取得樣本資料
- 決定樣本數
- 抽樣

步驟4
- 確認受訪者區域
- 進行訪問
- 小心記錄資料

步驟5
- 將資料輸入電腦
- 重複檢查所有資料
- 進行資料統計分析

步驟6
- 在研究報告中描述研究方法與發現
- 發表研究發現並接受批評與評估

資料來源：引自王佳煌等人譯（2014）；圖作者自繪。

Unit 11-3 問卷設計的準則

問卷（questionnaires）是指若干問題組成的一種研究工具。有關撰寫調查問卷的設計，茲以Lawrence Neuman提出之設計準則爲綱要，並參考相關文獻及補充說明如下（朱柔弱譯，2000；李政賢譯，2016；簡春安等人，2016；王雲東，2007）：

一、避免用術語、俚語或縮寫

許多的專業術語、俚語或縮寫，不容易讓受訪者了解，除非是受訪者爲特定專業對象，否則應避免使用。問卷用字應以受訪者了解的通用文字與日常用詞爲主，使受訪者易於了解。

二、避免語意模糊、混淆

問卷題目應該清楚，避免語意模糊，而使受試者自行判斷，增加填答時的誤解。混淆的語意，將使得受訪者在理解問題和作答時，容易產生不一致性。

三、避免情緒性的字眼和聲望的偏誤

問卷的問句應避免暗示或其社會期望的用語，進而產生引導受訪者以研究者的期望進行填答，而失去問卷結果的眞確性；此外，應避免帶有情緒性的字眼，以免產生偏誤。

四、避免模稜兩可的問題

問卷應避免一個問項包含超過一個議題的調查問題，使得受訪者感到困惑，而不知如何填答。每個題目都應只針對一個主題發問。

五、避免引導式問句

引導式問句即爲在文字編排上，讓受訪者選擇某個答案。研究者應避免引導性的提問，不要讓受訪者察覺到某些答案是研究者想要的。

六、避免問受訪者能力所無法回答的問題

設計問卷或訪談題目時，一定先要反問自己，受訪者是否有能力答出具有可信度的答覆？再者，有些受訪者可能因爲生理或心理的狀況，而沒辦法回答某些問題。

七、避免錯誤的前提

不要用一個受訪者可能並不同意的前提來開始一個問題，然後再來問這個問題的可能答案。例如：「郵局開放時間太長了。你希望郵局每天是延後4小時營業或提前4小時關門？」這會讓不論是贊同與否的人，都覺得答案沒有意義。

八、避免未來的意圖

避免問受訪者他們在假設情境下可能會做的事。例如：「假如街角新開一家超市，你會在那邊買什麼？」最好是問現在或最近的態度和行爲。

九、避免雙重否定

雙重否定在一般的文法上是不正確的，且容易造成混淆。例如：「我不會沒有工作」，邏輯上表示受訪者有工作，但在此第二個否定則是強調之意。

十、避免重複或偏重某種答案類別

應讓答案或選項互斥、周延且平衡，此外，問句中如果包含多重問題，卻要求受訪者只給一個答案。尤其，當問題陳述出現「以及」之類的字眼，必須再三檢查有無可能是摻雜多重問題的雙管題目。

撰寫調查問題時易犯的錯誤摘要

應避免的錯誤	不佳的調查問題	改善後的調查問題
1. 避免用術語、俚語或縮寫	請問您對於「頂客族」的看法為何？	請問您對於「夫妻雙方都有收入，但不生小孩」（簡稱頂客族）的看法為何？
2. 避免語意模糊、混淆	請問您經常收看政論節目嗎？	請問在一週之間，收看政論節目的天數是：☐不收看政論節目 ☐每週 3 天（含）以內 ☐每週 4 天（含）以上
3. 避免情緒性的字眼和聲望的偏誤	根據調查指出，許多吃到飽餐廳提供大量的食物，造成許多剩食，既不環保也浪費資源。請問對您而言，消除餐廳產生大量廚餘，是不是政府應該優先處理的事情？	對你而言，政府採取一些抑制餐廳產生大量廚餘的措施這件事有多重要？ ☐非常重要 ☐有點重要 ☐普通 ☐有些不重要 ☐完全不重要
4. 避免模稜兩可的問題	你支持或是反對提高全民健保費率及對颱風淹水受災戶的災損補助？	你支持或是反對提高全民健保費率？你支持或是反對提高對颱風淹水受災戶的災損補助支出？
5. 避免引導式問句	您是否盡到愛國的責任並且在購買手機時只購買國產品牌？	在最近一次購買手機的經驗中，手機是屬於哪一個國家的品牌？ ☐臺灣 ☐美國 ☐日本 ☐中國大陸 ☐其他
6. 避免問受訪者能力所無法回答的問題	兩年前你每週的運動時間是多少小時？	在最近一個月內，你覺得你每週大約花多少小時運動？
7. 避免錯誤的前提	你是在什麼時候停止對女友施暴的？	你是否曾經對你的女朋友施暴？
8. 避免未來的意圖	當你大學畢業後，會不會投資股市？	最近股市大漲，請問在未來的一個月內，您是否有投資股市的規劃？
9. 避免雙重否定	你是否不認同那些不想要興建一座國民運動中心的人？	社區居民提案應建一座國民運動中心，你同意或是不同意這個提案呢？
10. 避免重複或偏重某種答案類別	你認為市政府聯合服務中心的為民服務品質是傑出、極佳、優秀，或是良好？	你為市政府聯合服務中心的為民服務品質是：☐非常滿意 ☐滿意 ☐普通 ☐不滿意 ☐非常不滿意

Unit 11-4 問卷之類型：封閉式與開放式問卷

問卷的類型，依問題塡答的型態，可分爲封閉式問卷（問題）、開放式問卷（問題），茲說明如下：

一、封閉式問卷（問題）

封閉式問卷又稱爲結構式問卷。封閉式問卷有固定的選項，受訪者須從問卷的固定答案加以選取。例如：「你認爲臺北市的路平專案品質如何？□非常好 □好 □普通 □不好 □非常不好」。亦即，封閉式問卷的研究者預先設計好各題目所有可供回答的答案，讓受試者選擇，研究者必須將所有可能的狀況，都包含在研究者設計的選項中。封閉式問卷大多用於量化研究。

研究者在設計封閉式問卷時，必須考慮：⑴ 周延性：問卷題目必須把所有可能的答案都考慮進去，或是增設「其他（請塡寫）____」的方式，以便包含所有可能得答案；⑵ 互斥性：預設的答案不能讓塡答者同時塡寫兩個以上的答案，亦即，彼此之間不能重複（複選題例外）。

封閉式問卷由於具結構化，所以在蒐集資料上具有簡單、清楚的優點，且在資料登錄與分析上較爲方便與容易。但封閉式問卷的缺點是容易產生相同的答案，尤其是在以態度爲問項的問句中，受訪者常會勾選普通或沒意見，使得研究者不易區辨其差異；另亦可能有受訪者因不會回答，只好隨便圈選、勉強作答的情形發生。

二、開放式問卷（問題）

開放式問卷亦稱爲非結構式問卷。開放式問卷具有給予受訪者自由塡寫問題答案的特性，例如：「你最喜歡的中華職棒球員是哪一位？」開放式問卷常用於探索性研究，以及在質性研究中經常被採用。

在設計開放式問卷時，應預留適當的空間供受訪者塡寫。開放式問卷的優點是可深入了解受訪者對某項議題的想法，而非僅被框架於結構是問卷所預設的答案選項。但開放式問卷的缺點爲在整理資料時較難以分類，且有時受訪者回答的問題，容易無法聚焦於所提問的問項，或是南轅北轍，使得在資料分析時增添許多難度。

研究者在問卷設計時，究竟應採封閉式問卷或是開放式問卷，端視研究的目的和可能面臨的研究限制而定。如果是大規模的調查，多採取封閉式問卷，因爲這樣對受訪者和研究者來說，在問卷塡答與資料分析都較爲容易。但如研究者想要深入的受訪者的想法、價值觀，或是要深入追問的議題，則使用開放式問卷爲佳。

封閉式問卷（問題）與開放式問卷（問題）之優缺點比較

問卷（問題）形式	優點	缺點
封閉式	1. 對受訪者而言，比較容易作答且迅速。 2. 不同受訪者的答案易於比較。 3. 答案容易編碼並做統計分析。 4. 答案的選項可以幫助受訪者澄清問題的意義。 5. 受訪者會比較願意回答敏感性問題。 6. 對問題來說，不相關或混淆的答案比較少。 7. 對口語表達能力不佳的受訪者而言，比較容易作答。 8. 容易複製。	1. 提出的意見可能是受訪者從沒有過的。 2. 沒有意見或不具有相關知識的人也可以作答。 3. 如果受訪者想要的答案不包括在選項內，則可能感到挫折。 4. 如果答案選項很多（例如：20個），則可能會造成混淆。 5. 沒注意的話，可能會對題目產生誤解。 6. 受訪者的回答彼此間區隔可能不大。 7. 可能產生抄寫錯誤或選錯答案。 8. 迫使受訪者針對複雜性的議題選出簡化的答案。 9. 迫使受訪者做出在現實世界可能不會做的選擇。
開放式	1. 回答數量不限。 2. 受訪者可以詳細作答，並確認答案的細節。 3. 可能會發現未預期的答案。 4. 對複雜的議題也可以提出適當的回答。 5. 可以提供有創造性、自我表述的答案，以及豐富的細節。 6. 可以呈現出受訪者的邏輯、思考過程和參考資料。	1. 不同的受訪者提供答案詳細的程度不同。 2. 受訪者可能在無關緊要的細節上大加著墨。 3. 比較和統計分析相當困難。 4. 資料的編碼困難。 5. 口語表達能力佳的受訪者占優勢。 6. 對沒有方向的受訪者來說，題目可能過於一般化。 7. 回答必須以文字記錄，對訪員來說不易。 8. 受訪者須付出大量的時間、思索和精力。 9. 受訪者可能覺得題目具威脅性。 10. 問卷中答案占據大量篇幅。

資料來源：文字引自王佳煌等人譯（2002）；表格由作者修正繪製。

Unit 11-5 問卷的問題形式

問卷的問題形式有相當多種，茲將主要的問卷問題形式說明如下：

一、矩陣式問題（matrix question）

矩陣式問題是問卷題目安排的一種方式。例如：把相關的一組題目都整齊排列，右邊的空間則列出一組很相似的答案讓受訪者選擇（例如：非常滿意、滿意、普通、不滿意、非常不滿意）。這種問卷題目的安排方式，主要是使用在研究者有許多的問題要進行詢問，而這些問題的答案可以採用一組相同的答案選項時。在李克特量表的問項中，最常使用矩陣式問題。矩陣式問題的設計，可以讓受訪者在塡答時較爲容易，且在問卷版面的設計上更爲精簡、清晰，但也可能面臨塡答者一律塡寫相同答案的風險。

矩陣式問題的優點，包括：⑴問卷版面空間較易安排；⑵塡答較有效率；⑶塡答者可較快回答完一整組的問題；⑷對於答題者和研究者，可清楚對照比較各子題間的答案。另矩陣式的缺點，則有：⑴某些問題可能更適合另行設計獨特的答案選項，但爲了配合納入矩陣式問題的格式，於是採用不太合適的同一組答案選項；⑵可能造成塡答者產生同一方向的答案，亦即順勢答題心向。例如：可能傾向同意或反對所有陳述；⑶容易讓塡答者誤以爲所有的題目都是代表相似主題方向，於是快速瀏覽題目，因而誤讀了某些問題的細節意涵，從而給了不適切的答案（趙碧華等人，2000；王雲東，2007）。

二、條件式問題／列聯式問題（contingency question）

當問卷設計在問及第一個問題時，需要回答導致接著一連串的問題，這種題型稱爲列聯式問題。這是因爲有一些問題只和某些受訪者有關，而另一些問題則與受訪者無關。例如：是否贊成課徵酒捐挹注全民健保財務？如果塡答者塡寫贊成，則問卷結束；如果塡答者塡寫不贊成，則續問爲何不贊成的原因，這種形式的問題就稱爲條件式（列聯式）問題，意思是指根據第一道問題答案的篩選或分流條件，來決定是否要回答該系列後續某些問題。

條件式問題是一種包括了兩個部分的調查問題，在此種問題中，受訪者對於第一個問題的答案，會將受訪者引導到問卷上的另外一個問題，或是引導到更爲具體且相關的第二個問題。研究者可透過列聯式問題的條件篩選和分流，使得塡答者依據問卷指引跳過和自己不相干的問題，此爲其優點。但條件式問題的問項，通常會使得問卷較爲冗長，塡答者需要有相當的耐心，逐一依據問卷的指引跳答，容易使得塡答者失去耐心而放棄塡答。

矩陣式問題形式的範例

請問您對於幼兒園服務的感受為何？（請在合適的選項圈選）

	非常不同意	不同意	沒意見	同意	非常同意
我信任幼兒園，因為政府有管理	1	2	3	4	5
我信任幼兒園，因為通常環境、設備良好	1	2	3	4	5
我信任幼兒園，因為機構式照顧符合我對照顧的期待	1	2	3	4	5
我信任幼兒園，因為相信他們具有專業的教保能力	1	2	3	4	5

資料來源：引自衛生福利部111年兒童及少年生活狀況調查。

條件式問題形式的範例

一、請問過去一星期內，這位兒童有幾天吃了早餐？

☐ (1) 有吃，一星期 ____ 天有吃

☐ (2) 每天都沒吃（跳答第三題）

二、請問這位兒童若有吃早餐，通常是怎麼吃？（請以最主要的方式填寫）

☐ (1) 家長與這位兒童一起在家吃

☐ (2) 家長與這位兒童一起在外面吃

☐ (3) 托育【幼兒園、托育機構（托嬰中心）、居家托育人員（保母）】者供應

☐ (4) 其他，請說明 ______________

三、請問通常這位兒童都怎麼吃午餐？（請以最主要的方式填寫）

☐ (1) 家長與這位兒童一起在家吃

☐ (2) 家長與這位兒童一起在外面吃

☐ (3) 托育【幼兒園、托育機構（托嬰中心）、居家托育人員（保母）】者供應

☐ (4) 其他，請說明 ______________

四、請問通常這位兒童都怎麼吃晚餐？（請以最主要的方式填寫）

☐ (1) 家長與這位兒童一起在家吃

☐ (2) 家長與這位兒童一起在外面吃

☐ (3) 托育【幼兒園、托育機構（托嬰中心 ）、居家托育人員（保母）】者供應

☐ (4) 其他，請說明 ______________

資料來源：引自衛生福利部111年兒童及少年生活狀況調查。

Unit 11-6 調查研究的類型：面對面訪問調查

調查研究常見的類型，包括面對面訪問調查、集體填答調查、郵寄問卷調查、電話訪問調查、線上調查等。茲先就「面對面訪問調查」加以說明，其餘類型將於後續單元陸續說明。

面對面訪問調查法係訪員依據訪談大綱，對受訪者面對面的、以口語的方式，去蒐集問卷上所欲蒐集的資料，這種訪問方式是訪員與受訪者面對面互動。面對面訪問調查是基於特定研究目的，透過雙方對話的方式，取得受訪者對特定議題的具體意見和看法，進而運用於該研究議題的分析。在面對面的訪問中，訪員發現受訪者對問卷題目不了解時，也可給予適度的協助，及訪員透過對受訪者的觀察，可以釐清及受訪者對於問項的解釋。因此，在訪問資料的豐富性以及受訪者對於研究問題的了解上，面對面訪問調查法較其他方法爲優。然而，在許多的隱私或敏感議題上，有時較不適合使用面對面訪問。例如：有關性生活、年所得、婚外情、政治傾向等。

在進行面對面訪問調查法的指導原則，包括：(1)外觀和態度：訪員穿著打扮應盡可能貼近受訪者，態度上應該保持和顏悅色；(2)熟悉問卷：訪員必須要熟悉與訪查問卷有關的訪查注意事項；(3)完全依照問項用語：問卷的用語對於可能取得之答案是很重要的，稍微改變題目的用語，很可能會讓受訪者的回答從「否」變成「是」，因此，訪員必須依照問項用語進行；(4)正確記錄答案：訪員必須正確記錄受訪者陳述的答案很重要，不要試圖摘述、更改用字遣詞或語法的錯誤；(5)追問法：有時受訪者會答非所問，訪員應透過追問（probe）來加以確認。追問是一種非引導式的開放問句，用來催促受訪者提供較完整而切題的答案（呂學榮譯，2007）。

面對面訪談法的優點，包括：回覆率高於其他的調查方法，而且因爲是由訪員進行訪談，所以問卷的長度可以比郵寄調查或電話調查爲長，較可以詢問複雜、深入的問題，且可以透過追問的技巧，探詢受訪者的眞正意圖。但是。面對面訪談法仍面臨了幾項缺點，鈕文英（2021）指出，包括：(1)花費的人力、物力和時間成本較高，較不經濟；(2)由於訪問者的外表、聲調和訪問用語是否標準化等會影響研究參與者的反應，因此，較容易產生訪問偏差；(3)較不容易在現場做訪問紀錄；(4)較難讓研究參與者感到回答的隱密性。

面對面訪問調查的優缺點

優點

- 面訪的回答率最高。
- 訪員也可以觀察周遭環境，並運用非口語的溝通與視覺輔助。
- 訓練有素的訪員能夠問每種類型的問題，包括複雜的問題，並對問題深入探究。

缺點

- 高成本。
- 訪員的偏誤是最高的。
- 訪員的外貌、聲調、問題措辭等，都可能影響到受訪者。

訪談偏誤的六種類型

偏誤的類型	說明
1. 受訪者的錯誤	受訪者忘記某些資訊、感到難為情、誤解問題，或因為他人在場而說謊。
2. 不經意的錯誤或是訪員過於草率	訪問了錯誤的受訪者、唸錯問題、略過問題、以錯誤的順序念出問題、把問題的答案記錄錯誤，或是誤解受訪者的意思。
3. 訪員蓄意破壞	訪員故意更改答案、略過或改寫問題，或是選擇了替代的受訪者。
4. 由於訪員的期望而產生的影響	因為受訪者的外貌、生活狀況，或其他答案，而使得訪員預期受訪者會給予某些特定的答案。
5. 訪員未能進一步探問	訪員並沒有進一步探問，或以適當的方式進行追問。
6. 訪員對於受訪者所造成的影響	受訪者因為訪員本身的外貌、音調、態度、對於答案的反應，或是做出在訪談程序之外的評論等因素而受到影響。

資料來源：文字引自王佳煌等人譯（2014）；表格作者自繪。

Unit 11-7 調查研究的類型：集體填答調查

調查研究常見的類型，包括面對面訪問調查、集體填答調查、郵寄問卷調查、電話訪問調查、線上調查等。本單元就「集體填答調查」加以說明。

集體填答調查是指研究者將樣本全部集中在一起，集體予以施測的方法爲集體填答調查，亦稱爲集體填表、集體施測。亦即，集體填答調查是將個別的受訪者聚集爲一個團體完成問卷。在這樣的調查中，問卷在一個團體場域中被發放及蒐集。通常在集體調查進行時，研究者會先有一段標準化的指導語，說明集體施測之問卷目的、進行的步驟，以及謝謝現場參與集體填答者。

集體填答調查因爲是集體樣本，可以當場分發問卷，不僅省時、省錢，回收率又高，以及受訪者又確實爲本人（簡春安等人，2016）；同時，可以現場回答填答者的問題，從而提高問卷調查的效度（王雲東，2007）。在實務上，因爲集體填答係採當面分發問卷的方式進行，因此，如果填答者對問卷有疑義，可以隨時發問，研究者可即時加以說明；此外，因爲可以在同一時間內蒐集到大量的填答資料，相當具有效率；而在團體氣氛的催化下，可以提高受訪者的回答動機，及訪員可在現場立即回收問卷，問卷填答率相對較高，且如果發現未填完整，可請填答者補齊，降低問項的遺漏值。

雖然，集體填答調查有前述優點，但並不是每一種研究都可以施用集體填答調查，且此種調查法的內容與個別面對面訪問調查的內容有所不同。在訪談的深度上、答案填寫細緻的程度上，集體填答調查無法與面對面訪問調查比較。此種調查的樣本集合不易，除非靠著強有力的行政系統動員，加上場地的配合不易，因此，這種調查的眞正困難處在於它的可行性低（簡春安等人，2016）。當然，如果太過強勢的要求樣本必須配合集體填答調查，通常會引起反彈，使得填答者不情願的填答，使得調查效果會產生偏差。此外，因爲集體填答的施測時間有限，因此無法像郵寄問卷調查，填答者可以有充裕的時間思考。

實務上，集體填答較調查無法廣泛適用於各種調查研究，這是因爲集體調查得集合受訪者在某一定點和定時，並非易事，除非是像學校的學生、辦公室的員工、工廠的作業員等經常聚集者，才較適合採用集體調查。

集體填答調查的優缺點

優點

- 省時（相較於面訪與郵寄問卷）
- 省錢
- 回收率高
- 受訪者確實為本人
- 現場可立刻回答填答者的任何問題

- 集叢隨機抽樣時（例如：對某校某班全班施測）
- 經費有限時
- 行政單位可配合時

缺點

- 施測填答的時間有限（相較於郵寄問卷）
- 在訪問的深度上、答案填寫的細緻度上，集體填答無法與面訪比較
- 有時集體填答的樣本集合不易

五項調查設計之特色

調查類型	施行的方式	設定	問卷結構	成本
面對面訪問調查	專業的	個人	結構式或非結構式	高
集體填答調查	自己	團體	大部分結構式	非常低
郵寄問卷調查	自己	個人	大部分結構式	低
電話訪問調查	專業的	個人	結構式	中等
線上調查	自己	個人	大部分結構式	低

資料來源：許素彬譯（2013）。

Unit 11-8 調查研究的類型：郵寄問卷調查

調查研究常見的類型，包括面對面訪問調查、集體填答調查、郵寄問卷調查、電話訪問調查、線上調查等。本單元就「郵寄問卷調查」加以說明。

郵寄問卷調查亦稱爲郵寄問卷（mail questionnaire）。是指研究者將問卷郵寄給被抽樣到的填答者，藉由填答者回覆的問卷，蒐集到所欲蒐集資料的方法，傳統上此法多爲一般郵寄（mail by post）。郵寄問卷調查的整個過程中，研究並沒有親身以問卷內容訪問受訪者，純粹由受訪者自行填答。因此，此種郵寄問卷的執行方式是屬於自填式問卷的一種。

在郵寄調查中，影響回覆率的一項重要因素是與問卷一併寄出的說明信（cover letter）之品質。在郵寄問卷中，通常會有說明信，研究者會以使用者易於了解的用語，說明研究目的和重要性；如果能在說明信中敘明獲得權威學術機構、組織或重要人士的支持，可提升問卷的被信任度，進而提升填答回覆率。郵寄問卷說明信中，更應特別說明是基於研究之目的而進行，同時，向受訪者說明問卷具有匿名性，以及完成問卷所需的時間，以釋疑受訪者對個人資料保密的疑慮，並附上回郵。此外，爲了提升回覆率，研究者一般大約在郵件寄出兩週後，進行第一次的催覆，如果催覆後填覆率仍不理想，應再進行第二次催覆。此外，過長問卷題目或問卷內容太過艱深，易引起受訪者的不耐，進而草率填寫，或是增加拒填比例。

郵寄問卷調查具的優點，綜整如下：

1. 成本較爲經濟：因爲不需聘請訪員，只需要問卷印刷費、郵資以及資料處理費即可。
2. 避免訪員偏誤：郵寄問卷由於不需要訪員，因此，不會出現因爲訪員的特質或是訪員舞弊而產生偏差的情況。
3. 較易處理敏感問題：受訪者不需要與訪員進行面對面或電話上的即時溝通，回答敏感問題的壓力也較低。例如：性行爲、政治傾向、具爭議的社會議題。
4. 受訪者填答時間充裕無壓力：填答的時間、地點均在受訪者的環境，沒有填答的時間與人情壓力，對於回答內容正確性的提升也有所幫助。

至於郵寄問卷調查的缺點，包括如下：

1. 填答者的樣本代表性問題：因爲在填答問卷時，是否一定是問卷收件者，研究者無法掌握，故樣本代表性的問題不易解決。
2. 回覆率偏低問題：雖然經過催覆，但未必能提升回覆率。偏低的回覆率，讓研究的樣本數代表性受到質疑。
3. 對問卷不了解時難以即時協助：如受訪者對問卷內容不甚了解，無法即時加以說明，使得其對問項誤解而失去填答正確性。

郵寄問卷可接受的問卷回覆率之參考原則

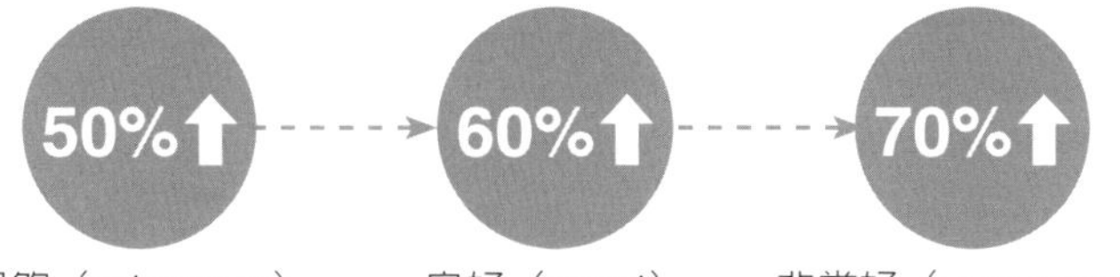

足夠（adequate）　良好（good）　非常好（very good）

資料來源：數據引自李政賢譯（2016）；圖作者自繪。

提高郵寄問卷回覆率的方法

01. 將問卷標明寄給「某特定人」，而非「居住者」，用限時信寄出。

02. 在最前面附上仔細撰寫、標明日期的說明信。在這封信中，請求受訪者的合作、保證內容保密、解釋調查的目的，並標出研究者的姓名及聯絡電話。

03. 一定要附上回郵信封。

04. 問卷的格式設計要簡潔、吸引人、長度適中。

05. 問卷要印刷精細、易閱讀、指示清楚。

06. 對那些未回覆者寄發兩次提醒信函，第一封在問卷抵達後約一週寄達，第二封則隔週再寄。再次禮貌地要求配合，並表示願意再提供一次問卷。

07. 不要在重要假期期間寄發問卷。

08. 不要將問卷題目放在背頁，而是留下足夠的空白位置讓受訪者填答意見。

09. 如果有區域性以及被視為有合法地位的贊助者（例如：政府機關、大學、大型企業等），則有利提升回收率。

10. 若可能的話，附上小額的金錢誘因。

資料來源：文字引自林榮政主譯（2014）；圖作者自繪。

Unit 11-9 調查研究的類型：電話訪問調查

調查研究常見的類型，包括面對面訪問調查、集體填答調查、郵寄問卷調查、電話訪問調查、線上調查等。本單元就「電話訪問調查」加以說明。

電話訪問調查（telephone interview）是一種用電話作爲訪談工具的訪問調查法，不當面訪問受訪者，只用電話作爲訪談的工具。電話訪問的執行方式爲調查過程是藉助電話通訊設備來進行，因此，研究者必須事先掌握受訪者的電話號碼，並且經由電話溝通的方式來進行訪問。傳統上的電話調查，通常以市話電話號碼進行抽樣調查，但隨著手機的普遍化，近來許多的電話調查亦以手機對象進行抽樣調查。例如：在我國的選舉中，許多的政黨在推出候選人時，通常會進行電話調查，並與對手機進行對比式的支持率分析，以推出最有可能勝選的候選人；在這過程中，常有以全市話號碼調查、全手機門號調查，以及部分市話、部分手機的方式進行民意調查，並常以電腦輔助電話訪問（computer assisted telephone interviews, CATI）進行，將問卷「程式設計」及相關的跳答模式設計於電腦中。這個系統合併了訪談工作、資料輸入，以及一些資料清理等程序。

電話訪問調查的優點，可綜整如下：

1. 完成時間較快速：通常在電話問卷題目設計完成後，3至4天即可完成調查，相當適合具有即時性民意探知的議題之調查。
2. 成本較低：雖然電話調查需要電話調查訪員，但相對於面訪須實地訪視，電話訪問時間較短，可精簡調查成本；此外，電話調查不需要印製問卷，可節省印製成本。
3. 樣本容易取得：研究者可以向電信公司購買電話清冊，再進行抽樣，相當便利。
4. 訪員訪問的品質受到監督：電話調查通常會有由督導在現場進行訪問工作的監看與監聽，及訪員可以控制問題順序並即時登錄回覆答案，並可進行追問，訪問的品質較易確保。
5. 訪問成功率較高：相較於面對面訪問與郵寄問卷訪問，電話訪問的成功率較高。

至於電話訪問調查的缺點，包括：

1. 問卷題目不能太多：電話訪問避免受訪者不耐，因此訪問時間不宜太長（一般以十題以內爲原則，或是訪談的時間不要超過15分鐘），因此，問卷不能太長，以致訪問的問題無法太過深入。
2. 難以控制受訪當時的回應環境：受訪者可以因爲家庭因素，而使得訪問中斷或品質不佳，例如：有小孩在旁哭鬧而影響到電訪的進行，或是沒專心聽題目而未經詳加思索以致匆促回答。
3. 無法確定接聽電話的人：接電話的人，不見得一定是研究抽樣的樣本。
4. 母群體涵蓋率的問題：雖然可以透過電信公司購買電話清冊，但現代人日益重視隱私，許多人向電信公司申請電話不公開或拒絕推銷、廣告等，均會造成樣本與母群體間的失真。

調查的類型及其特質

有	調查的類型			
	郵寄問卷	電話訪問	面對面訪談	網路調查
1. 行政的議題				
成本	便宜	中等	昂貴	最便宜
速度	最慢	快	緩慢到中等	最快速
長度（問題數）	中等	簡短	最長	中等
回覆率	最少	中等	最高	中等
2. 研究控制				
深度調查的可能性	無	有	有	無
特定受訪者	無	有	有	無
問題順序	無	有	有	有
只有一個受訪者	無	有	有	無
目測觀察	無	無	有	無
3. 不同問題的成功				
視覺輔助	限制	無	有	有
開放式問題	限制	限制	有	限制
系列問題	限制	有	有	是
複雜的問題	限制	限制	有	是
敏感的問題	部分	限制	限制	是
4. 偏誤來源				
社會期待	無	部分	較嚴重	無
訪員的偏誤	無	部分	較嚴重	無
受訪者的閱讀能力	有	無	無	部分

資料來源：整理自朱柔弱譯（2000）；林榮政譯（2014）；王佳煌等人譯（2016）。

Unit 11-10 調查研究的類型：線上調查

調查研究常見的類型，包括面對面訪問調查、集體填答調查、郵寄問卷調查、電話訪問調查、線上調查等。本單元就「線上調查」加以說明。

線上調查（online survey）係使用電子郵件與網站加以進行。通常，可用網路設計軟體來設計線上問卷，研究者寄發電子郵件給潛在受訪者，邀請他們透過郵件提供的網路連結，直接開啟在網路某網站的問卷調查網頁，即可開始依照線上指示，參與回覆該項線上問卷。線上調查以電子郵件寄送，具有免費、方便、迅速等特性，這是其他工具所無法取代的。如能配合線上網頁作答等方法，不但能夠節省大量時間，更能利用程式上的設計，免除鍵入時間人力的浪費，直接進行統計分析。

線上調查具有之優點，包括：快速、填答時間具彈性、內容修改方便、可採多媒體呈現、不需人工輸入資料、電腦可檢查填答是否完整並除錯、可排除重複填答現象、訪問人員干擾較少、較具私密性、容易進行回訪並建立固定樣本。此外，Ira Kerns認爲網路，調查至少有下列數項優點（Spizziri, 2000）：

1. 低成本：成本只有電話調查的40%到60%
2. 容易建立與操作。
3. 回收率高：大部分線上調查的回收率可以達到40%至60%。
4. 縮減資料蒐集與分析時間：比起紙上調查快60%以上。
5. 具有彈性：40%受訪者在48小時內回覆，可以隨時以電子郵件再催促作答。
6. 介面與環境親和。

線上調查面臨的主要缺點就是答題者代表性的問題。因爲會使用網際網路，且願意回答線上問卷調查的人，大多數是資訊能力較強或網路黏著度較高者，因此樣本特質可能較爲年輕、教育水準高。但如果調查的樣本是窮人和老人，這類弱勢的數位資訊落差將會影響其觸及，而造成代表性的問題；此外，一個人擁有多的電子信箱致重複填答的情形，亦是影響代表性的因素之一。

Dillman和Bowker（1998）指出，線上調查應避免下列四項誤差：(1)涵蓋誤差（coverage error）：因爲網路樣本爲特定族群，不能代表一般大衆；(2)抽樣誤差（sampling error）：由於無法得知抽樣架構，樣本無法透過樣本分配以推論母體；(3)測量誤差（measurement error）：調查時不適當的問題、不當訪談方式所造成之測量時的偏誤；(4)非回應誤差（nonresponse error）：拒答者如果填答，可能改變施測結果。由於不清楚有關於作答者與拒答者間的差異，因此無法達到有效推估的目的。

調查研究各類型之比較

調查研究的類型	優點	缺點	適用時機
面對面訪問調查	▶ 回答率高 ▶ 訪問的品質較好，也較深入（效度好） ▶ 可觀察非語言行為所透露的訊息	▶ 成本太高 ▶ 調查者與受訪者之間須建立良好的關係	▶ 一般性的問題（不要敏感與禁忌） ▶ 一定要確定答案為「真」（受訪者本人），例如：身心障礙需求調查、人口調查
集體填答調查	▶ 省時（相較於面訪與郵寄問卷） ▶ 省錢 ▶ 回收率高 ▶ 受訪者確實為本人 ▶ 現場可立刻回答填答者的任何問題	▶ 施測填答的時間有限（相較於郵寄問卷） ▶ 在訪問的深度上、答案填寫的細緻度，集體填答無法與面訪比較 ▶ 有時集體填答的樣本集合不易	▶ 集叢隨機抽樣時（例如：對某校某班全班施測） ▶ 經費有限 ▶ 行政單位可配合時
郵寄問卷調查	▶ 省錢（相較於面訪與電訪） ▶ 保有受訪者隱私 ▶ 受訪者有充裕的時間填寫	▶ 回收率低 ▶ 不確定受訪者是否了解題意 ▶ 不確定是否由受訪者本人填寫（所以效度較低）	▶ 敏感性與禁忌性問題（例如：性、所得、政治意向等） ▶ 時間壓力較小的時候 ▶ 經費有限
電話訪問調查	▶ 省時（相較於面訪與郵寄問卷） ▶ 省錢（相較於面訪） ▶ 回答率高（相較於郵寄問卷） ▶ 效率不錯（相較於郵寄問卷） ▶ 易於監控、資料品質較好（相較於郵寄問卷與集體填表）	▶ 所問的問題不能太多 ▶ 所問的問題不能太深入 ▶ 研究者對於受訪者的反應很難控制 ▶ 電話調查無法確定接聽電話的本人，是否為原先抽選的樣本本人 ▶ 電訪母群體的先天涵蓋率不足	▶ 即時資料，例如：某一事件發生後，總統候選人民調（即時）
線上調查	▶ 快速、廉價傳送到世界各地各角落的受訪者 ▶ 問卷資料電腦自動處理 ▶ 線上軟體能自動檢查未填答題目	▶ 受訪者的代表性，不利於窮人與老年人 ▶ 容易被標示為垃圾郵件，影響答題率 ▶ 同一人有多個e-mail帳號	▶ 受訪對象為經常使用電腦者 ▶ 跨國界的調查

資料來源：王雲東（2007）。

第 12 章

質性研究法

章節體系架構

Unit 12-1 質性研究：基本概念
Unit 12-2 量化與質性研究：研究取向的比較
Unit 12-3 質性研究：抽樣方法
Unit 12-4 質性研究：抽樣方法（續）
Unit 12-5 質性研究：信度與效度
Unit 12-6 參與式行動研究法
Unit 12-7 參與式行動研究法（續）
Unit 12-8 紮根理論
Unit 12-9 紮根理論（續）
Unit 12-10 個案研究法
Unit 12-11 融合方法

Unit 12-1 質性研究：基本概念

科學研究可分爲量化與質性兩種研究途徑。量化研究主要是將演繹邏輯運用於整個研究過程；而將歸納邏輯運用於社會現象的探究過程，則是質性研究。質性研究與量化研究有著不同的邏輯思維。潘淑滿（2000）對質性研究所下的定義爲：「質性研究是一種從整體觀點對社會現象進行全方位圖像（holistic picture）的建構和深度了解的過程」。不同於量化研究產生大量的數據資料以進行分析，質性研究方法係致力於探究特定人物經驗的深層意義，以及產生質性資料，亦即含有理論豐富意涵，而無法輕易化約成數字的觀察結果。

質性研究有別於實證主義的科學研究取向，主張社會世界（social world）是由不斷變動的社會現象所組成，這些現象往往會因爲不同的時空、文化與社會背景，而有不同的意義。鈕文英（2021）指出，量化研究根據的是實證或後實證主義，質性研究根據的是建構主義、符號互動論、詮釋學、現象學、批判理論、參與或合作典範等。此外，Rubin和Babbie指出，質性研究包括許多不同的研究取向，幾種特別適合社會工作情境的質性研究典範，包括：自然主義、紮根理論；參與行動研究、個案研究（李政賢譯，2016）。

質性研究是種描述、探索、解釋的研究取向。質性研究不僅是蒐集資料的活動，也常是建構理論的活動。質性研究常是先進行初步觀察，嘗試理解正在進展而無法預測的活動過程，從中發展暫時的結論，摸索進一步的觀察方向，再實際執行該等觀察活動，據此修正先前暫時的結論，如此繼續循環下去。

量化研究採取演繹分析的方法分析資料，是以既定的理論架構進行研究，將探討的事物或行爲「概念化」和「操作化」，而後以統計的方法（例如：分析平均數），驗證根據理論發展之假設的正確性，這種方式是量化、客觀的；質性研究採取歸納分析方式取得分析資料，它重視意義的分析，可以讓研究者擴展對現象的了解或發展紮根理論。

質性研究的主題，包括：⑴進入一個很不熟悉的社會系統時較爲適用；⑵在一個不具控制和正式權威的情境中較爲適用；⑶概念與理論都尚未明確建立，或是新概念與新假設在初步建立時；⑷適用於描述複雜的社會現象，而且需要案主的主觀理念或現象陳述時（王雲東，2007）。質性研究因爲是在自然情境中，深入的調查社會生活，並促使研究者深度且仔細地研究所選擇的議題。

量化研究與質性研究的差異

量化研究		質性研究
研究者始於驗證假設。	01	一旦研究者沉浸在資料中，便展開捕捉與發掘意義的工作。
概念是以清楚明白的變項形式存在。	02	概念是以主題、宗旨、通則、類型的形式存在。
測量工具在進行資料蒐集前，就有系統地被創造出來，並且被標準化。	03	創造出來的測量工具是採就事論事主義，而且常是專屬於個別的情境或研究者。
資料是得自於精確測量的數字型態。	04	資料是以文字的形式呈現，得自於文獻、觀察、手稿。
理論大多是因果的，而且是演繹的。	05	理論可以是因果、無因果關係的，而且常是歸納的。
程序是標準的，而且是可複製的。	06	研究程序是特殊的，而且很少可被複製。
分析的進行是由統計、圖、表來完成，再加上顯示結果與假設關係所做的討論。	07	分析的進行是藉由從證據中抽取主題或通則，以及把資料整理統整。

資料來源：整理自朱柔弱譯（2000）；王佳煌等人譯（2002）；王佳煌等人譯（2014）；林榮政譯（2006）；圖作者自繪。

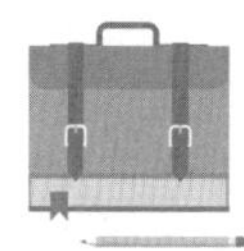

Unit 12-2 量化與質性研究：研究取向的比較

有關量化與質性研究的研究方法，經綜整相關文獻並補充說明如下（吳芝儀等人譯，2008；王雲東，2007；簡春安等人，2016；潘淑滿，2013）：

一、基本假定的差異

將世界爲一個有秩序、有法則及極其穩定的「事實」，且能被完全的知道及正確的測量，此爲量化研究的假定；但質性研究則假定現實世界是一個非常複雜、不斷變化的「社會現象」，是多層面的意義與想法所組成的動態事實，在不同的時空、文化與社會背景會有不同的意義。

二、理論背景邏輯上的差異

量化研究的邏輯是演繹法，是既有概念發展假設的檢驗；質性研究是歸納法，是對未知世界的探索。量化研究傾向於邏輯實證論與演繹法，質性研究則傾向於現象學與歸納法。

三、目標上的差異

量化研究強調解釋、預測，以及運用統計方法進行因果檢證及推論；質性研究的目的不在於驗證，而是在於深度探索一個較爲複雜的、抽象的內心世界，著重在探索、開發、意義追求。

四、觀念上的差異

量化研究強調「客觀中立」地描述社會事實；質性研究則常透過採用研究系統中參與者的觀點去描述社會事實，質性研究並不特別強調要避免主觀的成分。

五、語言形式上的差異

量化研究將概念操作化，試圖以數據來呈現，然後透過對數字的統計處理再轉回文字形式得到結論；質性研究用受訪者的語言或文字加以進行歸納、分析，並呈現研究結果與探討「意義」。

六、研究方法上的差異

量化研究的研究設計，常用調查研究法、實驗研究法與單案研究法等蒐集資料，希望能檢證兩個變項間是否有差異性、關聯性或因果關係；質性研究則較常使用深度訪談法、焦點團體法、行動研究法、參與觀察法與德菲法等蒐集資料，同時仰賴參與者細心觀察、深入理解研究結果的意義。

七、研究資料特質的差異

量化研究的資料對信度與效度的要求，並強調可複製性，研究結果具有可概推性；質性研究的資料強調有效的、眞實的、豐富的、有深度的，研究結果不具有概推性。

八、適用條件的差異

量化研究的適用條件以事先已有大量的資料，或是研究情境較容易控制時；質性研究的適用條件，則以很不熟悉的社會系統，或是不具控制和正式權威的情境中較爲適用。

量化研究與質性研究的比較分析

項目	量化研究	質性研究
主要概念	變項、操作定義、信度、假設、效度、統計的顯著性、複製驗證	意義、常識的了解、情境定義、日常生活、了解、過程、規則經商議而成、實際的研究目的、社會建構
有關理論	結構功能論、實在論、行為主義、邏輯實證論、系統理論	符號互動論、俗民方法論、現象學、文化、觀念論
研究目標	檢驗學說、建立事實、統計描述、顯示變項的關係、預測	發展敏感度高的概念、敘述多層面的世界、實地理論、發展了解
研究設計	結構化的、預定的、正式的、特定的、設計是操作程序的計畫	開展的、彈性的、一般的、設計基於直覺，指出可能的設計
研究計畫	詳細的、研究焦點與程序特殊而詳盡、文獻探討徹底、在資料蒐集前撰寫、明白敘述研究假說	簡要的、思辨的、建議可能相關的領域、常在搜尋部分資料後才開始撰寫、文獻探討簡略、研究取向僅做作一般性描述
研究資料	量化的、可量化的登碼、計數、測量、操作型變項、統計的	敘述的、個人文件、田野記錄、照片、個人言談、正式文件與其他資料
樣本	大型的、分層抽樣、有控制組、精確的、隨機抽樣、控制外在變項	小型的、不作代表性抽樣、理論抽樣
研究技術方法	實驗、調查、結構化的訪問與觀察、準實驗、資料以分組方式提出	觀察、各種文獻的概覽、參與觀察、開放性的訪談
與研究對象的關係	有界線的、短期關係、保持距離、不介入	擬情的了解、強調信任、平等的、深入接觸、視對象為朋友
研究工具	測量彙編、問卷、索引、電腦、量表、測驗分數	錄音筆、轉錄機、研究者本身常是唯一工具
資料分析	演繹的、資料蒐集完成才分析、統計的	持續進行的、模式、主題、概念、分析的歸納、持續比較法
使用文本取向的問題	控制干擾變項、物化、研究者介入所造成的干擾、效度	耗時、歸納資料的困難、信度、未標準化的程序、研究大團體有困難

資料來源：潘淑滿（2013）。

Unit 12-3 質性研究：抽樣方法

在進行研究的過程中，抽樣方法可分爲機率抽樣與非機率抽樣。量化研究係採用機率抽樣，質性研究則採用非機率抽樣，抽樣方法包括：配額抽樣法、滾雪球抽樣法、異常個案抽樣法、強度抽樣法、關鍵事件抽樣法、最大變異數抽樣法、同質性樣本、理論性抽樣法、立意抽樣法等。前述質性研究常用的非機率抽樣方法，將於本單元及次一單元加以說明。

一、配額抽樣法（quota sample）

配額抽樣通常運用在調查者已先確定樣本數，再按照一定標準和比例分配樣本，然後從符合條件對象中任意抽取樣本，類似於分層隨機抽樣，但它並非採隨機抽樣。例如：要研究罕見疾病患者對於罕見疾病用藥專案引進的看法，因爲罕見疾病類型多元，爲顧及不同罕見疾病的意見，研究者可就各罕見疾病類型訂定抽樣之樣本數的配額。

二、滾雪球抽樣法（snowball sample）

滾雪球抽樣先以少量樣本爲基礎，逐漸擴大樣本規模。適用於對調查總體不甚清楚之情況，先找到幾個符合研究目的的對象，再根據這些對象提供資訊找相關對象，樣本選取有時很隨性和具特殊性，因而代表性不高。例如：要對隱藏在街區進行攬客從事性交易的婦女進行訪談，則可以使用滾雪球抽樣，以逐步擴增可接觸的樣本。

三、異常個案抽樣法（deviant case sampling）

異常個案抽樣是針對所關心的現象或理論呈現極端表現者進行抽樣。這是指研究者抽選不符合正常模式的個案，亦即異常個案在某些方面有不尋常的地方。例如：研究者想要發展老人機構親屬探望頻率與老人身心健康發展的假設，研究者可在老人機構就親屬至機構頻率最高者、最低者等家庭爲樣本，進行深入的訪談。

四、深度抽樣法（intensity sampling）

深度抽樣法亦稱爲強度抽樣法。研究者以異常個案抽樣法，雖可發現個案的特殊性，但亦可能因爲樣本太過極端而扭曲失真。如果研究者基於這樣的考量，可考慮採用深度抽樣法，改選擇比尋常個案強度高或低的個案，但又不至於不尋常到過於極端或異常。例如：前例原先以至老人機構探問老人頻率最高、最低的親屬爲樣本，改抽選探訪程度略高或略低於其他老人家屬者爲訪談對象，以避免極端個案可能提供脫離常軌以致產生誤導的情形。

量化研究與質性研究之樣本與抽樣

01

量化研究

強調運用隨機抽樣方式，對大量樣本進行抽樣及資料蒐集工作。

02

質性研究

主要運用立意抽樣，對少數研究對象進行完整、深入且豐富的資料蒐集工作。

質性研究抽樣策略之類型

抽樣策略類型	研究目的
最大變異數策略	尋找研究對象的變異性
同質性策略	研究目的非常聚焦、單純
關鍵性策略	主要在尋找邏輯推論
理論策略	找尋理論建構之內涵
符合或不符合個案之策略	更深層次分析以尋找變異之個案
滾雪球策略	由知情熟悉人士推薦可能提供豐富資訊的人
極端個案策略	主要以探討不尋常的個案為目的
典型個案策略	主要在探討一般策略
深入性策略	主要目的在尋找特殊個案能提供深入性的分析
具政治意涵之個案	可以取得所預知資訊，但同時也可以避免不必要之結果
隨機策略	當立意抽樣所選擇之樣本仍然過大，此時可進一步使用隨機抽樣
分層策略	從主團體中再區隔次團體，針對次團體蒐集相關資訊
符合標準策略	針對符合各種標準者確保其品質
機會策略	隨著機會引導而發展
混合策略	同時運用三角檢測或彈性原則，以達到多元需要之目的
方便策略	研究者為了節省時間、金錢，而使用此一策略

資料來源：潘淑滿（2013）。

Unit 12-4 質性研究：抽樣方法（續）

本單元接續前一單元，說明質性研究常用的非機率抽樣方法。

五、關鍵事件抽樣法（critical incidents sampling）

關鍵事件是指最能強而有力的說明方案，或是對方案具有特別重要性者。關鍵事件之認定取決於主要向度（重要範圍）的認知。例如：對於隨機殺人事件引起的人心惶惶，針對此關鍵事件進行研究，進行訪談的樣本包括受害人、家屬、受害人的重要他人等。

六、最大變異抽樣法（maximum variation sampling）

最大變異抽樣法在於捕捉和描述可涵蓋大量變異情形下的中心主題（central themes）。運用最大變異抽樣策略的邏輯思維是：任何從大量變異情形中顯現的共通組型（common patterns），均是特別值得研究的重點，且具有捕捉某一場域或現象之核心經驗和核心向度之價值（吳芝儀等人譯，2008）。例如：某研究進行多個社區發展程度研究，雖然每個社區各有其不同的特徵（都市化程度、人口老化比例、接受社區服務個案量等），透過從異質性的條件下觀察一個現象，或許能找出更有用的見解。這種抽樣法的目標，是在密集研究的小樣本裡，盡可能捕捉現象的多樣性

七、同質性樣本（homogeneous sample）

與最大變異抽樣法相反之作法，便是選擇一個小型的同質性樣本，這樣做的目的是對一些特殊團體做深入的描述。一個包含有許多參與者之方案，會需要有關某一特殊次團體的深度資訊。例如：一個由各類家長參加的親職教育方案，可以把質性評鑑之焦點放在單親女性家長身上，因為，這類家長特別不易被吸納進來或持續不懈地參加方案（吳芝儀等人譯，2008）。

八、理論抽樣法（theoretical sampling）

Strauss 和 Corbin認為，理論抽樣法是奠基於逐漸顯現的概念，其目的是探索概念之屬性如何在向度範疇上或隨不同條件而產生變異（吳芝儀等人譯，2008）。理論抽樣法其抽樣始於挑選新的個案，這些新個案看起來和先前發現的概念、假設的個案很類似，直到所觀察這類個案再也得不到新的洞見，便開始挑選完全不同類型的個案，再重複同樣的過程，直到此一個案再也得不到新洞見為止。理論抽樣法融合了同質性樣本抽樣法和異常個案抽樣法。

九、立意抽樣法（purposive sampling）

立意抽樣法是指採非機率方式抽樣的統稱，本單元及前一單元所說明的質性抽樣方法，均屬於立意抽樣。研究者可結合多種不同的非機率抽樣進行組合並加以運用。

立意抽樣之範例

案例：單親母親之母職經驗與內涵

- 本研究採立意抽樣，選擇資訊豐富之個案做深度的研究，並搭配滾雪球抽樣法。
- 不同年齡階段之子女因其生、心理特質及需求的不同，再與其他因素交互影響之下，對於母職內涵會有相當不同的呈現。基於此理由，本研究選樣之標準與對象如下：
  - 以子女年齡階段為標準進行取樣，總共選取了12名研究對象進行分析，若有兩名以上子女者，其歸類則以多數子女所處年齡階段為主，分為學齡前、學齡期及青春期。
  - 在選樣過程中，透過機構聯繫有意願參與研究的單親媽媽，邀請加入參與研究；並採滾雪球抽樣法，請受訪者介紹符合的研究對象，使得樣本越滾越大，直到資料內容豐富性達到飽和才停止。

資料來源：案例整理自陳靜雁（2002）；圖作者自繪。

案例：單親家庭子女生涯發展與抉擇歷程之質性研究

- 研究目的：本研究旨在探討「單親家庭子女生涯發展與抉擇歷程」，了解單親子女其生涯發展情況及如何在其生活環境中做生涯抉擇。
- 抽樣方法：本研究以單親家庭子女為對象，根據立意取樣（purposive sampling）與最大變異法（maximum variation sampling）取樣的原則，依照不同的向度，從離異家庭、喪偶家庭、性別等方面，選擇變異最大且能提供豐富資料的樣本，以詳盡說明單親家庭子女其生涯發展與抉擇歷程的獨特性，並從中找出相異與相同點，藉以突顯單親家庭子女其生涯發展與抉擇歷程之重要意義。

資料來源：案例整理自王覺興（2001）；圖作者自繪。

Unit 12-5 質性研究：信度與效度

質性研究對於研究品質的確保，包括信度與效度。從量化研究而言，信度是指研究結果可以被複製的程度或測量程序的可重複性。就質性研究的立場而言，信度隱含著雙重的意涵：外在信度和內在信度。在效度方面，量化研究效度關心的是測量到的變數是否爲研究者所要測量的內容；對質性研究而言，效度是指研究者透過研究過程獲得正確答案的程度。

在質性研究的信度中，「外在信度」（external reliability）是指研究者在研究過程，如何透過對研究者地位的澄清、報導人的選擇、社會情境的深入分析、概念與前提的澄清與確認，以及蒐集與分析資料的方法等，做妥善的處理，以提高研究信度。內在信度（internal reliability）則是指當研究者在研究過程同時運用數位觀察者，對同一現象或行爲進行觀察，然後，再從觀察結果的一致程度，說明研究值得信賴的程度（潘淑滿，2013）。

Lincoln與Guba指出，提高質性研究的信賴度，包括：可信性、遷移性、可靠性和可驗證性等四項指標。說明如下：

一、可信性：質性研究者應說明如何確保研究的可信性，可採用的方法包括：長期投入、三角檢核、同儕簡報與支持及同儕檢核、負面個案分析、稽核。

二、遷移性：質性研究者應說明如何確保研究的遷移性，可採用的方法包括使用立意取向和深厚描述。立意取向是指研究者詳盡敘述立意抽樣的標準與方法，並說明研究參與者的特徵。此外，Erlandson等人（1993）指出，質性研究不可能跨越時空，研究者必須於其特殊情境脈絡中去解釋，這是讀者推論時必須掌握的，因此，研究者藉由深厚描述說明情境的脈絡，而由讀者做適當的遷移。

三、可靠性：質性研究提升研究的可靠性，可以透過稽核（audit trail）進行，透過稽核的過程中，檢視設計和方法與調整的適當性。Halpern指出，稽核可包括五個階段：進入稽核前、決定稽核的項目、尋求稽核者的正式同意、決定信賴度的指標和結束（Lincoln & Guba,1985）。

四、可驗證性：質性研究者應說明可確保本研究的可驗證性，以用以檢核研究結果是確實紮根於蒐集到的資料，而非研究者本身的想法。可以使用的技術，包括可驗證性稽核、省思日記。

提高質性研究信賴度（嚴謹度）常用的策略

策略	說明
1. 長期投入／延長涉入（prolonged engagement）	■ 長期投入的優點：可建立信任、發展和關係、獲得寬廣和正確的資料，以避免投入時間短、研究者的期待和偏見、研究參與者本身的因素等，導致研究資料的扭曲。 ■ 長期涉入的缺點：如果研究者過分認同受訪者，就會喪失客觀、分析的立場或自己的認同感，這種現象稱為「變成當地人」（going native）。
2. 三角查證／三角檢測（triangulation）	■ 三角檢測指的是研究者以三種或多種資料來源，佐證自己的資料和詮釋。 ■ 質性研究常用的三角檢測法，包括：不同方法的三角查證、不同資料提供者的三角查證、不同資料蒐集地點的三角查證、不同理論的三角查證、不同研究者的三角查證。
3. 同儕簡報與支持（peer debriefing and support）／同儕檢核（peer examination）／同儕審閱（peer review）	■ 是指研究者團隊定期間會給予彼此回饋情感支持、另類觀點，並就資料的蒐集方法或問題、已蒐集資料的意義提供新的想法。這種做法可以提高機會，找出和修正資料蒐集及詮釋當中的偏誤或其他問題。 ■ 具有的功能：(1)提供研究者做自我和方法的省思；(2)提供研究者紓解情緒的機會；(3)檢視對研究所做的初步解釋是否適當，並發現另一種解釋方式；(4)發展或修改設計。
4. 負面個案分析（negative care analysis）	負面個案分析就是研究者澈底尋找與詮釋不合的迥異個案。藉著反面案例的分析，以確認類別是否完整而正確。
5. 稽核（auditing）	針對研究者的田野筆記、訪談逐字稿、研究日誌，以及研究過程中所做決定的備忘錄等，另外安排稽核員檢閱研究過程的執行，以此決定偏誤和反應性的控制是否周延？使用的程序是否合理？詮釋是否和蒐集到的資料相符？

資料來源：整理自鈕文英（2021）；李政賢譯（2016）；表格作者自繪。

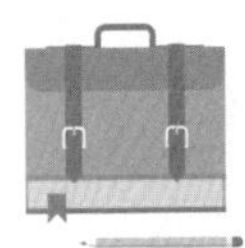

Unit 12-6 參與式行動研究法

質性研究包括許多不同的取向，參與式行動研究法（participatory action research）是質性研究的一種研究方法。

參與式行動研究法（participatory action research）亦稱爲行動研究法（action research）。Greenwood和Levin指出，參與式行動研究法是由「研究」（research）、「參與」（participation）、「行動」（action）三要素所構成。三要素如缺其一，則此一研究歷程即非屬行動研究（陳正益，2007）。在參與式行動研究法中，研究者的功能是充當研究對象的資源。參與式行動研究法的對象通常是弱勢族群參與式行動研究法就是要讓他們有機會爲自己的利益採取有效的行動。弱勢的研究參與者界定自己的問題，界定自己希望的補救方法，並領頭設計有助於實現該等目標的研究。

參與式行動研究法最重要的價值，在於研究者就是實務工作者，研究動機是出於實務工作者在實務工作過程所遭遇到的問題與困難；實務工作者爲了找出適當的解決策略與方法，才會透過研究過程對工作內涵進行反省，並期望透過研究發現找出問題解決的有效策略（黃政傑，1999）。亦即，參與式行動研究法根源於實務工作者本身，對自身的工作情境或工作效益有所不滿，希望透過研究方式，對現況的改善或問題的解決找出實際行動的方式；並期望縮短在理論知識生產過程，由於缺乏實務工作者的參與，導致理論與運用之間的落差之事實（歐用生，1996）。參與式行動研究法讓行動者能從意識覺醒中，達到充權與促成社會變遷的目標。

爲區辨參與式行動研究法與其他研究方法的差異，並據以判別某個研究是否屬於參與式行動研究法，潘世尊（2005）提出參與式行動研究法應具備的三個基本要求，包括：⑴就目的而言：參與式行動研究法乃在揭露與解決研究參與者自身想法和行動中的問題所在，以改善實務工作情境的問題、增進及發展研究參與者的知識與能力、促進理論與實務的結合等；⑵就對象而言：參與式行動研究法乃是以研究參與者自身的想法和行動爲主；⑶就達成研究目的之核心手段而言：不斷的反省（reflect）乃是不可或缺的基本要件（潘世尊，2005）。

依據前述對參與式行動研究內涵的說明，可以了解到，參與式行動研究法重視被研究者共同參與整個研究過程，且強調研究結果必須是能被運用在實踐過程的價值；同時，參與式行動研究法法也要求參與研究行動者必須對實務工作進行批判式的思考。參與式行動研究法是一種由下往而上的研究方式，運用社會工作實務，結合研究的過程與步驟，找出解決問題或改變實務工作的困境，與問題之解決方案或行動策略。王雲東（2007）指出，就實踐行動的層次而言，參與式行動研究法其實是包括了規劃（研究）、行動與發現（評估）等不斷循環的過程。

參與式行動研究的循環過程

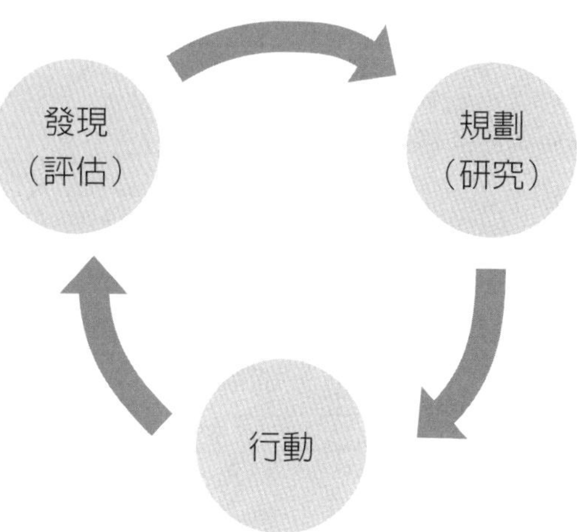

參與式行動研究的實施程序

Stage 1：問題陳述與界定
- 實務工作者將所有可能面對到的問題加以陳述。
- 將問題明確化與具體化。

Stage 2：尋找可能的合作夥伴
- 納入可能合作的夥伴及資源。
- 就相關夥伴所扮演的角色加以釐清。

Stage 3：研擬（規劃）可能的行動策略
- 就所擬定的研究目的與問題，訂出具體可行的行動策略（含實務步驟）。
- 應包括短、中、長期的計畫。

Stage 4：採取行動
- 結合各項資源，包括人力、物力，實施問題解決的行動策略。
- 發展具體、有效的評鑑方式。

Stage 5：評鑑與回饋
- 對研究結果進行評鑑，以了解行動達成的成果。
- 如未達成效時，重新思考其他行動策略。

Unit 12-7 參與式行動研究法（續）

從前一單元對於參與式行動研究法的說明，對參與式行動研究法的概梗有清楚的了解。

參與式行動研究法是透過實踐行動，嘗試解決工作實務情境中所發生的實際問題，強調立即實用性與立即應用性。茲參考相關文獻，將參與式行動研究法的特徵綜整如下（蔡清田，2000；潘世尊，2005；陳正益，2007；王雲東，2007；潘淑滿，2013）：

一、以實務問題為導向，重視實務工作的參與

參與式行動研究法旨在解決實務工作者所處工作情境中的問題，故其研究情境乃指實務工作者的實務工作情境，與研究者實務工作無關之情境，通常不在行動研究的範圍。實務問題是指研究者自身工作上所面臨的問題，透過實務工作者的參與，運用參與式行動研究法，找出或解決有效的工作方法。參與式行動研究法的主要目的非在假設驗證或理論的建構，而是在解決實務工作者於工作場域所遭逢的實務困境，透過反省批判與問題解決的能力，以及縮短理論與實務間的落差。

二、研究過程：重視實務工作者的民主參與、協同合作、反省思考

參與式行動研究法是實務工作者於實務情境中的自我反省與探究，故以實務工作者爲研究主體，並強調工作情境中相關成員的共同參與。參與式行動研究重視研究過程中參與者間的協同（collaboration）與合作（cooperation）。協同是一種民主參與、平等共享的夥伴關係，彼此共同反思與採行實務改善行動；參與式行動研究法亦強調共同合作，以思考實務困境的解決。

三、研究結果可即時應用，但不具適用的推論性

參與式行動研究法並非從事大量樣本研究，其具有情境的特定性。參與式行動研究法往往是根據特定對象的特定問題發展研究策略，所以參與式行動研究法往往只適用在該情境，無法進一步推論到其他情境，這是參與式行動研究法與一般基本研究的相異之處。此乃因爲參與式行動研究法是實用取向的，並非著重假設的驗證或理論的發展，亦非社會現象的詮釋或預測，而是經由研究參與者的反省思考，揭露實務困境與問題所在，並將反思所得轉化爲具體實踐行動法，藉以改善當下實務困境，故參與式行動研究法的結果具即時應用性。但參與式行動研究法的情境通常屬實務工作者的實務場域，雖行動研究的結果可即時應用於實務場域，以解決實務情境中的問題，但因其具有情境的特定性，故研究的結果較難推論至其他情境。

參與式行動研究的類型

01 實驗型態

是以科學方法來探討社會問題，由研究過程來引導實務改變，此種型態被視為是一種理性的活動，可被規劃及控制的。

02 組織型態

強調將行動研究應用在組織的問題解決方面，希望透過研究，克服、改變或創造具有生產力的工作關係。在整個行動研究過程，重視研究者及參與者共同確定問題，並透過找出可能的原因，進而找出可行的改變措施，所以是一種相互合作的方式。

03 專業型態

著重於實務機構為了反映新專業的抱負，或進一步促進與其他專業相同之地位，所以透過行動研究作為發展實務之基礎。根植於實際的社會機構，促進工作的專業抱負，發展出以研究為基礎的實務。

04 充權型態

此種行動研究的形式與社區發展的方式緊密結合，主要以反壓迫為訴求，為社會弱勢群體爭取權益，其目標除了結合理論與實務解決問題之外，同時也在協助參與者透過問題確認、共識形成，達到合作階段。

以上四種類型是相互獨立，但卻不一定都是獨立存在。研究者往往隨著行動研究發展階段不同，可以從某一種類型轉移到另一種類型，所以類型與類型之間就彷彿螺旋般不斷循環。

資料來源：整理自王雲東（2007）、潘淑滿（2013）；圖作者自繪。

參與式行動研究的案例

■ **以行動研究法探討獨居老人需求滿足過程（葉若芬，2003）**

以臺北市北投區東華里社區為研究場域，採取行動研究的方法，探討獨居老人需求滿足的過程，及其需求與正式性服務體系間的落差。

■ **鄉村社區自證過程之行動研究（蔡建福，2000）**

以南投縣鹿谷鄉和雅村與竹林村為研究現場，採取行動研究的方法，企圖喚醒鄉村社區對於壓迫結構的意識，研究者在與社區居民協同研究的過程中扮演促進者角色，以促進鄉村社區自證過程的進行。

Unit 12-8 紮根理論

本單元說明的紮根理論（grounded theory），為質性研究的取向之一，特別適用於社會工作情境的質性田野研究。紮根理論（grounded theory）是由Barney Glaser 和Anselm Strauss這兩位社會學家最早發展出來的。紮根理論乃是一「方法論」（methodology），紮根理論是思考和研究社會眞實存在（reality）的一種方式，他們並認爲雖然人類不能像上帝一樣地全知，但是希望透過研究能夠增進我們對世界運作的了解。

所謂紮根理論是質化研究方法中，用歸納的方式，對現象加以分析整理所得的結果。換言之，紮根理論是經由系統化的資料蒐集與分析而發掘、發展，並已暫時地驗證過的理論。發展紮根理論的人並不是先有一個理論然後去證實它；而是先有一個待研究的領域，然後自此領域中萌生出概念和理論。紮根理論的目標是要去建立能忠實反映社會現象的理論（徐宗國，1997）。所以，紮根理論是「紮根」於實地所蒐集的資料之上，將零碎片段的資料歸納、分析、統整爲某些類別或主題，再經由持續不斷的更多個案資料蒐集，以求理論的飽和，而得出一紮根於實地資料的理論。

紮根理論研究法主要在於建立理論，而非驗證假設或是既有的理論，亦即是著重在「發現的邏輯」（logic of generation），而非「驗證的邏輯」（logic of verification）。傳統的量化研究著重在驗證、修正他人既有的理論，無法告訴我們這些理論是如何產生的，以及如何建立自己的理論。紮根理論的目的在建立理論，所以會應用一系列的「方法」（method）來蒐集與分析資料，觀察與訪談是常用來蒐集資料的方法。分析資料的程序，包括開放性編碼（open coding）、主軸編碼（axial coding）和選擇性編碼（selective coding）等過程（陳昺麟，2001）

紮根理論在選擇新個案時，是根據「理論抽樣」的作法。理論抽樣在抽選新個案時，和早期由其觀察發現概念和假說的個案相類似。一旦研究者發現，新抽選的個案再也無法提供進一步的新洞察時，就會開始選擇不同類型的新個案，再重複前述同樣的過程：由新個案觀察發掘新的洞察，接著繼續抽樣類似的個案，直到再也找不出新的洞察爲止。依此類推，抽選完類似個案，接著找尋不同類型的個案，如此交替循環一再重複，直到研究者相信，再抽選的新個案應該都不會再有其他新的發現爲止。

紮根理論方法的研究過程（階段）

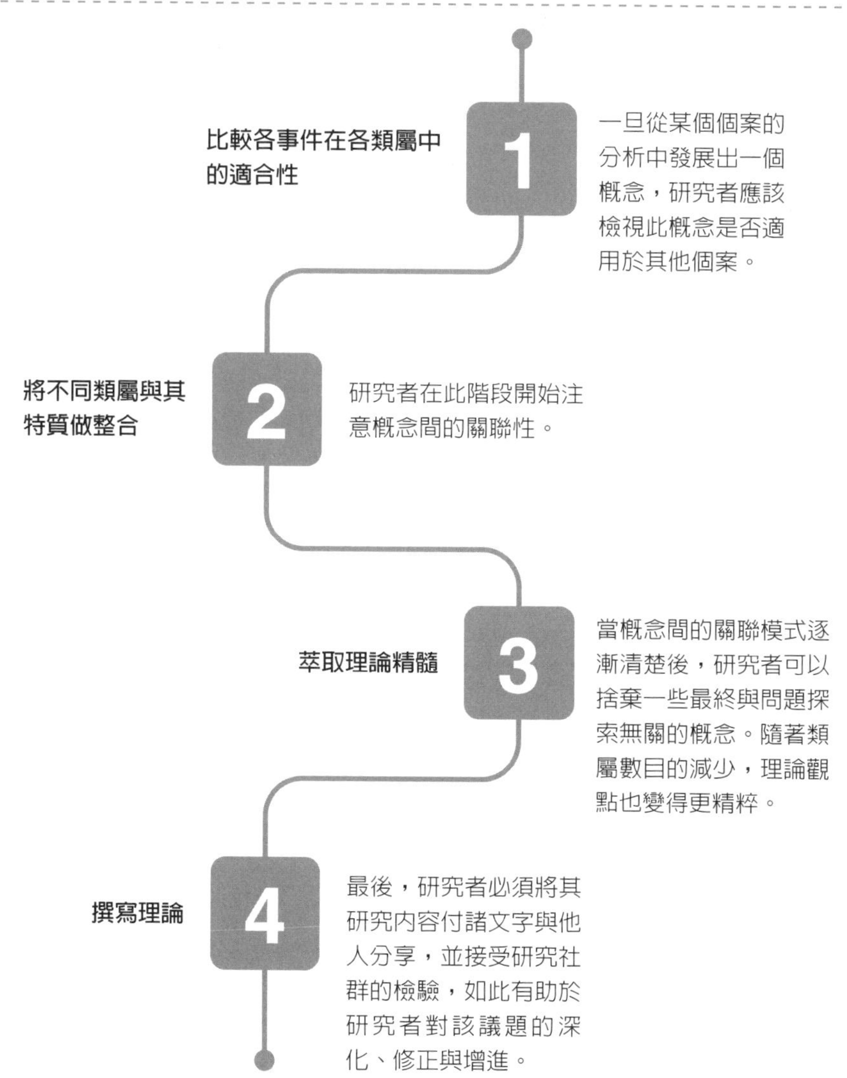

比較各事件在各類屬中的適合性
1
一旦從某個個案的分析中發展出一個概念，研究者應該檢視此概念是否適用於其他個案。
將不同類屬與其特質做整合
2
研究者在此階段開始注意概念間的關聯性。
萃取理論精髓
3
當概念間的關聯模式逐漸清楚後，研究者可以捨棄一些最終與問題探索無關的概念。隨著類屬數目的減少，理論觀點也變得更精粹。
撰寫理論
4
最後，研究者必須將其研究內容付諸文字與他人分享，並接受研究社群的檢驗，如此有助於研究者對該議題的深化、修正與增進。

理論性抽樣

- 指的是以「已經證實與形成中的理論具有相關的概念」為基礎而做的抽樣，亦即，抽樣的對象要能夠顯現出與理論相關的事件與事例。
- 採用理論性抽樣，可以使概念間的理論性特質越完整，概念間的理論性關聯越清楚。

Unit 12-9 紮根理論（續）

編碼（coding）在紮根理論中，扮演著關鍵的角色。本單元說明紮根理論的編碼方式。

編碼（coding）亦稱為譯碼、登錄。紮根理論操作核心，係在於編碼的過程。所謂編碼，乃是將資料加以分解、概念化，然後用一種嶄新的方式將概念重新組合的操作過程。藉此，理論得由龐雜資料中被建立起來。在編碼過程，研究者可建立接近實際世界、內容豐富、統合完整、具解釋力的理論。此一分析過程提供了建立好理論所需的扎實、敏感與綜合完整性。

紮根理論的編碼方式有三種，分別是開放性編碼、主軸編碼，以及選擇性編碼，說明如下：

（一）開放性編碼（open coding）

係將資料加以分解、檢視、比較、概念化，以及類別化的過程。透過不斷比較及問問題的兩個主要分析程序，逐步達成將資料加以「概念化」的初步任務。當研究過程產生諸多的概念標籤後，再把相似概念歸類在一起成為範疇，就叫範疇化。範疇是指一組概念，研究者藉著比較概念而發現它們都指涉同一現象時，就可將這些概念聚攏成為同一組概念，而由一個層次較高也較抽象的概念統攝，此稱為範疇。

（二）主軸編碼（axial coding）

主軸編碼的分析程序主要在建立範疇（category）與副範疇（sub-category）間的連結，尋找出範疇間的因果關係，建立理論架構。主軸編碼指在完成開放性編碼後，依據Strauss和Corbin的看法，建議運用一個分析典範作為分析時的參考架構，其中包括「前因條件」、「理論現象」、「行動－互動策略」、「行動後果」、「脈絡背景」與「中介條件」等項目，把副範疇與範疇連結在一起。與開放性編碼比較，主軸編碼雖也用問問題和經常比較策略，但作法上更目標導向，目的在於藉由編碼典範發掘類別及連結類別。此外，在主軸編碼時，必須不斷找尋每一個類別未被注意到的性質，並且留意資料裡每一事件、事情、事故在面向上的位置。

（三）選擇性編碼（selective coding）

又稱為核心編碼，係指在所有已發現範疇中，選擇核心類別，以有系統地與其他類別聯繫，並驗證其間的關係，而把概念尚未發展完備之類別補充整齊之過程。核心類別有如下特徵：1.在所有類別中占據中心位置，通常具最大數量之類別，最有實力成為資料的核心；2.核心範疇必須頻繁出現在資料中；3.核心範疇應很容易與其他類別產生關聯，且關聯內容非常豐富；4.當進入發展實質理論過程中，一個核心範疇很容易發展成為更具一般化的理論；5.隨著核心範疇被分析出來，理論自然地往前發展；6.尋找核心範疇內部變異，可為新理論之出現創造機會。

紮根理論的操作程序

1 研究問題

- ▶研究問題的來源：由別人建議或指派的研究問題、專業文獻的刺激、來自個人與專業上的經驗。
- ▶提出研究題目。

2 文獻使用

- ▶技術性文獻：是符合專業和各學術領域寫法的研究報告及理論和哲學性的文章。
- ▶非技術性文獻：包括私人信函、日記、傳記、政府公報、機構所出的報告、報紙和錄音資料等。

3 資料的蒐集

- ▶資料來源：可以是訪談、參與觀察或是田野觀察所得到的資料。
- ▶資料的抽樣：理論性抽樣（theoretical sampling）。
- ▶資料的蒐集：理論性飽和（theoretical saturation）。

4 資料的分析

- ▶開放性編碼（open coding）、主軸編碼（axial coding）、選擇性編碼（selective coding）。

5 摘記的撰寫及圖表的繪製

- ▶摘記（memos）：指的是我們對資料抽象思考後的文字記錄。
- ▶圖表（diagrams）：是把分析後資料裡面概念間的關係，用一種視覺的形式、圖形來加以呈現。

理論性抽樣

- ■分析質性社會研究的主要程序是編碼（coding），將個別片段的資料加以分類或歸類，使其類屬於某種檢索系統，這樣的程序可以讓研究者之後快速地檢索到感興趣的材料。
- ■進行質性分析的資料編碼，概念（concept）才是質性資料編碼時的組織原則。適合編碼的文本單位，會隨著文件的不同而有所差別。

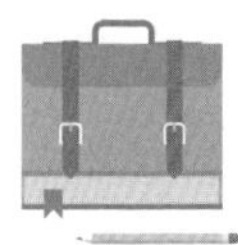

Unit 12-10 個案研究法

個案研究法（case study）是質性研究的取向之一，適用於社會工作情境的質性田野研究。

個案研究法（case study）是以個殊式的取徑，檢視單一的個人、家庭、團體、組織、社區或社會。主要目的是描述性，但也接受解釋性的研究目的。依據《社會工作辭典》（2000）對個案研究法之定義爲：「以某一個單元作爲一個整體所從事的研究，而所從事之研究可能是一個人、一個家庭、一個團體、一個機關、一個社區、一個地區或一個國家」。個案研究的資料來源，包括：文件、檔案紀錄、訪談、直接觀察、參與觀察、以及實體的人造物等。

個案研究法是一種質性研究的方法，但其使用的觀察方式並非個案研究法獨有的特色。個案研究法的獨特在於其研究只關注一個特定的個案（或多案研究中的若干個案），詳盡運用有關該個案各式的證據，甚至還可能納入量化研究法蒐集的證據。證據的來源包括既存文件、觀察、訪談，也有經由問卷調查該個案有關的人物、操控某些設計中的變項而取得的資料（李政賢譯，2016）。例如：自立生活支持服務是爲了協助身心障礙者擁有生活自主決定權而辦理之服務，服務將依照身心障礙者需求，以促進身心障礙者自立生活、社會參與。某市政府想了解身心障礙使用自立生活福利的實際協助效益，但又因身心障礙者障別種類繁多，所需之自理生活多元，因此，研究者可採取個案研究法進行研究。

有關個案研究法具有之特質，經綜整潘淑滿（2013）及相關文獻後，可包括如下：

(一) 在自然情境下探究問題：個案研究法與其他研究方法最大的不同，在於研究者能夠進入被研究對象的生活場域，在不干擾被研究對象的自然情境下，進行有關研究現象或行動的觀察，並透過豐富資料的蒐集過程，對研究現象進行概念建構的過程。

(二) 深入式的研究：個案研究法主要是運用全方位的研究策略，針對單一研究對象，透過多重方式來進行有關研究現象或行動意義的了解，所以在整個研究過程中，研究者不僅要深入探究被研究對象的生活複雜面，同時也要進一步深入了解其內在信念與行動的互動關係。

(三) 重視脈絡的觀點：個案研究法的運用，主要是能夠讓研究者對某一特定現象的發展歷程與生活模式，進行長時期的檢視，研究者可以從歷史發展脈絡的觀點，深入了解觀察的現象與政治、經濟、社會文化變遷等之關聯。

(四) 建構理論：個案研究法主要是運用歸納邏輯思維來進行研究，在研究過程所蒐集到的豐富資料，研究者將會運用歸納、比較、對照的方式進行資料分析，最後發展出新理念或新思維，並作爲建構理論的基礎。

研究者採用個案研究的理由

01 研究者不控制整個事件的發生。

02 欲深入了解關於發生事件當時的過程（how）與原因（why）。

03 所研究具有啟示性（revelatory），希望研究結果提供整體性、深刻描述與即時現象的詮釋。

04 重視生活情境中，現象發生的意義。

資料來源：Merriam（1988）、邱憶惠（1999）；圖作者自繪。

研究策略選擇之參考指標

研究策略	研究問題的類型	對研究行為的控制或操作	著重於實際發生
實驗法	■ 如何（how） ■ 為什麼（why）	是	是
調查法	■ 是誰（who） ■ 是什麼（what） ■ 在哪裡（where） ■ 有多少（how many） ■ 什麼程度（how much）	否	是
檔案分析法	■ 是誰（who） ■ 是什麼（what） ■ 在哪裡（where） ■ 有多少（how many） ■ 什麼程度（how much）	否	是 / 否
歷史研究法	■ 如何（how） ■ 為什麼（why）	否	否
個案研究法	■ 如何（how） ■ 為什麼（why）	否	是

資料來源：Yin（1994）。

Unit 12-11 融合方法

融合方法研究（mixed methods research）亦稱爲混合方法研究。融合方法研究指的是在同一研究當中結合運用量化和質性方法。Teddlie和Tashakkori（2009）對融合方法研究之界定爲：「必須要在質和量的取向中各有一個完整的的迴圈，如問題形成、資料蒐集、資料分析和詮釋結果的歷程，並且在結果詮釋上充分將質化取向和量化取向結果之間的關係加以連結和討論，才稱爲混合研究。」例如：先蒐集質性資料，然後再將質性資料轉換成量化資料，進行量化分析，獲得量化結論，並且將兩種取向的發現加以整合。

融合方法研究可相互彌補質性與量化不足之處，但到底要做到何種程度方能稱爲混合研究呢？在單一的研究或多個研究中的資料蒐集、資料分析或研究結果的詮釋等，同時地或依序地採用質化和量化的方法，以形成問題研究、資料蒐集、資料分析及詮釋結果。亦即，在研究不同的階段，即會依研究的目的或研究者的興趣，同時採取質性與量化方法來進行，唯一差異在於到底是量化優先、質性優先、無順序或同時並行等不同策略，所以不同的研究者對於混合研究的定義及看法並不一致（黃麗鈴 2019）。

質性與量化研究方法並非截然不同，在很多方面是相互重疊和互補的，在研究資料蒐集和分析階段恰當地使用不同量化及質性的策略和方法，蒐集並分析多樣化的資料，就能使研究的效度與信度得到增強。Sieber（1973）指出量化與質性研究方法對於資料收集、設計和分析等都會很有效，在研究設計階段，量化可以協助質性的樣本，質性可以幫助量化發展概念化；在資料蒐集階段，量化可提供基本數據幫助排除精英偏見，質性資料可以協助蒐集資料；在資料分析階段，量化以單純的數據提供普遍性的評估，質性則可透過詮釋以進行澄清、描述和驗證量化的結果。

質性和量化取向兩種研究方法各有其優、缺點，同時採用可以互相彌補彼此之不足。量化設計的假設較嚴謹，一般是透過適當地取樣，探討變項之間的相關關係或因果關係，其結果也被預期具有普遍性；而質性設計的特點在於針對探究的對象做更深入與全面的接觸，進而建構出對所探究對象的個人理解與詮釋。

Rubin和Earl Babbie指出，融合方法研究已經被視爲自成一格的研究設計。在融合方法設計的研究當中，不只蒐集質性和量化的資料，且會在研究過程的一個或多個階段，統整這兩種來源的資料，以便改善對於所要研究之現象的理解（李政賢譯，2016）。

融合方法研究設計的九種類型

強調質性

質性→量化	先執行**質性**，再執行量化，**質性**為重點所在。
量化→**質性**	先執行量化，再執行**質性**，**質性**為重點所在。
同步執行，強調**質性**	

強調量化

量化→質性	先執行**量化**，再執行質性，**量化**為重點所在。
質性→**量化**	先執行質性，再執行**量化**，**量化**為重點所在。
同步執行，強調**量化**	

兩者並重

質性→**量化**	先執行**質性**，再執行**量化**，**兩者並重**。
量化→**質性**	先執行**量化**，再執行**質性**，**兩者並重**。
同步執行，**兩者**並重	

使用融合方法的理由

理由	順序	範例
擴展主要研究的發現	**量化**→質性 **質性**→量化	■ 藉由質性研究，來輔助闡明**量化**研究如何應用於特定個案。 ■ 透過量化研究統計，**質性**研究確認之各種範疇的個案數量。
產生研究問題或技術	質性→**量化**	質性研究確認研究問題，再透過**量化**研究來評估，或是輔助發展**量化**測量工具。
相互協同佐證	**量化**→質性 **質性**→量化 同步執行	■ 質性研究用來支持**量化**研究發現的效度。 ■ 量化研究用來支持**質性**研究發現的效度。 ■ 質性和量化研究發現兩者並重，用以相互協同佐證。

註：粗體字代表該方法是研究的強調重點。

資料來源：李政賢譯（2016）。

第 13 章

田野（實地）研究

章節體系架構

Unit 13-1 田野（實地）研究：基本概念

田野研究（field research）亦稱爲實地研究、實地觀察研究。田野研究通常產生質性的資料，亦即，觀察到的結果不易簡化爲數字資料。Babbie指出，田野的觀察不同於其他觀察方式，因爲它不僅是一種資料蒐集活動，通常實地的田野觀察也是一種產生理論的活動。田野研究很少提出精確界定並企圖加以驗證的假設，反倒傾向試圖從無法事先預知且正在進行的過程中尋找道理進行初步觀察，進而發展出暫時性的一般結論，以建議作爲未來更進一步特定觀察的類型，然後針對這些建議重新進行觀察，並修正先前的結論等（蔡毓智譯，2013）。

田野研究者所依賴的基礎是自然主義（naturalism）的原則，自然主義的原則是，研究者應該要去檢視的是在自然的、日常的、持續的社會情境中所發生之事件，此種原則可以應用於各種現象的研究（林佳煌等人譯，2014）。自然主義主張要在自然的情境中去觀察一般事件，而不是在人爲的、設計過的，或是由研究者所創造的情境中去觀察這些事件。例如：研究者在一家手搖飲料店中，觀察當店員將顧客所點的飲料做錯時，顧客的現場反應，以捕捉那些發生於眞正現場狀況中之事件的情形。簡春安等人（2016）指出，田野研究是對自然發生的現象、事件直接觀察，以蒐集資料的一種研究方法。

不同於量化研究的結構性調查，在田野研究中所進行的是非結構性、非指導性的，以及深度的訪談，這和調查研究是有所不同的。在田野研究中，會把在田野情境中被研究的人們稱作成員（member），這些人在田野情境中是內部者或局內人。綜整Lawrence Neuma提出田野研究者所做的事如下（陳榮政譯，2014；王佳煌等人譯，2002）：

1. 觀察自然情境中所發生的普通事件與日常活動，並同時注意不尋常的事件。
2. 直接參與被研究對象的生活，並在實地情境中親自體驗。
3. 接受局內人的觀點，同時維持著分析的觀點或局外人的距離。
4. 隨情境需要，以彈性的方式運用各種不同的技術及社會技能。
5. 用完整的田野筆記蒐集資料，並以圖表、地圖或者照片提供詳細描述。
6. 在社會脈絡下，以整體性（非以片段的方式）且獨立的方式來看待事件。
7. 從實地裡去理解情境中成員的感受，並發展出同理心，而非只是記錄下「冰冷的」客觀事實。
8. 注意文化中外顯性的（公認的、有意識的、被說出來的）及內隱的（比較沒有被公開承認的、隱含的、未被說出來的）面向。
9. 持續進行的社會過程，但不以局外的觀點打斷或強加。
10. 處理高度的個人壓力、不確定性、倫理道德的兩難困境及模稜兩可的狀況。

調查訪談與田野（實地）研究訪談之比較

典型的調查訪談	典型的田野（實地）訪談
1. 具有清楚明確的開始與結束。	1. 訪談的開始與結束都是不明確的，訪談可以在過了一段時間之後繼續進行。
2. 以相同的順序對所有的受訪者提出相同的標準問題。	2. 訪談的問題及提出問題的順序，都是依據特定的人們以及情境而量身打造的。
3. 訪談者一直保持中立。	3. 訪談者表現出對於回答感興趣的樣子，並且鼓勵成員進一步說明或解釋。
4. 訪談者提出問題，而受訪者則回答問題。	4. 就像是一場場朋友之間的對話，但是訪談者所提出的問題比較多。
5. 幾乎總是只有一名受訪者單獨接受訪談。	5 可以發生在團體的情境中，或是有其他人在場的區域中，但是也可能會有所變化。
6. 具有專業的語調與清晰明確的焦點，任何離題的狀況都會被忽略。	6. 訪談中穿插了笑話、題外話、故事、趣事、軼事等，而且都會被記錄下來。
7. 比較常使用封閉式問題，而且不常使用追問的技巧。	7. 開放式問題是很常見的，而且也會經常使用追問的技巧。
8. 由訪談者一人單獨掌控訪談的步調和方向。	8. 訪談者與成員一起掌控訪談的步調與方向。
9. 訪談發生時的社會脈絡會被忽略，而且被假定為不會造成任何影響。	9. 訪談的社會脈絡會被記錄下來，而且在詮釋回應的意義時，會被視為是很重要的一部分。
10. 訪談者試圖把溝通型態放入標準的架構當中。	10. 訪談者會調整自己，而去適應成員的規範與語言的用法。

資料來源：王佳煌等人譯（2014）。

Unit 13-2 田野（實地）研究：步驟（流程）

在進行田野研究時的研究步驟，茲就簡春安等人（2016）所提出的五個步驟，加以綜整並補充說明如下（2016）：

㈠ 選擇區域：田野研究的場域選擇，是研究者首要思考的事項。所選擇的場域必須與研究主題、目的相扣合，且必須是最必要的及有代表性的。

㈡ 選擇使用的方法：擬定所要使用的觀察方法，亦即決定如何參與觀察的方法。包括觀察對象、觀察項目、記錄方式、進度管理、分工方式、資料分析方法等。

㈢ 觀察者的角色：此項涉及到研究者在觀察中的介入程度。研究者必須清楚定位觀察者的角色，才能避免研究的偏誤。

㈣ 把觀察的事物意義化：此為將把所觀察的事物意義化。對事物的本質有足夠的深度了解時，才能解釋所見事物的意義；對事物的背景有足夠的寬度了解時，才能指出該事物在整個問題中所代表的含義。

㈤ 每個步驟中須具備的特質：研究者應具有完全的洞察力，能看出問題的精髓、敏銳的感受力，及指出問題與現象中存在的特質與意義之能力，並對自我了解，才能使研究時所觀察的事物避免流於主觀。

此外，Lawrence Neuma提出田野研究的六步驟（流程）（王佳煌等人譯，2014；朱柔弱譯，2000），綜整如下：

㈠ 準備進入田野：包括：⑴學習具有彈性：是指應依據各種技術在特定情境中提供資訊的價值性，挑選最合適的研究技術；⑵準備：是指必須練習觀察不同情境及記錄的能力；⑶去除焦點：是指要破除先入為主的想法，採取更為寬廣的觀點；⑷自我覺察：是指必須了解自己，並能反思個人的經驗。

㈡ 選擇一個田野場域並進入現場：包括：⑴選擇研究場域；⑵與守門員交涉；⑶進入場域及取得進入的權利；⑷扮演一個社會角色；⑸決定涉入的程度；⑹建立融洽的關係等。

㈢ 應用策略：包括：⑴協商：使用協商策略以取得新的社會關係；⑵將研究正常化：讓被研究的人們對於研究過程覺得比較自在，而且也幫助他們接受研究者的存在；⑶決定揭露資訊程度：決定有關研究者及研究計畫資訊的揭露程度；⑷聚焦及抽樣：聚焦在特定的問題及主題上，並決定抽樣的方式；⑸採取陌生的態度：是指研究者在心理上的調整，應以好像第一次或是圈外人的身分來看待田野中的事件；⑹注意社會崩潰：應注意在田野場域中，社會規則及行為模式未如預期運作的情況；⑺處理壓力。

㈣ 維持在田野中的關係：包括：⑴調整及適應；⑵運用魅力及培養信任；⑶提供舉手之勞；⑷避免衝突；⑸表現出感興趣的樣子；⑹成為可被接受的無能者：這是指研究者在田野中的目的是去學習，而不是去當一位專家。

㈤ 蒐集及記錄資料：包括：⑴吸收及體驗；⑵觀察及傾聽；⑶記錄資料。

㈥ 離開田野場域：離開的過程取決於特定的田野環境及研究者所發展出來的關係。

進入田野（實地）場域的過程：進入的階梯

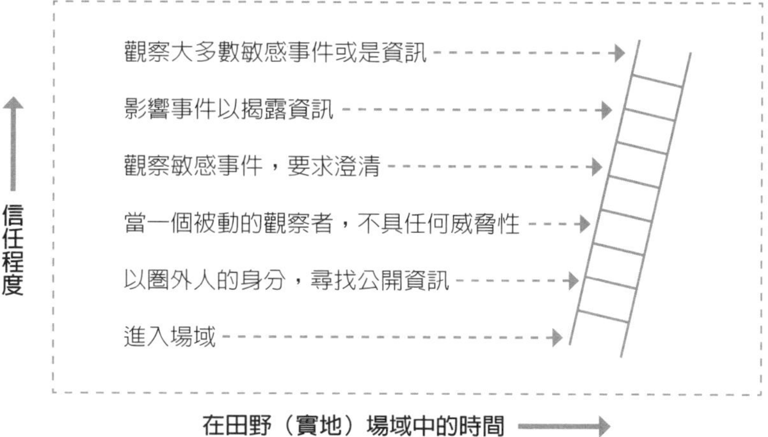

資料來源：王佳煌等人譯（2014）；圖內虛線及箭頭爲作者修正繪製。

進入的階梯

- 我們可以把接近及進入田野場域的過程，想像成是一個進入的階梯（access ladder）。
- 研究者從最底部的那一階開始，在這個階段裡，要進入場域是很容易的，而且研究者的身分是一個天真的圈外人，尋找著可見的公開資訊。其後各階，則要取得更多進入的權利。
- 田野研究者在一開始的時候或許只能夠看到，以及得知一些公開的、不具爭議性的事件，但是隨著研究者付出越來越多的時間及努力，研究者能獲得一些更為隱密的、私密的，以及具有爭議性的資訊。

田野場域的守門員

- 是指那個在研究調查中，擁有正式或非正式的權力，足以控制你是否可以進入某個場域的人或是團體，如同足球場上的守門員，嚴格把關所有突然的外來勢力。
- 研究者進入一個新的層次或領域時，和守門員打交道是個持續發生的議題。

Unit 13-3 觀察者的參與角色

在質性研究當中，觀察者可能採取的角色，Gold在其經典著作指出研究者可能扮演的四種參與角色，綜整並補充說明如下（鈕文英，2021；李政賢譯，2016；林榮政主譯，2014；簡春安等人，2016；王雲東，2007）：

一、完全參與者（complete participant）

完全參與者指的是眞正參與正在研究的活動或假裝參與。例如：研究者要研究反政府社會運動，親自參加示威抗議運動，此時研究者的角色即爲完全參與者。但是，研究者是基於研究目的而參與社會運動，在其他參與社會運動的人眼中，研究者是參與者，而非研究者。此種研究的信度、效度均較其他觀察角色爲高，但此種角色涉及到研究倫理，因爲涉及到欺瞞。

二、部分參與者（participant as observer）

基於倫理或科學方面的考量，質性研究者常會選擇有別於完全參與者的角色，而採部分參與者的觀察角色。部分參與者是指研究者完全投入參與所欲研究的團體，但也清楚表明研究者是在做研究。例如：研究者研究學運，是以學運一員的身分來進行學運的研究，並讓參與學運的成員清楚知道研究者正在做的研究。此種觀察角色的研究風險，在於研究對象可能會把較多的注意力轉移到研究上，而沒有呈現自然的社會過程，如此一來，就不再是所想要研究的典型過程。此外，因爲研究者本身也是學運的一員，自己也可能會變得過分認同參與者的利益和觀點，進而「變成局內人」（go native），因此失去客觀性。

三、部分觀察者（observer-as-participant）

部分觀察者這個角色，研究者會表明自己是研究者，並在社會過程中和參與者互動，但不去假裝自己是眞正的參與者。例如：研究者想要進行居住正義抗爭社會運動的研究，研究者可能會去採訪居住正義運動的領導者，也會到面臨居住不正義的民眾居住地進行探訪，以了解其所面臨的居住正義問題。

四、完全觀察者（complete observer）

完全觀察者是從旁觀察社會過程，而不是以當事人的身分投入參與其中。基於研究者的不干擾作法，研究對象有時甚至不知道自己正被研究。例如：研究者研究民眾過斑馬線時滑手機的情形，以了解交通號誌設計如何提升行人安全性，研究者可能在十字路口觀察穿越斑馬線民眾使用手機的行爲。雖然，和完全參與者相較，完全觀察者比較不會影響研究的人、事、物，也較不會「變成局內人」，但研究者也較不可能全然理解研究的人、事、物，觀察可能比較略粗而短暫。

田野筆記的類型

01 隨手筆記
是指當研究者在田野中時，一些簡短且能夠引起記憶的記錄，像是一些詞彙、慣用語或不經意的素描等。

02 直接觀察的筆記
把研究者在田野中所聽見或看見之事物的所有細節，通通都記錄下來，也允許在之後進行多重的詮釋。

03 推論筆記
研究者先仔細傾聽成員所說的話，以便能「感同身受」或是「設身處地」來思考事物，再另外把研究者的推論記錄下來。

04 分析備忘錄
是指當質性研究者在檢視資料的細節，並且發展出更為抽象的想法、主題或是假設時，所記下的筆記。

05 個人筆記
個人的感受及情緒反應會變成資料的一部分，而且會影響到研究者在田野中所看到或是聽到的事物。

06 訪談筆記
訪談筆記是記錄問題、答案之筆記，但也應該製作一個封面頁，包括日期、訪談地點、受訪者的特徵及訪談的內容等資訊。

07 地圖、圖表及人工製品
可幫助研究者組織在田野中的事件，以及幫助研究者傳達田野場域給其他人知道。

08 機器記錄的資料
在田野研究中，使用拍照、錄音、錄影等設備加以記錄。

第 14 章

非干擾性研究方法

章節體系架構

Unit 14-1 非干擾性研究方法的基本概念
Unit 14-2 內容分析法
Unit 14-3 內容分析法（續）
Unit 14-4 次級分析法
Unit 14-5 歷史比較研究法

Unit 14-1 非干擾性研究方法的基本概念

非干擾性測量法（unobtrusive measures）亦稱爲非反應式測量。一般的調查研究都是「反應式的」（reactive），亦即，被研究的對象了解調查的事實；而「非反應式的」（nonreactive），即被研究者不知道他們是研究計畫的一部分。非干擾性測量是指在調查訪問的前或後，研究者在不干擾受訪者、也不需受訪者塡寫問卷的狀況下，藉著對其他事物的觀察或測量，使得到的資料可以佐證或增強調查研究時所得到的結論。Gary（2018）指出，非干擾性測量是指研究者扮演被動、不干擾的角色，不和研究參與者互動，採取間接觀察的方式蒐集資料，是一種非互動的策略。

非干擾性測量重點在於人們並不知道他們被研究，而是自然地留下社會性行爲，研究者就可以在不干擾研究對象的情況下，以這些證據來推論出行爲或態度（王佳煌等人譯，2014）。有別於一般干擾性測量研究時，研究者總是會面臨測量方法對於研究對象或多或少的干擾，例如：常見的社會期望效應、霍桑效應等，這是因爲觀察行爲已經對研究對象造成或多或少的干擾。因此，採用非干擾性的觀察方法，可以避免觀察對象察覺到自己受到觀察所產生的干擾。非干擾性測量爲統合性的概念，研究的對象常見於物理痕跡、文獻資料、觀察等；非干擾性測量的方法，常見的方法包括：內容分析法、次級分析法、歷史比較研究法等。

非干擾性測量具有諸多的優點，包括：⑴是一種簡單的資料蒐集方式，易於實施；⑵強調研究者以不干擾的間接方式，蒐集人們自然呈現的行爲，對研究參與者不具威脅性，可以避免測量造成的誤差；⑶可以以訪談和觀察獲得的資料相互補充或查證，還能提示一些須注意或進一步探索的資料（鈕文英，2021）。然而，非干擾性測量亦面臨了一些研究上的限制，包括：⑴效度問題：非干擾性測量可能會面臨效度的挑戰，這是因爲研究者可能只能看到表面的現象，而無法深入了解現象背後的原因；⑵錯誤推論問題：研究者所觀察的資料，可以因爲研究者的文化背景和情境的差異，而對資料進行錯誤的解釋，進而產生錯誤的推論；⑶技術上的問題：使用非干擾性測量的研究者，必須有熟練的技巧，才能判斷並獲得測量到的正確訊息；⑷蒐集上的限制：使用非干擾性測量，只能在特定的時間和地點發現物理線索，在蒐集和分析上有其限制。

非干擾性測量的範例

	說明	範例
1. 物理痕跡		
(1) 侵蝕性	外包裝顯示使用程度	針對幼兒園中遊具的使用磨損痕跡，可以了解幼兒在下課時最喜歡玩的遊具。例如：磨損程度依序由高至低為：溜滑梯、木馬、單槓。
(2) 增生性	累積足夠的物理證據來解釋行為	針對某地區環保局垃圾車資源回收的電池品牌數量，了解該地區民眾對電池品牌的喜好情形。
2. 文獻資料		
(1) 定期更新的紀錄	定期出刊的公共刊物可以揭露更多訊息	針對衛生福利部統計處公布的全民健康保險統計資料，可以了解在公司行號加保的員工人數，以了解景氣的變化情形。
(2) 其他記錄	不定期或私人文件也可透露一些訊息	針對某公司近5年來領用影印紙的張數，以評估該公司推動辦公室無紙化政策的成效。
3.觀察		
(1) 外在表現	人們的外表可以揭露一些社會因素	觀察在奧運會場觀眾對國籍選手的加油程度，以了解該國人民的凝聚力。
(2) 計算行為次數	計算多少人去進行某件事也透露一些訊息	針對交通違規罰單的開立地點進行統計，以了解哪些地點是人們經常會違規的熱區。
(3) 時間長短	人們花多少時間去做某件事，則指出其專注程度	針對動漫展的攤位排隊時間進行觀察，以了解不同的動漫人物受喜愛的程度。

非干擾性測量的研究方法

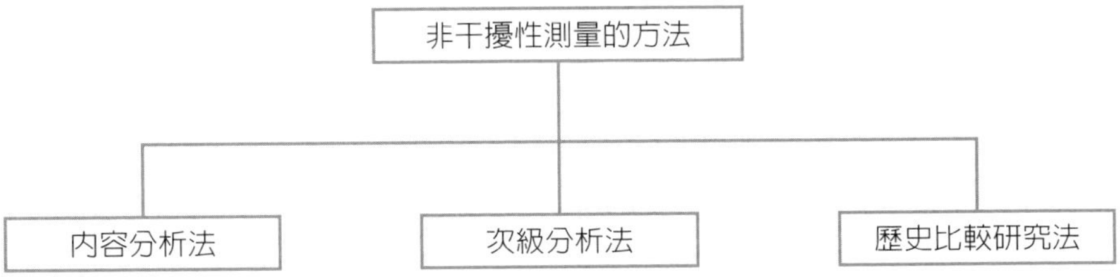

非干擾性測量的方法

- 內容分析法
- 次級分析法
- 歷史比較研究法

Unit 14-2 內容分析法

內容分析法（content analysis）是非干擾性研究方法的一種，內容分析法是將質性素材轉化爲量化資料的方法。內容分析是一種蒐集資料，以及分析文本內容的技術；在內容分析上，研究者可以透過量化的技術（如圖表），進行許多文本的比較分析。

「內容」（content）指的是文字、意義、圖片、符號、想法、標題或是其他可以溝通的訊息。「文本」（text）則是任何寫下來的、視覺上的或語言上作爲溝通的媒介物，包括書本、報紙或雜誌上的文章、廣告、演說、官方文件、電影或錄影資料、音樂中的歌詞、相片、布料或藝術品等。內容分析是非干擾性的，因爲分析內容的研究者進行文字、訊息或符號等文本的溝通，並不會對讀者或接收者造成任何影響；內容分析透過客觀、量化的方式加以記錄，同時，產出的文本是可重複的、精確的結果。

適合內容分析的研究問題，包括：⑴涉及大量文本的問題，例如：近20年對於家庭暴力問題報導的報紙內容，研究者可以運用及抽樣和編碼的方式進行研究；⑵研究主題距離現在可能相當遙遠或散布在各處的內容，例如：研究清領時期臺灣的文學發展情形。研究者可運用歷史文件、已經逝世者的手稿加以進行；⑶難以利用一般觀察來了解或記錄的內容：例如：分析某位藝術家的創作喜歡以圓點表現與其潛意識的關係。

內容分析的結構是以「編碼系統」（coding system）進行，這是一組指示或規則，指導該如何有系統地從文本中觀察並記錄其內容（王佳煌等人譯，2014）。內容分析的編碼，包括：⑴顯性的編碼（manifest coding）：係針對文本中可見的、表面的內容加以編碼。例如：計算社會工作教科書中，出現「倡導」詞彙的次數；⑵隱性的編碼（latent coding）：這是指研究者對文本進行「語意學分析」（semantic analysis），尋找文本內容中隱藏的、暗示性的意涵。例如：針對文本中意涵「霸凌」的內容，依據其語意加以分析後編碼。

內容分析法的具有節省時間和金錢、容易修正錯誤、很適合研究過程歷時長久的事件，以及不會對研究對象造成干擾等優點。但內容分析法面臨的缺點，則包括：⑴資料的來源與形式：內容分析的資料，不論是口述、書面或其他形式，都必須要某種形式的記錄方式，才能進行分析；⑵信效度問題：許多文本中所表示的文字或內容，不必然代表研究者在研究進行時所分析的意涵，可能會因爲文化、年代或其他因素所變遷，但研究者卻不清楚而有錯誤的解讀（簡春安等人，2016；葉毓智譯，2013）。

內容分析法須具備的四大條件

1 必須具充分的客觀性：
在分析的過程中，每一個步驟都應有明確的規則與流程作為依據。所要研究的內容，設計出客觀的類別，以便可以把資料「翻」成號碼（coding），就可以使研究者排除本身的主觀性，而做客觀的解釋。

2 必須系統化：
把資料歸類為某種類別或賦予號碼時，是納入（inclusion）或排除（exclusion），必須根據所規劃的原則。

3 必須通則化或定律化：
內容分析法得到的結論最好與理論相關，或能形成某些通則，使與其他理論有所關聯。

4 量化的敘述：
所謂量化的敘述，不是指把所要觀察的資料藉著次數分配來說明某種特質，而是指用函數分析的概念，把某種現象的特質，用數據的方式來說明與另外一個變項之間的相關，或對其他現象所造成的影響。

資料來源：文字引自簡春安等人（2016）；圖作者自繪。

顯性和隱性編碼

材料的外顯編碼（客觀性）。外顯編碼涉及了特定元素的計算，例如：「愛」這個字眼，用以決定內容可被判斷為「浪漫」的程度。

材料的內隱編碼（主觀性）。內隱內容要求研究者去審閱整個分析單位，並且根據主觀意見對內容進行「浪漫」程度的評估。

資料來源：蔡毓智譯（2013）。

Unit 14-3 內容分析法（續）

茲將如何進行內容分析研究的步驟，綜整並補充說明如下（王佳煌等人，2014；簡春安等人，2016）：

一、形成研究問題

內容分析的研究者從研究問題著手。當問題包含的變項是訊息或符號時，就很適合進行內容分析。例如：研究者希望了解美國總統大選中，民主黨與共和黨二位候選人對於大量移民跨越邊境進入美國的政策想法，以此即可形成研究問題，以競選活動期間的媒體報導二位候選人的發言進行內容分析。

二、決定分析的單位

研究者要決定分析單位（即一次編碼所要涵蓋的文本數量）。例如：以前述的研究問題爲例，以媒體每天的報導爲單位進行分析。

三、發展出抽樣計畫

研究者先定義母群體和抽樣單元。母群體可能是在某段時間某一特定文件中所有文字、所有句子、所有圖片或所有文章。抽樣的先決條件是樣本必須具有代表性，所以隨機原則必須考慮。以前述研究問題爲例，新聞報導的母體包括平面媒體、電子媒體及網絡媒體，再進行不同媒體類別的抽樣。

四、建構編碼的類別及記錄單

研究者確認對所研究的問題中感興趣的變項。變項通常來自於文獻回顧中的想法、研究者自己的想法或理論，或是對於前導資料所建立的初步分析。例如：以前述案研究問題爲例，研究者有興趣的是，對於來自哪些地區的移民最受美國人民排斥，是來自中南美洲？或是亞洲？或是非洲？並加以分析記錄。此外，研究者建構編碼表（coding form），以利後續進行文本分析時使用。

五、編碼及編碼者間信度檢驗

研究者將編碼資料寫在編碼簿上，並加以計算及資料分析。如果研究者使用了多位編碼者的話，研究者必須去檢驗編碼者間的信度，研究者可採用抽樣的方式進行。

六、資料蒐集及分析

此階段爲研究者已完成編碼系統及記錄單，並對編碼者加以訓練後，即可進行蒐集及檢查資料。之後，研究者可以把資料輸入電腦以進行分析詮釋結果，並且準備撰寫研究報告。研究者可以使用表格或圖形的方式加以表現。

內容分析研究的步驟

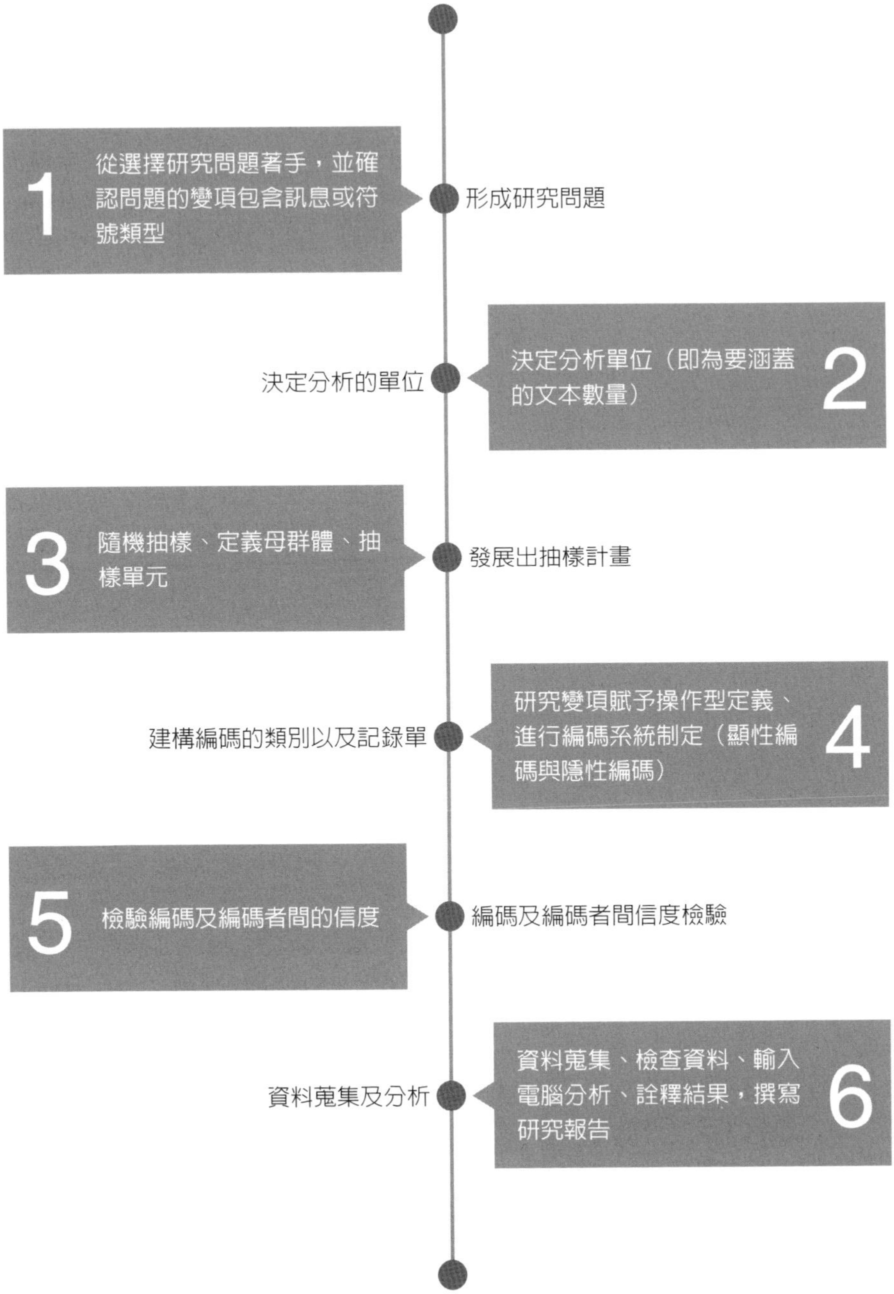

1 從選擇研究問題著手，並確認問題的變項包含訊息或符號類型 → 形成研究問題

2 決定分析單位（即為要涵蓋的文本數量） → 決定分析的單位

3 隨機抽樣、定義母群體、抽樣單元 → 發展出抽樣計畫

4 研究變項賦予操作型定義、進行編碼系統制定（顯性編碼與隱性編碼） → 建構編碼的類別以及記錄單

5 檢驗編碼及編碼者間的信度 → 編碼及編碼者間信度檢驗

6 資料蒐集、檢查資料、輸入電腦分析、詮釋結果，撰寫研究報告 → 資料蒐集及分析

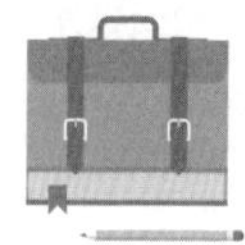

Unit 14-4 次級分析法

對於資料之分析處理，有時並不一定都需要由研究者向被研究者直接獲取「第一手」的資料（primary data）才能做分析，可以使用次級分析法（secondary analysis）進行研究。次級分析法亦稱為再次分析法、二手資料分析法，或次級資料分析法（secondary data analysis）。

次級分析法是「對某現存已有的資料做更進一步的分析，以呈現新的結論或解釋的一種研究方法」。換句話說，次級分析法是一種研究方法，藉由別人所蒐集的資料，把適合研究者研究的原始資料再拿來做分析。亦即，用不同於過去報告的方式，對已存在的資料再做分析，所呈現的說明、解釋、結論或新增的知識（簡春安等人，2016）。

次級分析法是由研究人員針對已經完成資料蒐集和處理的研究資料，進行再次分析的研究形式。David和Kamins指出，次級資料分析是既存的資料再做進一步的分析研究。次級資料分析可能只是針對原始資料的研究目的做進一步的分析，或者是應用原始資料探討另一個全新的研究問題。有時候，研究者會綜合數個原始資料做次級分析，但有時候只會應用一個原始資料做再分析（董旭英等人譯，2000）。在實務上，研究者通常不會只依賴單一資料來源，而是組合多個原始資料去尋找答案，藉由綜合不同的實證研究結果及發現建立出新的理論。

次級分析法的研究目的，是為了解某個主題的現況和趨勢，資料的分析來源，通常來自於各種機構或組織的行政和公開紀錄之既存統計（existing statistics），也可以找到可供次級分析使用的資料來源。這種資料通常是以彙整集體事物的形式，收錄於機構紀錄。例如：人口普查資料、縱貫或橫斷調查研究資料庫、行政機關紀錄、其他研究蒐集的資料等可取得之次級資料的原始紀錄。

總體而言，次級分析法的優點，包括：(1)能夠對難以接近的場域，進行社會過程分析；(2)可以節省大量的時間和金錢；(3)可以讓研究人員避免資料蒐集的難題；(4)可以幫助其他樣本進行比較；(5)可能比其他可行性資料，包括了更多的變項和更加多樣性的樣本；(6)讓來自多項研究的資料，有可能被合併（Rew et al.,2000）。然而，次級分析法的面臨的限制，包括：(1)次級資料或者是現存的統計數據可能不適合研究的問題；(2)研究者必須了解真正實質的主題，才能使用這些資料，否則將可能做出錯誤的假定，或是對結果做出錯誤的詮釋；(3)以過度詳盡的方式引導統計數據，給別人具有科學嚴謹性的印象，此種狀況將導致具體性錯置的謬誤（fallacy of misplaced concretness）（王佳煌等人譯，2014）。

次級分析法的優勢與限制

優勢

1. 不需要花費大量金錢與時間，就能分析大型樣本所提供的資料。
2. 資料庫的蒐集通常奠基於隨機抽樣原則，較具代表性，且包含低出現率的樣本，能將研究成果推論至較大的母群體。
3. 能探討研究主題隨時間進展的變化和趨勢，提供小樣本研究大環境脈絡的說明資料。
4. 資料的數位化趨勢，使得資料分析運用更便捷。

限制

1. 某些領域或科系傾向做出初級研究，無法接受次級資料分析。
2. 受限於可取得的研究資料。
3. 研究者沒有資料的擁有權，必須申請才能使用，且因權限不同，能取得的資料有限。
4. 不易獲得完全符合其研究目的之次級資料。
5. 次級資料建置者為提供資料蒐集目的、方法和程序，致研究者無法掌握變項的內涵，及威脅內在和外在效度的可能來源，
6. 部分次級資料庫的研究變項多而廣，但缺乏深度。
7. 研究者使用次級資料並未進入研究現場，形成脫離現實、去脈絡化的研究。大部分次級資料庫的問卷回收率低，導致取得的資料量少，產生偏差。
8. 部分資料庫的某些群體樣本數過少，產生樣本資料不足以反映母群體的現象。
9. 次級資料的建立需要較長時間，有時研究者分析資料的時空背景已與資料庫蒐集時不同。
10. 部分資料庫未檢核所蒐集的資料正確性，因而危及資料分析的正確性。
11. 次級資料不須花費大量金錢與時間，常使研究者產生能快速完成論文的錯誤期待，而未察覺其限制和運用上須注意之處。

資料來源：文字整理自鈕文英（2021）；圖作者自繪。

Unit 14-5 歷史比較研究法

歷史比較研究法是非干擾性研究方法的一種。歷史比較研究法通常被視爲質性研究方法，其背後的核心思維是，研究者可以透過不同時間與地點的比較，增進我們對社會過程的理解。歷史比較研究法是一種質性研究方法，在尋求解釋研究對象時，其處理假說的作法非常不同於量化方法。歷史研究者是根據遇到的文件內容，在整個研究過程隨時解釋、分析和綜合歷史文件，一再修正與重新形塑假說。

歷史比較研究法的資料來源，包括：⑴初級資料來源（primary sources）：初級資料來源提供第一手的事件資料，乃是某人對於事件發生現場的陳述。例如：日記、信件、機構章程、會議紀錄、現場直擊者口述、回憶錄等；⑵次級資料來源（secondary sources）：次級資料來源立基於初級資料來源，例如：研究者分析英國貝佛里奇之社會安全報告書的歷史，了解其所提出的社會安全制度的均一最低給付、均一保險費負擔、行政責任統一、給付適當性、綜合性保險、國民分類保險等原則。

歷史比較研究法的特徵，綜整後可包括：⑴個案研究取向：對國家或其他研究單位皆以整體來視之，而非整體中彼此孤立、互不隸屬的不同部分；⑵整體性：關注的焦點爲事件發生、不同事件和過程間彼此相互關係的脈路，亦即想了解「不同條件或部分如何結合在一起」；⑶連結性：主張：「沒有因素是可置外於自己本身和其他因素間交織而成的框架」；⑷時間性：歷史是隨時間顯露而出的系列相關事件，因此具有時間性特徵；⑸特定歷史：研究可能被侷限於特定時間和地點中進行；⑹敘事性：研究一個故事，其牽涉到特定行動者和其他發生於同一時間的事件，或者考量行動者和事件在某個時間和特殊歷史脈絡中的定位；⑺歸納性：藉由對過去的仔細檢視，來解釋到底發生了什麼事（呂朝賢譯，2013b）。

歷史比較研究依據研究的焦點，可分爲歷史事件研究（historical events research）：研究的是過去的事件，但並沒有長期追蹤過程，是屬於歷史事件研究，而非歷史過程研究；⑵歷史過程研究（historical process research）：藉由聚焦於較長時期中所發生的一系列事件，來擴展歷史事件研究；⑶橫斷性比較研究（cross-sectional comparative research）：橫斷性比較研究關注的研究範圍，可能是過去或現在的某段時期；⑷比較歷史研究（comparative historical research）：使用個案間的比較，「以突顯每個個案的獨特特徵」，或者找出跨國的通用歷史模式。

歷史比較研究取向的特質

主題	歷史比較研究的取向
證據	從片段及不完整的證據中重新建構。
扭曲	防止研究者運用在社會或是歷史脈絡之外的其他因素來進行詮釋。
人類角色	包含了在某個脈絡中的人們的意識，並且以人們的動機當作原因因素。
原因	將原因視為由情境所決定的、隱藏於表面之下的，而且是來自於各種元素的結合。
鉅觀／結構	對整體案例進行比較，而且把微觀層次連結到鉅觀層次或者是社會現實的各個層次。
跨脈絡	在某個脈絡的具體細節之間來回移動，並且橫跨不同的脈絡以進行更為抽象的比較。

資料來源：王佳煌等人譯（2002）。

不同研究取向之間的比較摘要：質性與量化之間的區別

主題	田野研究與歷史比較研究（質性）	量化
研究者的觀點	當作研究過程不可或缺的一部分而包含進來。	從研究過程中移除。
資料取向	沉浸在許多細節中，以獲得理解。	精確地將變項操作化。
理論及資料	利用紮根理論及資料與概念之間的對話。	以實徵資料考驗演繹的理論。
呈現研究發現	轉譯意義系統。	考驗假設。
行動／結構	人們在結構中行動，以及建構意義。	檢視社會力量如何形塑行為。
法則／推論	運用依賴於脈絡的有限推論。	發現普世的、不受脈絡影響的法則。

資料來源：陳榮政主譯（2014）。

第 15 章

焦點團體訪談與德菲法

章節體系架構

Unit 15-1 焦點團體訪談法

焦點團體訪談法（focus group interviewing）亦稱爲團體訪談（group interviewing），是把研究的若干對象帶進研究室裡，進行團體觀察和訪談。

Russell K. Schutt指出，焦點團體是由研究者帶領一群由不相關的個人所組成的團體，針對一個主題進行約莫一到兩個小時的團體討論。研究者詢問特定問題，並確保成員都能對這些問題進行討論，其中所產生的資訊是質化而且是相對上非結構的，焦點團體未必要挑選具有代表性的樣本；取而代之的是，只要有時間可以參與、對所討論的主題具有相關知識、與目標人口有共同關鍵特徵的人，都能囊括進來。焦點團體研究計畫，通常邀集相似的參與者進行多次類似的討論（王篤強譯，2013）。

焦點團體的研究多採用立意抽樣法，亦即根據討論主題的關聯程度來抽選參與者。焦點團體法之最大特色，係能針對研究主題，在短時間內觀察到大量的語言互動及對話之資料，研究者亦可從團體對話及互動過程中取得資料，以洞察（insight）其意義，焦點團體法是探索性研究中最常使用的方法之一。

在焦點團體訪談進行的互動過程中，研究者只扮演中介者角色，主要在負責蒐集團體間成員互動討論之言辭內容，作爲研究資料。經綜整潘淑滿（2000）對焦點團體訪談法特性的歸納，包括：⑴焦點團體訪談法的團體是由非正式的團體成員所組成的；⑵焦點團體中，主持人的角色是要求並引導參與團體的成員，針對預先設定的議題，表達其個人的觀點與意見，而從團體互動過程中，激盪出團體成員的主觀經驗與看法；⑶通常由8-12人不等的成員組合而成，進行約1-2小時的互動式討論；⑷焦點團體法在團體中所討論的內容，無法產生量化的資訊，或將研究結果進一步推論到母群體。

當研究者想透過團體互動與討論的過程來了解團體成員對某一現象或議題的看法時，焦點團體訪談法是相當適合使用的時機。但在以下的情況下，王雲東（2007）指出是焦點團體訪談法較不適用的時機，包括：⑴當團體成員之間有明顯的意見衝突時，研究者不可以將焦點團體訪談法視爲解決團體成員之間衝突的手段，或作爲改變團體成員態度之策略；⑵當研究的議題較爲敏感或是會涉及到個人的隱私時，研究者更不可以運用焦點團體訪談法作爲討論個人隱私或敏感議題之策略；⑶當研究議題的討論可能超出參與成員的實際生活經驗時，參與者根本無法透過團體的互動過程提供充分資訊，當然也就不適合運用焦點團體訪談法。

焦點團體訪談法的優缺點

優點	缺點
1. 可以透過參與者的互動，獲得較真切的資料。 2. 所獲得的資料易於了解，不必再經詮釋。 3. 可以快速蒐集到相關資料，並做立即處理。 4. 具有彈性，可以反覆探詢想要獲得的資訊。	1. 焦點團體的言論或意見經常會離題，難以控制。 2. 資料龐雜，分析耗時費力。 3. 主持人必須具備精熟的會議技巧。 4. 同時要聚集一群人討論，有時相當困難。 5. 團體成員同質性太高時，意見可能偏狹。 6. 由於代表性有限，單靠焦點團體獲得的資料很難做推論。

焦點團體訪談法的實施階段（步驟）

1 準備階段

(1) 形成清楚且明確的研究問題，並據以發展出焦點團體訪談大綱。
(2) 找尋適當的主持人。
(3) 篩選團體的參與成員。
(4) 決定團體的次數與時間長度。
(5) 安排團體討論的情境。

執行階段 2

(1) 主持人建立與團體參與者的互信與信賴關係。
(2) 主持人以輕鬆簡單話題開始，再導入較為困難的問題。

3 分析與詮釋階段

(1) 進行摘要式分析與系統登錄。
(2) 內容分析。

焦點團體訪談法的團體類型

完全團體：由8-12位不等的成員所組成，每一次焦點團體約持續進行60-120分鐘。

迷你團體：成員數僅有4-6人左右。

電話團體：是指焦點團體訪談法的進行，不是透過面對面的方式，而是透過電話來達到溝通的目的。

Unit 15-2
德菲法

德菲法（Delphi method／Delphitechniques），亦稱爲德懷術。是一種「不需要電腦輔助，但可透過問卷的方式，對多位專家進行意見蒐集的過程。在初始階段，每個成員針對討論的議題提供個人意見，這些意見經由不斷反覆的修改、澄清、整合與摘要過程，再以匿名方式回饋給參與成員，開始進入德菲法的第二輪階段。透過第二輪的意見回應與蒐集過程，不斷讓回饋更具體、更聚焦。這種過程必須反覆進行，直到成員間的意見趨於一致，再無需要改變或修正之處爲止」（王雲東，2007）。

德菲法具有兩項特質：一致性（consensus）與匿名性（anonymity）。就目的而言，德菲法最主要的目的是透過一系列的問卷回應或互動過程中，獲得可信賴專家的一致性意見；就意見蒐集的過程，在許多時候，德菲法的運用是採取匿名方式或非面對面方式進行。德菲法是一種介於質性研究與量化研究間的研究方法，因爲採用的蒐集資料方法是做問卷調查，類似量化研究，但又因爲問卷的問題多爲非結構式的，故又類似於質性研究。整體上因爲所處理的資料主要是以文字爲主，故將德菲法歸類爲質性的研究方法。

德菲法的實施步驟，包括：

(一) 步驟一：確定研究問題。

(二) 步驟二：決定問卷的施測方式。常見以郵寄問卷進行施測。

(三) 步驟三：選擇回答問卷的成員。通常在15-30人左右，但如果是異質性高的團體，則問卷調查對象會增加。

(四) 步驟四：編製第一輪問卷，第一輪問卷大都採用開放式問題，並提供作答說明的案例供參考。

(五) 步驟五：進行問卷調查。遵照郵寄問卷的程序方式進行。

(六) 步驟六：回收問卷與催促寄回問卷。在回覆截止日前，依據郵寄問卷的催覆程序進行催覆，以提升回覆率。

(七) 步驟七：分析第一輪問卷。主要是作爲第二輪問卷設計的基礎，分析的重點包括：評分結果的分析、對於意見的分析。

(八) 步驟八：編製第二輪問卷。根據第一輪問卷分析的結果，針對一致性意見，再次送給個別受訪者做確認；分歧性意見，則由受訪者再次評估後作答，以便讓每一位受訪者了解到不同專家看法的異同處。

(九) 步驟九：分析第二輪問卷。原則與步驟均同第一輪問卷之分析。

(十) 步驟十：編製第三輪問卷。德菲法可進行多次的問卷調查，直到受訪者對所有的議題都有共識，也未再增列新的項目時，此時就可進入最後一次的問卷調查。並非僅限於只能進行三輪問卷，此爲指最後一輪問卷之意。

(土) 步驟十一：分析第三輪問卷及撰寫結果報告。

德菲法的實施步驟

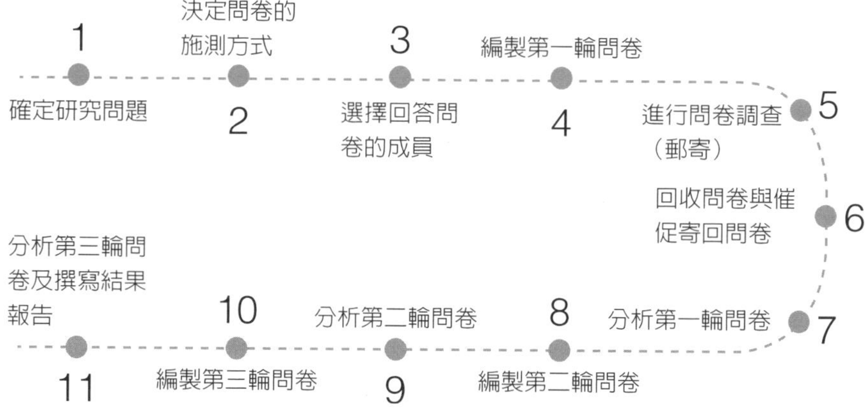

德菲法的優缺點

優點

1. **一種計畫、預測和決策的工具**：德菲法是透過間接的，但有結構的方式，非常有效率的在短時間之內，蒐集一群專家的意見與看法，以作為決策之參考。
2. **匿名性相當高**：為避免成員與成員因意見不同導致衝突，德菲法也可以採取非面對面的方式，蒐集成員的意見與觀點。
3. **兼具學習與研究的工具**：當團體成員被視為決策成員時，那麼德菲法的運用會被視為催化團體決策的工具；如果團體成員被視為是協同學習，那麼德菲法會被當作催化團體互動的工具。
4. **彙整個人意見作為預測未來的依據**：將德菲法運用於預測過程，主要是要彙整個人意見成為集體意見，進而作為預測的工具。

缺點（限制）

1. **方法與概念架構較不嚴謹**：德菲法在執行過程可能會顯現相當鬆散、無結構，加上粗略的研究問題和專家代表性的問題，都會影響回饋的意見是否有價值，以及研究的結果是否值得採信。
2. **停止／繼續蒐集意見的關鍵點之判定**：研究者如何拿捏停止或繼續蒐集意見的關鍵點？什麼是團體成員一致的意見？要到達何種程度才算是一致，而可以停止資料的蒐集呢？
3. **專家判定準據為何**：目前對於專家的界定，仍舊是相當缺乏公信力，使得德菲法在運用過程中，研究如何挑選成員的準據備受質疑。

資料來源：文字整理自潘淑滿（2000）；圖作者自繪。

第 16 章

方案評估

章節體系架構

Unit 16-1 方案評估的基本概念

方案評估（program evaluation）亦稱評估研究（evaluation research）。國內學者對「evaluation」的中文翻譯未統一，有學者翻譯爲「評估」、「評鑑」、「評值」。在社會工作界，較多學者將「evaluation」翻譯爲「評估」，故本書統一將「evaluation」用語翻譯爲「評估」。

方案評估是指爲了達成評鑑並改進人群服務方案的概念化、設計、計畫、行政、效能、效率和效用等目的，而綜合採用的各種研究設計及方法（例如：實驗、調查、參與觀察等研究類型）（趙碧華等人，2000）。方案評估對於社會工作者而言，是希望透過評估的方式，解決工作中所面對的問題，以提供案主更有效、更適切的服務，方案評估是爲了便於方案管理的進行，方案評估是提供持續不斷之服務品質改善的基本工具，更是外部責信的展現。

方案評估包括三種廣泛的目的：⑴評估方案的最終成果；⑵評估方案執行的問題；⑶獲取計畫與發展方案所需的資訊（莊凱琦譯，2007）。方案評估的類型，可區分爲需求評量、形成評估、過程評估、總結評估、結果與效率的評估、成本效果分析與成本效益分析等；若依評估者的類型，則可區分爲內部評估、外部評估。

內部評估指由方案執行單位的成員所從事的評估工作，其動機往往是爲了能夠立即改善或提升個案的服務品質。凡受僱於被評估機構的方案評估者，就稱爲內部評估者。黃源協等人（2020）指出，內部評估具有的優點，包括：⑴內部評估者易於掌握方案的第一手訊息；⑵內部評估者有較佳的機會了解方案的知識與內容；⑶內部評估者較易於獲得主事者和員工的信任，進而讓他們承認問題和分享祕密；⑷內部評估豐富化服務品質的改善過程，有益於機構或方案的外部責信。內部評估的缺點，則包括：⑴較缺乏獨立自主的可靠性；⑵可能對服務相關的知識或經驗不足，而難以做深入評估；⑶與方案有密切關係，評估較易陷入主觀性。

外部評估係指由機構以外的專家，對福利計畫或方案之進行所從事的評估工作。外部評估的優點，黃源協等人（2020）指出，包括：⑴較易維持評估工作的客觀性；⑵可依評估標準對組織結構進行監督；⑶可避免介入組織的衝突，保持中立地位以有效執行評估工作；⑷評估經費與行政作業獨立於方案外，可避免扮演「邊際人」角色及地位不一致的困擾；⑸評估者較具專業知識和經驗，有助於評估的可信度。外部評估的缺點，則包括：⑴對方案內容及進行狀況不易有全面性的了解與掌握；⑵可能要有方案外的額外支出；⑶若評估者與方案執行者有特殊關係，可能影響到評估的客觀性。

方案評估的步驟

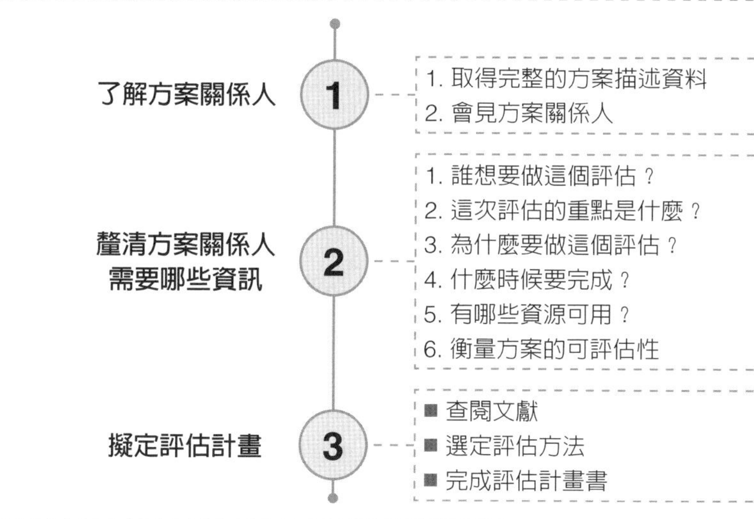

了解方案關係人
1
1. 取得完整的方案描述資料
2. 會見方案關係人
釐清方案關係人需要哪些資訊
2
1. 誰想要做這個評估？
2. 這次評估的重點是什麼？
3. 為什麼要做這個評估？
4. 什麼時候要完成？
5. 有哪些資源可用？
6. 衡量方案的可評估性
擬定評估計畫
3
■ 查閱文獻
■ 選定評估方法
■ 完成評估計畫書

方案評估報告書格式表

壹、執行摘要
貳、導言
　一、評估目的
　二、評估報告的閱讀對象
　三、評估報告的限制
　四、評估報告的概要
參、評估報告的焦點
　一、評估對象
　二、評估問題與目標
　三、完成評估相關訊息
肆、評估設計與評估程序
伍、評估結果的呈現
　一、評估發現摘要
　二、評估發現的解釋
陸、結論與建議
　一、評估指標與標準
　二、評估對象的優缺點
　三、建議
柒、附錄
　一、評估設計工具和資料分析暨解釋
　二、附表

Unit 16-2 方案評估的類型

方案評估有諸多類型，常見的類型包括需求評量、形成評估、過程評估、總結評估、結果與效率的評估、成本效果分析與成本效益分析等。本單元先就「需求評量」加以說明，其餘類型於後續單元說明之。

系統化研究如診斷性問題的過程，即稱為需求評量（needs assessment）。若研究目標是以服務對象需求的種類，且需求量為重點時，此時的研究為需求評估研究（簡春安等人，2016）。Bradshaw提出需求的四種類型，說明如下：

（一）規範性需求（normative need）

規範性需求指在相較之下，當前的狀況及水準是低於專業人員或專家所訂定的規範與標準；這些規範與標準，就是專家們認定在專業上無論是在何種實務情況下，實際需求就必須是如此。例如：規範每十萬人口應有的醫事人員數。此種規範優點是：可以針對特定人口群的需求，且易於將服務做量化處理，但缺點為不同專家會有不同的專業判斷、在不同時間會有不同的要求、規範與標準；所以所採用的標準會隨著人、地點或時間的變更，而有不同的變動。

（二）感覺性需求（felt need/perceived need）／感受性需求（perceived need）

感覺性需求指案主可以明確依自己個人的要求標準，感受到有哪些需求。Kentter等人認為，透過潛在服務對象的觀點所認定的需求，研究者藉由所獲得的資訊，通常能設計出應對性高的服務輸送系統。但感覺性需求的缺點，在於沒有絕對唯一的標準（不像規範性需求有一定的標準），亦即判別感受性需求的標準會有因人而異的現象（高迪理譯，2011）。

（三）表達性需求（expressed need）

表達性需求指案主能夠很清楚地了解並表述自己所期待被滿足的需求為何，並會透過不同途徑或管道，向適當對象表達，並明確地提出要求。表達性需求的優點在於著重將人們實際的感受轉化為行動的情況，研究者可較易進行評估，便可以成為方案規劃的依據。但此種需求之缺點為，並非所有具明確需求的人都會尋求服務，因此，需求程度的標準只受尋求服務者的影響而已。

（四）比較性需求（comparative need）／相對性需求（relative need）

相對性需求的測量是以比較類似之兩社區或兩地理社區間現有服務，以說明需求的存在。應用此種需求時，必須同時考慮人口組成及社會等各方面的差異。

四種需求評量類型之範例

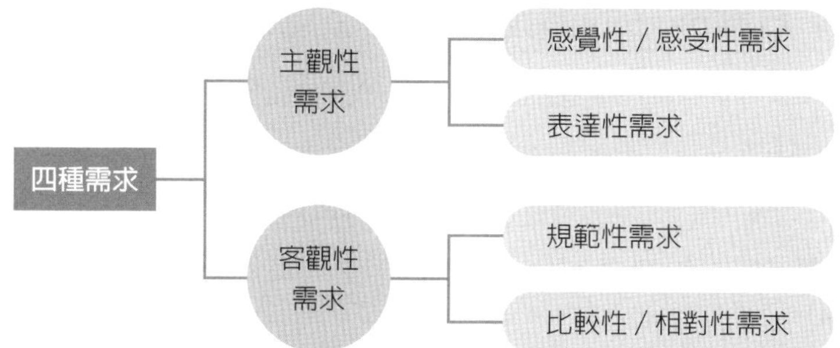

四種需求評量類型之定義

01	02	03	04
規範性需求（normative need） 將需求界定為低於某個標準或判準，而此一標準的建立來自於慣例、權威或普遍共識。	**感覺性感受／性需求（felt/perceived need）** 將需求界定為低於某個標準或判準，而此一標準的建立來自於慣例、權威或普遍共識。	**表達性需求（expressed need）** 以實際尋求協助之人數，來界定需求。	**比較性／相對性需求（comparative/relative need）** 基於類似之兩社區或兩地理區域間現有服務的落差，來測量需求。

四種需求評量類型之案例

類型	範例
規範性需求（normative need）	我國長期照護型機構規定，每照顧100人者，應設置社會工作員1人；未滿100人者，以100人計。但49人以下者，得以特約方式辦理；採特約方式辦理者，每週每人至少應上班16小時以上。
感覺性／感受性需求（felt need／perceived need）	案主常會被問到：你覺得想要的是什麼？就是指對自己所需求的感受及感覺。雖然社會工作者常會口頭詢問案主，希望聽取其表述有何需求，但案主們的需求有時會因所面對的對象不同，而有不同的答案。
表達性需求（expressed need）	針對行人穿越斑馬遭車輛撞死案件增加，居民要求政府必須提升道路安全設計，並加強取締及從重處罰肇事者。
比較性／相對性需求（comparative need／relative need）	某縣市居民要求提升該地區長照服務量能，主管機關透過資料分析比較，了解該社區所提供的長照服務與其他社區是否有差距，以評估後續長照資源的挹注方案之推動。

Unit 16-3 方案評估的類型（續）

本單元接續前一單元說明其他的評估類型如下：

一、形成評估（formative evaluations）

形成評估又可稱爲投入評估（input assessment），其重點是在方案尚未執行前，檢驗預計要（或已）投入的各項資源是否足夠方案活動執行所需。

二、過程評估（process evaluations）

過程評估的重點是強調在方案活動開始執行一段時間（或部分工作告一段落）後，也就是在方案部分執行後、未全部完成前的某一或某些時間點進行評估，過程評估須檢視實際操作的動態、狀況與結果。

三、總結評估（summative evaluations）

總結評估係指針對已完成的社會服務方案進行評估，它研判方案的優缺點，以協助研究者決定一項方案是否應該開始、持續或終止，抑或是從兩個或更多的替代方案中做選擇。總結評估包括結果評估、適切性評估及效率（成本效益）評估。

四、結果〔outcome與效率（efficiency）〕

結果與效率是要評估方案是否有效達成目標、是否有任何非預期的傷害結果、是否在合理的成本下達致成果，以及相較於其他同樣目標的方案，它的成本效益比如何。這種取向的評估，有時稱作評估目標達成模式（goal attainment model ofevaluation），指的是評估方案是否達成正式目標與宗旨。

五、成本效果分析（cost-effectiveness analysis）與成本效益分析（costbenefit analysis）

評估方案效率的方法，主要有兩種：成本效果分析（cost-effectiveness analysis），以及成本效益分析（costbenefit analysis），說明如下：

（一）成本效果分析（cost-effectiveness analysis）

本項分析的重點在於方案的直接成果，而非方案成果的經濟價值。成本效果分析將方案特定的成本與方案的成果進行比較。例如：取得的工作數目、閱讀成績的進步程度，或是犯罪率的下降幅度等。成本效果分析唯一用金錢計算的部分，是方案的支出成本，方案效果所帶來的金錢效益是不列入評估的。

（二）成本效益分析（cost-benefit analysis）

除了計算方案的金錢成本之外，也會致力於評估方案結果的經濟價值。此項分析必須要指出特定的方案成本，以估計特定方案利益之經濟價值的程序。除了估算服務與其相關的成本外，成本效益分析亦須能以一些方式判斷案主如何從方案中獲益。例如：有接受方案服務的案主與沒有接受方案服務者的比較。

甘特圖

甘特圖（Gantt Bar chart）係由Harry L. Gantt設計的，是用來表現準備方案活動所需的作業時間（time clement）。針對方案各項所需完成的作業活動，就其進行的先後次序，標示出作業的執行內容、起迄時間，以便監控實際作業進度。

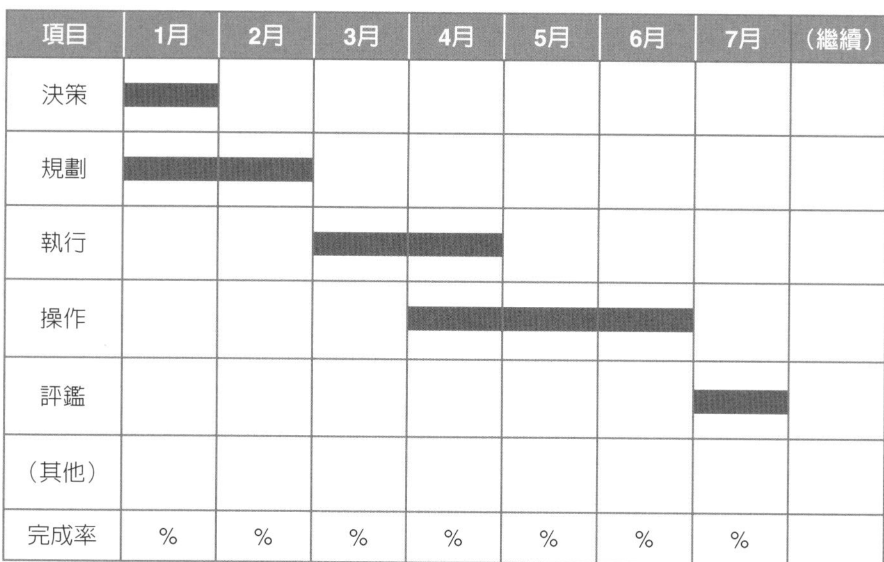

項目	1月	2月	3月	4月	5月	6月	7月	（繼續）
決策								
規劃								
執行								
操作								
評鑑								
（其他）								
完成率	%	%	%	%	%	%	%	

評估者最常遇到的倫理問題

01 取得資料後才更換評估問題

02 未經諮詢案主就做某些評估決定

03 為了某些團體的面子而在報告時有所保留，讓方案的弱點避重就輕

04 某些資料很難保證不外洩卻承諾保密

05 沒有足夠訓練就執行評估工作

資料來源：Newman, D. L., & Brown, R. D. (1992)。

第 17 章

量化資料分析與判讀

章節體系架構

Unit 17-1 單變項分析：統計表

Unit 17-2 單變項分析：統計圖

Unit 17-3 單變項分析：集中趨勢量數

Unit 17-4 單變項分析：離散趨勢量數

Unit 17-5 雙變項分析

Unit 17-6 多變項分析

Unit 17-7 多變項分析：百分比的詳盡範型

Unit 17-8 推論統計：基本概念

Unit 17-9 推論統計：對立假設與虛無假設

Unit 17-10 推論統計：單側檢定與雙側檢定

Unit 17-11 推論統計：第一類型錯誤與第二類型錯誤

Unit 17-12 推論統計：統計顯著性

Unit 17-13 推論統計：相關分析

Unit 17-14 統計顯著性檢定

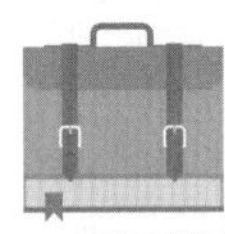

Unit 17-1 單變項分析：統計表

在量化資料分析中，單變項分析（univariate analysis）是指用來呈現和分析單一變項分布狀況的描述統計（descriptive statistics）方法。單變項分析是一次只檢視一個變項的個案分布狀況，主要內容包括統計表、統計圖、集中趨勢量數、離散趨勢量數等。本單元將就次數分配、百分比分配等兩項統計表，說明如下：

一、次數分配

觀察值的次數分布是單變項資料最基本的呈現格式，就是報導所有的個案，亦即，依照研究變項的屬性，列出個案分布的狀況。次數分配（frequency distribution）是各個分組內散布的情況。對一組大小不同的數據畫出等距的分組區間（又稱組距），然後數據按其數值大小列入各相應的組別，便可以出現一個有規律的表格，這種統計表稱之為次數分配表。次數分配是從原始資料中摘述各種重要特性的基本工作，有助於了解分配的集中情形、分散情形、偏態和峰度。

在次數分配中呈現的是，每個變項個別數值或組別數值的次數、百分比或或兩者。必須清楚說明次數分配中的組成，其包含應有標題、記號（用以標籤變項的數值）、屬性（界定該分配包含次數、百分比或兩者），可能還有遺漏值數量。在次數分配中，除了次數欄位外，通常會有累加次數的欄位。累加次數有助於研究者了解在某個數值以下，或是某個數值以上的數據數目。

二、百分比分配

除了採用次數分配的方式呈現統計數據外，亦可用百分比（%）加以呈現。例如：有35%的案主年齡在45歲以下，40%介於45-50歲等。在計算百分比時，必須決定計算基準，也就是代表100%的數量，最直接的算法就是研究個案的總數量。但因為可能會遇到一些遺漏值（missing data）。對於遺漏值得處理，可以採取以全體受訪者作為基準，將未回答人數（即為遺漏值）的百分比也算出來，另亦僅以回答問題的人數作為基準，排除未回答的人數且不計入百分比運算中。至於如何選擇基準，則完全取決於分析目的。

百分比（%）係指用一百做分母的分數，例如：在回收的1,000份問卷中，其中男性600份（占60%）、女性300份（占30%）、性別欄位未填答100份（占10%）。另百分點係指兩個百分比之比較，即兩個百分比相減，稱為增加或減少多少個百分點。例如：109年全民健保滿意度90.2%，110年滿意度91.6%，增加1.4個百分點。

單變項分析的案例：次數分配、百分比分配

年齡次數分配表

年齡	次數分配	累積次數	有效百分比（%）	累積百分比（%）
20歲以下	282	282	26.4	26.4
21-30歲	110	392	10.3	36.7
31-40歲	125	517	11.7	48.4
40-50算	89	606	8.3	56.7
51-60歲	269	875	25.2	81.9
61-70歲	143	1018	13.4	95.3
70歲以上	50	1,068	4.7	100.0
總計	1,068		100	

教育程度次數分配表

教育程度	次數分配	累積次數	有效百分比（%）	累積百分比（%）
小學	93	93	8.7	8.7
國中	148	241	13.9	22.6
高中	412	653	38.6	61.1
專科	128	781	12.0	73.1
大學	164	945	15.4	88.5
研究所以上	123	1,068	11.5	100.0
總計	1,068		100	

Unit 17-2 單變項分析：統計圖

本單元接續說明在量化資料之單變項分析的圖表。資料分析的第一步通常是呈現每個變項的差異，統計表和統計圖是最爲常見的兩種方法，透過次數分配表，可清楚的呈現變項特性及數值，而圖表則擁有提供圖像化的優勢，容易被理解。使用統計圖的方式，比起用數字更能吸引讀者的注意力。

統計圖的類型很多，最常見與最有用的是條形圖、直方圖與次數多邊圖。每個圖形都有兩個軸，縱軸（y軸）與橫軸（x軸），以及標籤用以辨識變項與數據，每個軸都有刻度用以指出個案在該軸上相對稱的數據。

條形圖（bar chart）亦稱爲柱狀圖，條形圖包含很多實體條狀物且每個條狀物間是分開的，用以呈現名義尺度變項的分布，實際上每個類別間都有間隔。

直方圖（histogram）又稱爲等距直方圖，它是以矩形的面積表示連續性隨機變量次數分配的圖形。直方圖用以呈現定量變項的分布，直方圖所包含的條狀物是彼此接連，圖形看起來是連續變化而沒有間隔。直方圖的橫座標上標出等距分組點，即爲各分組區間的下限；縱座標上標出次數。以組距爲底邊，以分組區間的精確上下限爲底邊兩端點，以次數畫出矩形，各直條矩形之間不留空隙。

次數多邊圖（frequency polygon）是透過連結多個點而成的連續線，每一個點都代表一個數字或個案百分比。次數多邊圖是線圖的一種，是表示連續性隨機變量次數分配的圖形，因此，又屬於次數分配圖。當定量變項的分布是必要呈現時，次數多邊圖是直方圖的替代選項。當變項具有範圍廣闊的數據時，這個替代選項特別有用。次數多邊圖的橫座標是以每個分組區間組中值表示的連續變量，縱座標是數據的次數。以每個分組區間的組中值爲橫座標，以各組的次數爲縱座標標點，連接各點，就成爲一條折線。

圓形比例圖（pie chart）亦稱爲圓餅圖、派圖。圓形比例圖係採用圓餅的概念來呈現相關數據，圓形比例圖適用於呈現各項目的比重或比例。

統計圖案例

條形圖

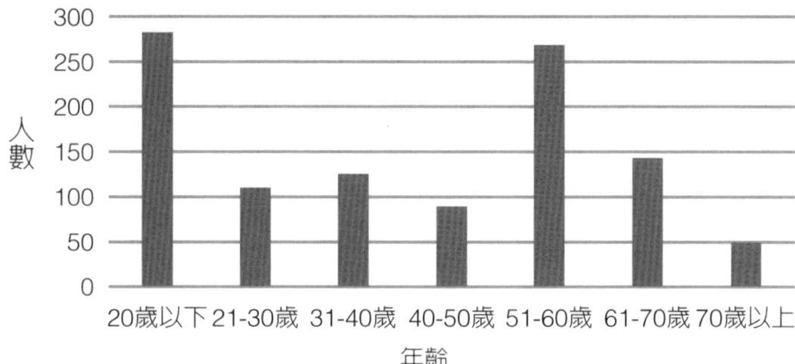

直方圖

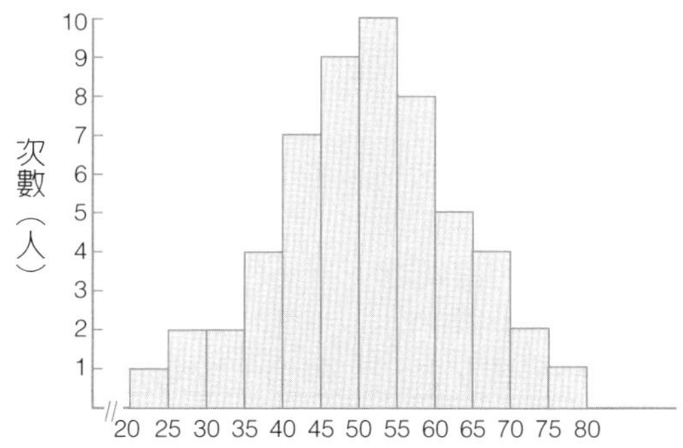

次數多邊圖

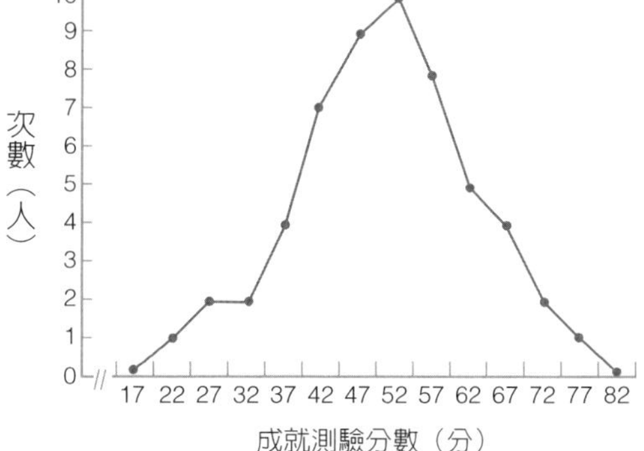

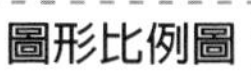

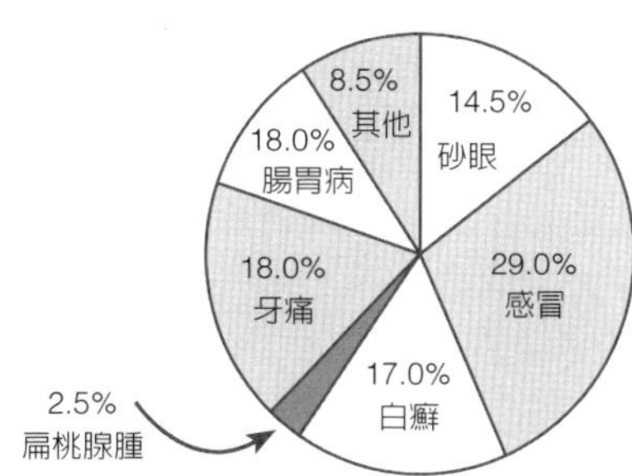

Unit 17-3 單變項分析：集中趨勢量數

本單元接續說明單變項分析的集中趨勢量數。集中趨勢量數是把原始資料簡化成最容易管理的形式。集中趨勢量數包括衆數（mode）、中位數（median）、算術平均數（arithmetic mean），說明如下：

一、衆數（mode）

是在分配中具有最多次數的數據，也可被稱爲概率平均值，因爲能作爲次數最多的數據，該數據也很有可能就是平均值。衆數在使用上遠少於算術平均數、中位數等兩種集中趨勢測量方法，因爲其很容易對分配的集中趨勢做出誤導。當然，還是有衆數非常適合使用的場合，最重要的是，衆數是唯一可用以說明名義尺度變項集中趨勢的測量方法。當議題是有關最多次數的數據時，衆數是適合的統計，例如：統計家庭暴力是最常被使用的暴力型態。

二、中位數（median）

中位數代表位於「中間」的觀察值，全部觀察值當中有一半高於它，另一半低於它，亦即是位置的平均值，或將分配對半切割的所在點（第50百分位）。中位數並不適用在名義尺度變項的測量，因該尺度的數據結果是無法被排序，因此，中間的位置對其而言沒有意義。要能界定中位數，僅須將分配中的數據依序排列，並找出哪個個案的數據剛好在正中間，同時比該數據多或少的個案數量應該是均等的。如果這個中間位置落在兩個個案之間（發生在分配具有偶數的個案量），中位數並定義爲這兩個中間個案所有數據的平均值，就是將這兩個數據相加，然後除以2。

三、算術平均數（arithmetic mean）

算數平均數亦稱爲平均數。是計算在分配中的每個個案之數值，這是種加權平均數。平均數是將全部個案的數據加總，然後除以全部個案數量，因此分配中的所有個案價值都被納入。計算式爲：平均數＝個案數值的總和／個案總數。

算數平均數很容易受到極端值的影響：少數非常大或非常小的數值，很容易使平均數產生嚴重偏差。因爲計算算術平均數需要放入所有個案的數據，因此算術平均數計算要有意義，只在個案的數據是眞正能被視爲是一種量（數學名詞），亦即，這些數據是反映出等距尺度或比率尺度。當算術平均數的數據結果大於中位數時，可知道分配屬於正偏態。高數據個案在比例上比低數據者爲多；當平均數小於中位數時，分配則是負偏態。

偏態對中位數與平均數產生的不同作用

▶第一張圖：個案（袋子）是均等散布，中位數與平均數在同樣位置上。
▶第二張圖與第三張圖，中位數是回應中間個案的數據，可是平均數被高數據個案牽引到其他位置。

集中趨勢的測量值

常態分配

平均數、中位數、眾數

個案數

最小值　變項的值　最大值

峰態分配

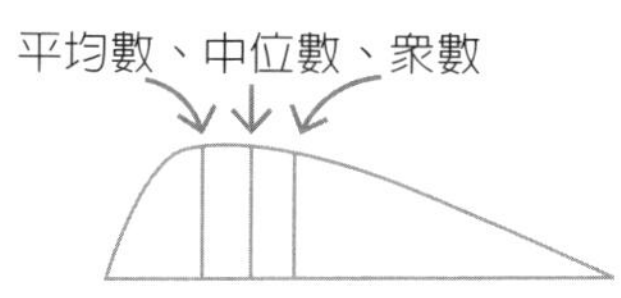

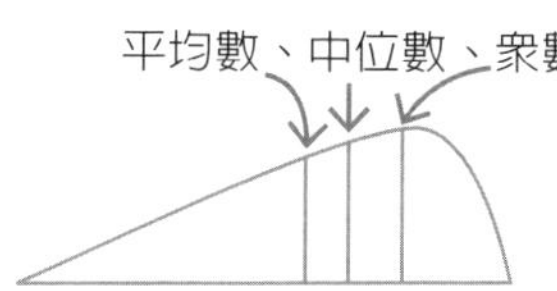

Unit 17-4
單變項分析：離散趨勢量數

本單元接續說明單變項分析的離散趨勢量數。所謂「離散」（dispersion）是指個案數值圍繞著集中趨勢量數的分布狀態。離散趨勢量數包括全距（range）、四分位距（interquartile range）、變異數、標準差（standard deviation），說明如下：

一、全距

全距是最簡單的離散趨勢量數，指從最高值到最低值間的距離，透過計算價值最大的數據與最小的數據有多遠。通常藉由報告在分配中的全距，界定所有潛在數值的範圍。然而，全距會明顯受到異常大或異常小的數據影響〔稱爲極端值（outlier）〕。全距的計算公式爲：全距=最大值－最小值。

二、四分位距

四分位距屬於距離統計，可避免極端值帶來的問題。四分位數（quartiles）是在分配中，相對於前25%的個案、前50%的個案，以及前75%的個案所在位置的數據，第二個四分位數（前50%），是相對於在分配中能包含一半的全部個案所在切割點之數據，另一個名字稱爲中位數。四方位距就是第一個與第三個四分位數之間的差距。例如：將所有人依照身高由高至低分爲四等分，取中間兩等分；換言之，就是位於中間50%個案最高分與最低分的間距。

三、變異數

變異數是每個個案原始分數與平均值的離差平方平均值。因此，變異數是將每個個案與平均值的差異，都納入計算中。變異數的計算公式爲：

$$\sigma^2 = \frac{\Sigma(Y_i - \overline{Y}_i)^2}{N}$$

$\overline{Y}$＝平均值；N＝個案數量；∑＝加總所有個案的數據；Y_i＝個案i在變項Y中所具有的數據；σ^2＝變異數。

四、標準差

標準差就是變異數的開平方根，計算公式爲：

$$\sigma = \sqrt{\frac{\Sigma(Y_i - \overline{Y}_i)^2}{N}}$$

$\overline{Y}$＝平均值；N＝個案數量；∑＝加總所有個案的數據；Y_i＝個案 i 在變項Y中所具有的數據；√＝開平方根；σ＝標準差。

常態分配是讓分配呈現出圍繞平均值的機率變異情形。常態曲線（normal curve）是左右對稱，形狀像一個鐘（亦稱爲鐘形曲線，bell-shaped curve；bellcurve）。在形狀上，以從平均值開始勻稱的往兩側逐漸減少。若變項符合常態分配，68%的個案會分布在離平均數正負1個標準差範圍內，95%的個案會分布在離平均數正負1.96個標準差範圍內。當假設資料是常態分布，那麼就大約有34%（0.3413）的樣本資料，會落在平均數以上一個標準差以內的區間，而另外34%會落在平均數以下一個標準差以內的區間。再者，幾乎有三分之一的樣本值，會落在超過一個標準差以外的區間（約有16%高於一個標準差以上，約有16%低於一個標準差以下）。透過計算標準差的值，可以了解資料數值與平均的離散程度有多大。

常態分配

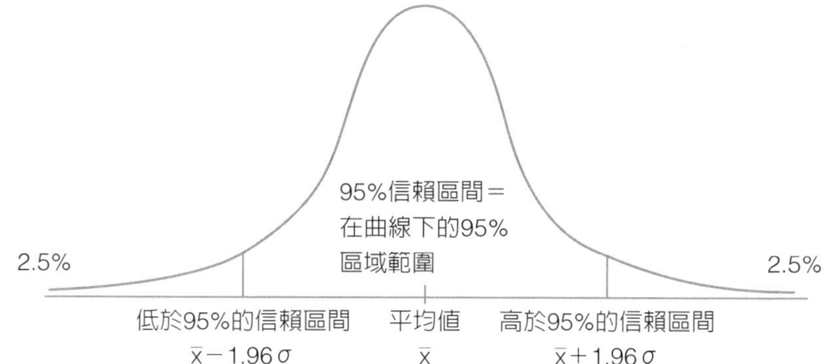

常態分配的標準差分布

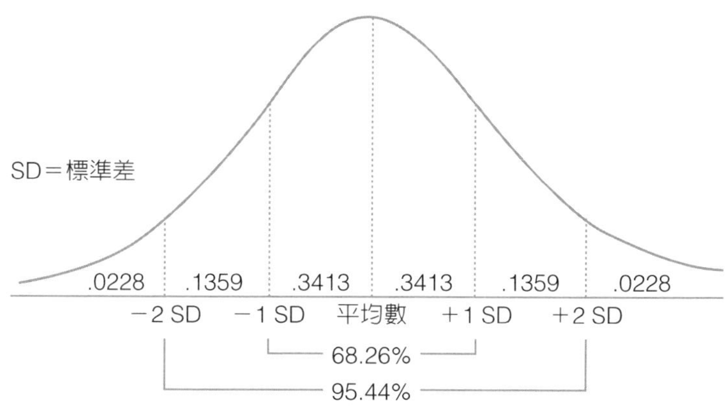

Unit 17-5 雙變項分析

單變項分析是一次檢視一個變項，相對地，雙變項分析（bivariate analysis）則是檢視兩個變項之間的關係，這樣的作法主要是想達到解釋的目的。

在單變項分析中，強調的是單純地對每一個變項做描述，而雙變項分析的重點，則不單是描述變項中次團體（例如：性別變項中的男與女）的狀況，同時更是要探討兩個變項間的關係與次團體之間的差異情況。亦即，雙變項分析或多變項分析是指描述變項間關係的表格與統計。

雙變項分析可以讓研究者去思考兩個變項在一起時的關係，並描述兩個變項間的關係，即使是在簡單的假設中只有兩個變項。雙變項分析呈現兩個變項間的統計關係，且如何呈現出彼此間的關係，這些放在一起時所呈現出的現象爲何。有三個技巧可幫助研究者決定兩個變項之間是否存在關係：(1)由散布圖中的分散情形來看；(2)由交叉表或百分比表來看；(3)由測量的關係或是統計測量所表達出有多少是因單一變項而共變的。

所謂的散布圖，是指研究者將每一個值與觀察的個案，將它們呈現在圖形中。通常等距變項或比率變項使用散布圖來表示，散布圖很少使用於順序變項。除此之外，如果其中一個變項是名義變項，則亦無法使用散布圖。一般而言，x軸以自變項爲主，y軸以依變項爲主，最小值多半是在左邊，而最大值則在右邊或是頂端（王佳煌等人譯，2014）。

雙變項表格通常稱爲列聯表（contingency tables），依變項的數值會關聯或取決於自變項的數值。雙變項的列聯表運用得相當廣泛，它所呈現的訊息與散布圖是相同的，且有可能是散布圖濃縮的摘要表格。這類型的表格是以交叉表格來呈現，也就是同時去組織兩個變項間的資料。而一個列聯表格的形式，有可能是要看兩個或是多個以上的變項，也就是在這樣的表格中，同時可以分散出不同的複雜類別。

雙變項分析應該採用的統計分析方法，則端視變項的尺度而定。若兩個變項均爲類別變項，則採用卡方檢定較爲適宜。雙變項分析多以列聯表的方式呈現，因此，雙變項分析又常被稱爲「交叉分析」，因爲雙變項分析多以比較爲主，因此一般大多只呈現百分比分配，而較少呈現次數分配。如果兩個變項中，有一個是類別變項，而另一個是連續變項，則通常如果類別變項的選項有兩項時，就用獨立樣本t檢定；而如果超過兩項時，就用單因子變異數分析；如果兩個變項均爲連續變項，則須採用相關分析（王雲東，2007；簡春安等人，2016）。

雙變項分析的案例：散布圖

例如：受教育年數12年的婦女，生育3個孩子。如圖中的灰點所示。

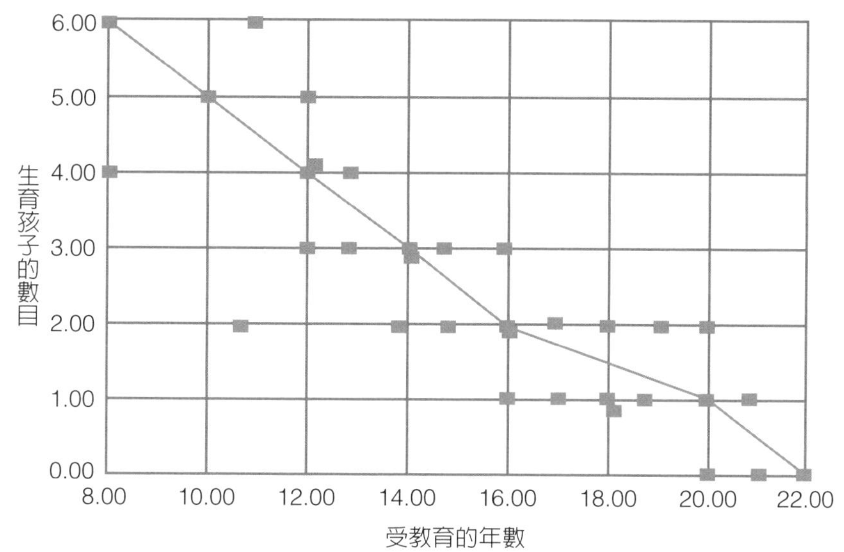

33位婦女受教育年數及生育孩子的數目

資料來源：王佳煌等人譯（2014）。

雙變項分析的案例：列聯表

你贊成或反對男女應該在各方面得到平等的待遇？

答案	男性	女性
贊成	63%	75%
不贊成	37%	25%
（分組人數）	100% （400）	100% （400）
未回答	（12）	（5）

這份表格呈現了「性別」和「對於性別平等的態度」雙變項之間的關係。表中顯示，女性比男性更支持性別平等。其中，女性有75%贊成性別平等，而男性贊成性別平等的比例則為63%。

資料來源：王美書譯（2007）。

Unit 17-6 多變項分析

統計推論除了雙變項分析外，亦有多變項分析，可用來分析兩個以上變項之間的關係。多變項分析（multi variate analysis）是指探討一個以上的自變項對於依變項所造成之影響的統計分析。而多變項分析的優點，是可以同時考慮多個自變項對依變項影響的整體效應，而不需要只個別考慮單一自變項對依變項影響的效應（因為不同自變項間會有交互作用，因此整體自變項一起考慮，會比各自變項影響效應加在一起考慮，更能代表整個模型的影響力）（王雲東，2007）。

多變項分析的重點是在考慮整個模型（model）的適用性或解釋力，而往往也是整個研究假設檢定的重點。多變項分析最主要的統計分析方法，就是多元迴歸分析。多元迴歸分析可以用來顯示，一組自變項和一個等距或等比量尺依變項之間的整體相關。

多變項表格（multivariate table）涉及兩個以上變項，所能提供的解釋也更為複雜。基本上，多變項表格的運用是要檢視自變項和依變項的關係，在此同時還得控制一個以上外在變項（或中介變項）的影響作用（李政賢譯，2016）。

多變項分析的統計方法，包括：⑴多元迴歸分析（multiple regression analysis）：可顯示一組自變項和一個等距或等比量尺依變項之間的整體相關。代表多元相關的符號為大寫的R，也就是多元相關係數。如同在雙變項的相關分析一樣，藉由R值平方，可得到以自變項來解釋依變項之變異量的比例。相對而言，R^2代表一個自變項可解釋的變異量比例；R^2則代表整組自變項總共可解釋變異量的比例。例如：R^2＝0.31，這表示在此研究觀察到的變異量，有31%可由自變項總和加以解釋；⑵區辨函數分析（discriminant function analysis）：區辨函數分析亦稱為區別分析，此分析之目的，是在探討單一分類性變數對N個解釋變數之統計分析模式；⑶路徑分析（path analysis）：路徑分析是用來了解變項間關係的因果模型，其基礎是建立在多元迴歸分析的概念上。路徑分析假設：一個變項值是由於其他變項所導致，所以根本的要求必須區分自變項和依變項。當然，這種要求並不是只針對路徑分析的特點，路徑分析的特點除提供一種獨特的圖解模式來詮釋結果，用以呈現若干變項間的因果關係外，也顯示該等關係的個別強度。

多變項分析的案例

多變項關係（態度、性別與年齡）：
「你是否贊成男女應該在各方面得到平等的待遇？」

年齡／性別／答案	不滿30歲		30歲以上	
	女性	男性	女性	男性
贊成	90%	78%	60%	48%
不贊成	10%	22%	40%	40%
（分組人數）	100% （200）	100% （200）	100% （200）	100% （200%）
未回答	（2）	（10）	（3）	（2）

上表的表格簡化形式

簡化形式：「你是否贊成男女應該在各方面得到平等的待遇？」

百分比／性別／答案	贊成的百分比	
	女性	男性
不滿30歲	90% （200）	78% （200）
30歲以上	60% （200）	48% （200）

資料來源：李政賢譯（2016）。

Unit 17-7 多變項分析：百分比的詳盡範型

為了滿足因果關係所要求的所有條件，研究者需要「控制」或是查看替代解釋是否能夠解釋因果關係。假如其他解釋也可以解釋這個因果關係，那麼雙變項關係就是虛假的，而這個可能的解釋被稱作第三變項，或稱為控制變項。

一個三變項表針對控制變項的每一個類別，都有一個自變項與依變項的雙變項表。三變項表稍微有點不同於雙變項表，它是由多個雙變項表所組成（陳榮政主譯，2014）。這些新表稱為分項表（partials），分項表的個數則取決於控制變項的類別數。

詳盡範型（elaboration paradigm），亦稱為詳盡典範，是一個閱讀三變項百分比表的系統。它描述引進控制變項後，所顯現的模式。詳盡典範描述比較分項表與原始雙變項表的方式，或是描述考慮控制變項後，原始雙變項關係改變的情況。詳盡範型的五種模式說明如下：

一、複製模式（replication pattern）：當某個局部表格中的關係，複製或者是呈現在加入控制變項時，就已經存在於雙變項表中的相同關係時，亦是出現了複製型態，這表示控制變項是沒有影響力的（陳榮政主譯，2014）。

二、特定模式（specication pattern）：當一個分項表出現原始雙變項關係，而另一個分項表沒有重現相同的情況。此種特定模式，研究者可以控制變項類別。

三、詮釋模式（interpretation pattern）：詮釋模式亦稱為闡明模式。此模式是指研究者控制變項介入原先的自變項與依變項之間的關係（王佳煌等人譯，2014）。這個控制變項屬於一個中介變項，可以幫助研究者詮釋整個關係的意涵。

四、解釋模式（explanation pattern）：看起來和詮釋模式極為近似，但兩者之差異在於控制變項出現的時間順序。Lawrence Neuman（陳榮政主譯，2014）指出，在這個模式中，控制變項出現在原來雙變項關係中的自變項之前。解釋模式會改變研究者解釋結果的方式，它意味著原來的雙變項關係是虛假的。

五、禁制變項模式（suppressor variable pattern）：禁制變項模式亦稱為抑制模式。此模式出現在雙變項表顯示為獨立關係，但是所有的或某一個分項表卻顯示出有關聯的情況（王佳煌等人譯，2014）。亦即，控制變項抑制了眞正的關係，而眞正的關係則是出現在局部表格中。

三變項表會面臨三項限制：⑴如果控制變項有四個以上的類別，那麼就會很難解釋；⑵控制變項可以是任何一種測量等級，但是等距或比率尺度的控制必須先加以分組（亦即，轉換為順序資料），而且個案分組的方式也會影響到對效應的詮釋；⑶個案的總數受到限制，因為個案會被分配到分項表中的方格內，在分項表中的方格數，等於雙變項關係的方格數與控制變項的乘積（朱柔弱譯，2000）。

複製模式之案例

雙變項表			分項表				
				控制＝低		控制＝高	
	低	高		低	高	低	高
低	85%	15%	低	84%	16%	86%	14%
高	15%	85%	高	16%	84%	14%	86%

分項表與雙變項表中出現相同的關係

特定模式之案例

雙變項表			分項表				
				控制＝低		控制＝高	
	低	高		低	高	低	高
低	85%	15%	低	95%	5%	50%	50%
高	15%	85%	高	5%	95%	50%	50%

共變關係只出現在某個分項表之中

詮釋或解釋模式之案例

雙變項表			分項表				
				控制＝低		控制＝高	
	低	高		低	高	低	高
低	85%	15%	低	45%	55%	55%	45%
高	15%	85%	高	55%	45%	45%	55%

- 詮釋：雙變項關係在分項表中大為減弱，甚或消失（控制變項形成干預）
- 解釋：雙變項關係在分項表中大為減弱，甚或消失（控制變項出現在原來的自變項之前）

禁制模式之案例

雙變項表			分項表				
				控制＝低		控制＝高	
	低	高		低	高	低	高
低	54%	46%	低	84%	16%	14%	86%
高	46%	54%	高	16%	84%	86%	14%

沒有雙變項關係，關係只出現在分項表中

資料來源：數據表格引自王佳煌等人譯（2000）；文字爲作者補充說明。

Unit 17-8 推論統計：基本概念

當統計是用來描述樣本的特徵，或是描述樣本各變項的關係，就稱爲描述統計（descriptive statistics）；相對地，統計如果不僅在描述觀察所見的樣本，更試圖要做出關於因果關係或較大母群體的推論，那就稱爲推論統計（inferential statistics）。茲將推論統計相關概念說明如下：

一、母數、統計數和估計數

推論統計的目的，在於根據樣本的性質來推估母群體的數值。首先，研究者必須問「爲什麼要根據樣本的性質來推估母群體的性質？」主要是因爲研究者不知道母群體的性質，所以才要抽取樣本來估計它。如果研究者已經知道母群體的性質，就不需要再去抽取樣本來估計。可見，推論統計的工作是由已知推論未知。

二、隨機抽樣

樣本用以代表母群體的，則樣本必須具有代表性。爲使樣本具有代表性，研究者可以透過隨機抽樣的方式進行。抽樣的方式有很多種，較常用的抽樣包括：簡單隨機抽樣、系統隨機抽樣、分層隨機抽樣、叢集抽樣等（各抽樣方式詳細內容，請見本書抽樣單元之說明）。

三、樣本平均數的次數分配

在推論統計裡，有關樣本平均數次數分配的理論，稱之爲「中央極限定理」（central limit theorem）。簡言之，中央極限定理是指：如果研究者重複地從平均數爲μ、標準差爲σ的母群體中，抽取樣本爲N的許多樣本，樣本數越大，所得到的許多樣本平均數越相似，而且越趨近母群體平均數，這就是所謂的「大數原則」（law of large number）。

四、點估計與區間估計

統計推論的主要範圍，包括估計（estimation）和假設考驗（hypothesis testing）。當母群體的性質不清楚時，研究者必須利用某一個量數作爲估計數。

當研究者只用一個特定的值，亦即數線上的一個點，作爲估計值以估計母數，就稱爲「點估計」。另一種估計母數的方法就是「區間估計」。在區間估計時，研究者並不估計一個點，而是估計數線上的一個線段，並且說明母數的值可能會落在這一個線段之間。

五、虛無假設與對立假設

推論統計主要就是進行假設考驗（hypothesis testing）。統計假設包括虛無假設和對立假設。在統計學的傳統上，並不直接去考驗一個對立假設，而是都沿用統計學家費雪（R. A. Fisher）的方法，總是先提出一個與對立假設意見完全相反的假設，故意用來否定它的眞實性，虛無假設才是研究者要直接考驗的對象。亦即，在統計考驗裡，並不是用正面證據來證明研究者所提的理論爲眞，而是用反面證據來否證（refute）它，這種特殊的推理過程和考驗統計假設的方法，就稱爲統計考驗或統計檢定（statistical testing）；延伸而來的是犯第一類型和第二類型錯誤（有關對立假設、虛無假設之詳細說明，請見次一單元之說明）。

母群體、樣本、母數／參數、統計數

母群體（population）

是可根據某些原則來加以認定的所有觀察量數之總集合。

樣本（sample）

是由母群體觀察量數抽樣而來的部分集合。

母數（參數）（parameter）

是代表母群體之性質的量數。

統計數（statistic）

是描述樣本之性質的量數。

通常母數係以希臘字母來表示，而統計數則以英文字母代表之。例如：

- 母群體的平均數為 μ ，標準差為 σ ，相關係數為 ρ 。
- 樣本平均數為M，標準差為SD，相關係數為 γ 。

點估計與區間估計之案例

點估計

200名高中生樣本的平均數為110，便是數線上的一點，被用來作為母群體平均數 μ 的估計值。

區間估計

研究者不說200名高中生樣本的平均數為110，而說他們的平均智商可以落在108-115之間，同時還要說明 μ（母群體的平均數）落在108-115的概率有多大。因此，108-115是一個線段，不是一個點，故稱為區間估計。

NOTE：

Unit 17-9
推論統計：對立假設與虛無假設

統計假設包括虛無假設和對立假設，說明如下：

一、對立假設（rival hypothesis）

若資料顯示，自變項與依變項間的假設關係有存在，但研究者並沒有控制，則所觀察到的可能是虛假關係的外在變項，那麼包含該等外在變項的對立假說，就成爲也能合理說明研究結果的替代解釋。巧合（chance）和抽樣誤差有關，也和研究對象隨機分派到各組的巧合有關。無論隨機分派或抽樣方法有多麼嚴謹，純屬來自於巧合的可能性總是存在（李政賢譯，2016）。

拒斥可作爲合理解釋巧合的因素。當研究者想推論研究發現的關係是否可概化到母群體，或具有理論上的意涵，可能會面臨一種兩難困境。研究者如何決定觀察到的關係可以證明假設成立，抑或是純屬巧合所致？例如：某研究者對國小學童實施不同類型的教學方法實驗，以了解不同教學方法對學童的學習成效，實驗數據顯示，實驗組有51%提高學習成效，但控制組則爲48%，此時，研究者要思考的是，兩者之間的差距必須達到多少百分比，才能稱爲實驗有效，還是由機率因素所造成呢？這涉及到研究者要如何設定分界線？爲解決這樣的兩難困境，當研究者對樣本觀察到的特定關係進行推論，判定該等關係是否強到足以證明研究的假設能否概化到母群體，可檢定所觀察到的關係是否具有統計顯著性來加以克服。

二、虛無假設（null hypothesis）

巧合是一種對立假設。當論及對立假設時，稱之爲虛無假設。亦即，虛無假設就是設定，即使統計檢定的某種關係似乎存在於研究發現當中，但是該等關係仍有可能用巧合來解釋之，而不是眞正存在於母群體，也不具有理論意義。因此，當結果檢定具有統計上的顯著性，便可拒斥虛無假設，因爲該等結果是由巧合造成的可能性小於研究者設定的顯著水準。亦即，如果在顯著水準爲0.05時，研究結果達到統計上的顯著，研究者可以說，虛無假設只有0.05的機率爲眞，故我們可以拒斥虛無假設。

當研究者拒絕虛無假設時，便是支持研究假設的可信度（假定研究者預測的兩變項相關，且不試圖證明兩者無相關）；反之，當研究者無法拒斥虛無假設，便不能支持研究假設的成立。而研究者所訂定的顯著水準，並非研究假設成立的機率，而是告訴我們觀察到的關係來自於巧合的可能性有多少，即虛無假設成立的機率有多少。若研究結果在0.05的水準下是顯著的，則表示虛無假設成立的機率只有0.05，但絕非是指研究假設因此有0.95的機率可能成立。透過使用虛無假設可知，符合顯著水準的唯一假設，乃是統計上可能爲眞的假設，而非研究者的研究假設。

對假設與虛無假設之案例

Example 1

研究目的：「簡單反應時間」長於「選擇反應時間」

實驗情境

- 在簡單反應實驗裡，受試者在看到紅燈一亮時就立刻按下按鈕。實驗者測試紅燈亮至受試者按下按鈕所反應的時間，重複進行50次，所得到的平均反應時間，便是實驗者所謂「簡單反應時間」的操作定義。
- 在選擇反應時間的實驗裡，受試者在看到紅燈亮時立刻按下按鈕1，但是在綠燈亮時要立刻按下按鈕2。紅燈和綠燈依隨機的次序出現，受試者須在不同的燈光出現時，選擇適當的按鈕按下。如此重複進行100次，其中對紅燈的50次反應時間之平均數，就是所謂的「選擇反應時間」。

統計假設形式：$\mu_1 > \mu_2$

- μ_1表示選擇反應時間的母群體平均數
- μ_2表示簡單反應時間的母群體平均數
- $\mu_1 > \mu_2$是有關於這兩個母群體之母數的陳述，為一種統計假設
- H_1：$\mu_1 > \mu_2$（對立假設，研究者想要加以支持的假設）
- H_0：$\mu_1 \leqq \mu_2$（虛無假設，研究者直接要考驗的對象，推翻可以拒絕H_0，則對立假設成立的可能性較大）

資料來源：案例整理自林清山（1992）。

Example 2

研究假設

焦慮是影響學業成績的重要因素。兒童為了避免焦慮可能會認真用功，因而其學業成績可能提高；兒童也可能在考試的時候過分焦慮，反而降低其學業成績。總之，焦慮與學業成績之間會有相關存在。

統計假設

- H_0：$\rho = 0$（虛無假設）
- H_1：$\rho \neq 0$（對立假設，研究者內心認為焦慮與學業成績之相關，不是$\rho > 0$，便是$\rho < 0$，亦即$\rho \neq 0$）
- ρ：相關係數

資料來源：案例整理自林清山（1992）。

NOTE：

Unit 17-10 推論統計：單側檢定與雙側檢定

在推論統計中，凡考驗單一方向的問題時，就稱爲單側檢定；如果不強調方向性，只強調有差異，就稱爲雙側檢定。在推論統計中，研究者依據樣本資料進行估計後，必須利用樣本估計值（點估計值或區間估計值）對所提出的統計假設進行檢定，以爲決策之依據，此步驟稱爲統計假設檢定（hypothesis testing）。假設檢定是機率的概念， 因此任何一次檢定均有犯錯的可能， 而包含某種程度的不確定性。在進行假設檢定前，研究者都會事先決定允許犯錯的機率（稱爲顯著水準），此許可犯錯的機率所構成的區域稱爲臨界區（critical region）或拒絕區（region of rejection）。

研究者依據研究問題的性質，所提出的統計假設會有兩種：當研究問題出現諸如「大於」、「高於」、「少於」、「小於」……，是帶有方向性質的研究問題，根據此種問題的統計假設所進行的檢定，稱爲單側檢定（one-tailed test）或方向性檢定（directional test）。單側檢定的研究問題，臨界區會依問題性質落在抽樣分配的右端或左端。當研究問題假設無前述的方向性陳述語句時，即爲研究問題是不特別強調方向性，而只注意是否有差異或關聯存在，根據此種問題的統計假設所進行的檢定，稱爲雙側檢定（two-tailed test）或無方向性檢定（nondirectional test），此時假設檢定的臨界區會依問題性質落在抽樣分配的兩端。

進行雙側檢定時，由於臨界區係落在抽樣分配的兩端，因此研究者所定的允許犯錯機率便要分成左右兩個區域。如此在同一顯著水準下，使用雙側檢定會較單側檢定難以達到顯著水準，即研究者較難拒絕虛無假設。若研究者的研究是方向性的假設（directional hypothesis），即是研究假設預測的關係是正向或負向。此種情況在檢定時，研究者會使用單側（或單尾）顯著性檢定（one-tailed test of significance）。

如果以顯著水準爲.05的標準爲例，單側檢定時，樣本估計值只要達.05顯著水準，即可拒絕虛無假設，但在同一水準下，雙側檢定時的樣本估計值則須達到.025的顯著水準，才能拒絕虛無假設。執行雙側顯著性檢定時，不論研究發現的關係是正向或負向，都須將這兩個方向的機率相加。這是因爲「雙側」是由兩端的值所組成，也就是可以宣稱統計顯著的拒斥區域。因爲要做的是雙側顯著性檢定（換言之，研究目標是對正向與負向結果都感到興趣），所以必須將兩端的機率相加，以茲確定分割點所在。在進行檢定時，可使用電腦套裝程式（例如：SPSS）的p值進行決策。

單側統計顯著性檢定的理論抽樣分布

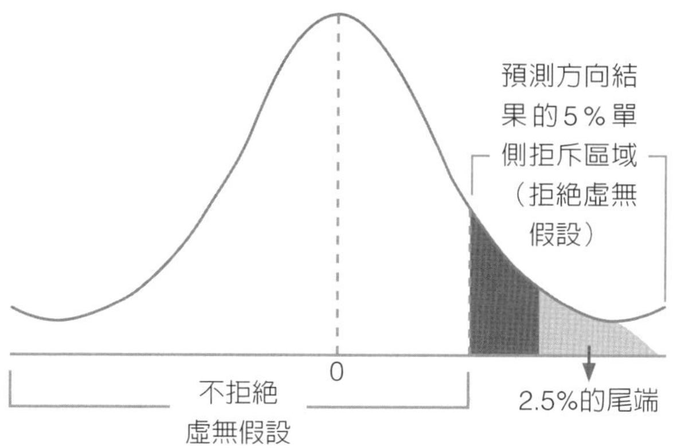

整個5%的拒斥區域全部落在研究假設的預測方向。

雙側統計顯著性檢定的理論抽樣分布

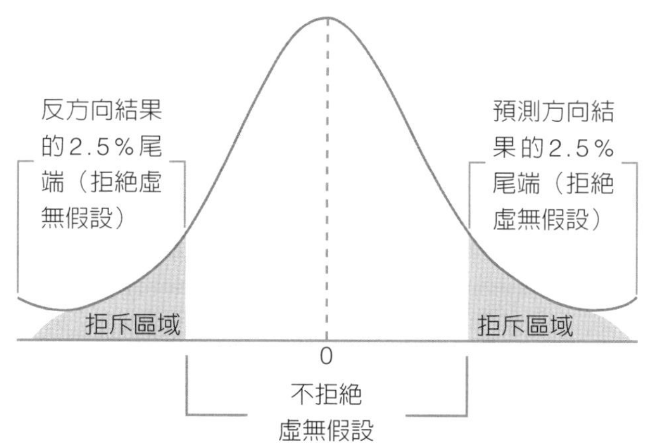

上圖顯著水準為0.05，對半分割成雙側的兩個尾端，形成兩個拒斥區域。其中一邊是預測結果的方向，另一邊是相反方向，機率分別為2.5%（隨機分派產生的結果，純粹是因為巧合而產生的機率不會超過5%的一半）。

Unit 17-11 推論統計：第一類型錯誤與第二類型錯誤

在推論統計中，所犯的錯誤包括第一類型錯誤（Type I error）、第二類型錯誤（Type II error）。研究者每次針對檢定的關係，進行統計顯著性的決定時，都可能有犯錯的風險。若研究者決定拒絕虛無假設，則可能犯某一類型錯誤。研究者在進行研究推論時，常會冒著犯有第一類型錯誤（Type I error）、第二類型錯誤的風險，而這是統計上的機率問題。

顯著水準只是呈現虛無假設爲假的機率。儘管在0.05的機率，研究者或許可以拒斥不太可能合理的虛無假設，但無法全然拒絕而確定它絕對不合理，因爲總是存在某些機率，即使很微小（例如：小到只有0.05），有些統計顯著的關係確實是因爲巧合而發生的。換言之，研究者在隨機分派或隨機抽樣的過程中，就可能因爲巧合而分派或抽選到機率極小的結果。以0.05的顯著水準爲例，可預期每執行20次的統計顯著性檢定當中，就有一次會因巧合而得到貌似顯著的結果（吳宜姍譯，2017）。

當研究者得到具有統計顯著的結果而拒斥虛無假設時，可能犯的錯誤稱爲第一類型錯誤（Type I error），這是指虛無假設其實爲眞，卻被我們拒斥時所犯的錯誤。拒斥虛無假設時，研究者無法得知是否確實犯下第一類型錯誤，只知道可能犯錯的機率有多少，該機率正好等同於顯著水準。所以，在0.05的顯著水準下，當研究者拒斥虛無假設時，犯下第一類型錯誤的風險就是0.05。

要避免犯下第一類型錯誤，唯一的方法就是不拒斥虛無假設， 但是如此一來，卻有犯下第二類型錯誤（Type II error）的風險。這些風險是因爲被檢定關係來自於巧合的可能性大於顯著水準，無法保證該關係確實由巧合所造成。若顯著水準是0.05，而研究結果來自巧合的可能性爲0.06，那麼研究者將無法拒斥虛無假設，即使虛無假設爲眞的機率只有0.06。因此，研究結果沒有達到統計顯著， 並不代表證明研究假設是錯的， 只能說是缺乏足夠的機率水準，故無法排除巧合成爲可能合理的解釋。

要化解冒險犯第一類型錯誤，還是要冒險犯第二類型錯誤的兩難，可透過重複研究，另一種方式則是增加樣本數。增加樣本大小，是減低第二類型錯誤風險，而且又不會增加第一類型錯誤風險的一種可行方法。統計檢定力分析（statistical power analysis）可處理避免犯第二類型錯誤的機率，可用於評估正確拒絕錯誤的虛無假設之機率。統計顯著性檢定只說明不正確拒絕其實爲眞的虛無假設之機率。亦即，顯著性檢定只說明犯第一類型錯誤的機率；相對地，統計檢定力分析則是處理犯第二類型錯誤的機率。

拒絕或不拒絕虛無假設與犯下錯誤類型風險的關係

錯誤類型	拒絕虛無假設	不拒絕虛無假設
第一類型錯誤	有犯錯的風險	沒有犯錯的風險
第二類型錯誤	沒有犯錯的風險	有犯錯的風險

- 由上表可知，不可能同時避免第一類型與第二類型錯誤。
- 每當降低顯著水準，以避免犯下第一類型錯誤，就自動增加了犯下第二類型錯誤的風險。
- 相反地，每當提高顯著水準，以避免犯下第二類型錯誤，犯下第一類型錯誤的風險就會隨之增高。

α、β和（1－β）的關係

（母群體的真正性質）

	虛無假設是真的	虛無假設是假的
拒絕虛無假設	第一類型錯誤 α	裁決正確 （$1-\beta$） （統計考驗力）
接受虛無假設	裁決正確 （$1-\alpha$）	第二類型錯誤 β

- 在統計學上，犯第一類型錯誤的概率，常以 α 來表示；犯第二類型錯誤的概率，則以 β 來表示，α 又稱為「顯著水準」（level of significance）。
- 統計考驗力（power of test）是指正確拒絕虛無假設的概率。當研究者拒絕了虛無假設，而事實上虛無假設也的確是錯誤的，則便是正確的拒絕了虛無假設。正確拒絕虛無假設的概率剛好是（$1-\beta$），因此，統計考驗力通常以（$1-\beta$）來表示。

第三類型錯誤

第三類型錯誤（Type III error）

這種錯誤是指一開始就問錯研究問題，或解決錯研究問題。在量化研究當中，常見的第三類型錯誤和推論統計特別有關，就是檢定不適當的研究假設，或是賦予變項不適當的操作型定義。

Unit 17-12 推論統計：統計顯著性

在推論統計中，計算研究觀察發現純屬巧合所致的機率有多高，稱爲統計顯著性檢定。統計顯著性是指一種可能性，所指的是在樣本結果中的發現，或統計關係有多大的可能性是因爲隨機因素，而非是因爲存在於整個母群體的實際關係所造成的。

統計顯著性的檢定，是指計算研究觀察發現純屬巧合所致的機率有多高。該機率落於0與1.0之間的某處，例如：機率爲0.05，意指所觀察到的關係，100次當中有5次，或是20次當中有1次，乃是由於巧合所導致。如果機率是0.10，則可預期研究觀察到的關係，100次中有10次，或10次中有1次，乃是純屬巧合。當研究者將臨界點設定在0.05時，所得到的值等於或低於預先選擇的臨界值時，該結果就具有統計顯著性。例如：如果研究者定出0.05的臨界點，研究觀察到的某關係因爲巧合而發生的次數，在隨機分派的100次中未超過5次，那就具有統計顯著性。設定0.05的臨界點，意指若因巧合而產生關係的可能性超過0.05，例如：0.06，則該結果在統計上被視爲不具顯著性；反之，任何小於0.05的機率，則視爲具有統計上顯著性。

簡言之，當研究者稱某關係眞有統計顯著性，是指該關係可用巧合來解釋的機率未超過預先設定的臨界點，所以研究者願意冒險承擔對立假設在如此低之機率下，有可能成立的風險來駁斥之。

當研究者稱某關係具有統計顯著性，意思是指該等關係可以概化到樣本以外的更廣範圍，而且反映受巧合之外的共變項因素之影響。研究者若是透過從母群體隨機抽樣的理論抽樣分布，加以評估統計顯著性，那麼顯著性就是關聯於由樣本到母群體的概化；另一方面，若抽樣分布是立基於個案隨機分派到若干組別，那麼顯著性則是關聯於因果過程的概化。一般常以0.05，作爲區辨是否達到統計顯著的分割點。研究發現的統計值若是落在分割點以外的區域，就可認爲達到統計顯著性，而該區域即是構成理論抽樣分布的拒斥區（critical region，或譯作臨界區），該分割點則稱爲顯著水準（level of significance，或significance level）。

當臨界點設定在0.05時，顯著性便以 $p \leqq 0.05$ 來表示，這代表研究結果計算出來屬於巧合的機率如果接近或小於0.05，將被認爲達到統計顯著。研究者通常會報告，$p<0.05$，因爲機率很少正好等於0.05；稍大於0.05的機率，例如：0.051，因未落在拒斥區之內，不能拒斥虛無假設，故研究結果未達統計顯著。0.05的顯著水準並非由數學理論所定，且並不是每項研究都必須採用此水準，有些可能會採用更低的水準，例如：0.01。研究結果常以星號和註腳來說明，例如：*代表 $p<0.05$；**代表 $p<0.01$；***代表 $p<0.001$。

統計顯著水準

統計顯著水準（level of statistical significance）

- 是一組數字。當研究者在測量某個統計關係是由隨機因素所造成，而不是由變項之間真正存在的關係所造成的機率有多高時，可利用這組數字來簡單地表達出此種機率。
- 常見的統計顯著水準為.05、.01、.001。

統計顯著水準之意涵案例：.05

如果研究者說結果達**.05**的顯著水準，這是意味著：

01 由機會因素造成類似這種結果，100 次中只有5次。

02 有95%的機會，樣本結果不是純粹由機會因素造成，而且能精確地反映母群體性質。

03 純粹由機會造成這種結果的可能性為.05或5.0%。

04 研究者有95%的信心認為結果是出於母群體中的真實關係，而不是機會因素造成的。

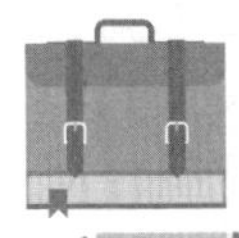

Unit 17-13 推論統計：相關分析

相關關係是指兩類現象在發展變化的方向與大小方面存在一定的關係，但不能確定這兩類現象之間哪個是因，哪個是果，也有理由認為這兩者並不同時受第三因素的影響，即不在共變關係（孟慶茂等人，1994）。

統計學中所講的相關，是指具有相關關係的不同現象之間的關係程度。相關的情況包括以下三種：

一、正相關

是指兩列變項變動方向相同，即一種變項變動時，另一種變項亦同時發生或大或小，與前一種變項同方向的變動。例如：年齡與臉部皺紋數量，年齡越高，因為自然老化，臉部的皺紋就越多。

二、負相關

是指兩列變項若有一列變項變動時，另一變項呈現或大或小，但與前一變項呈現相反的變動。例如：初學者練習打字次數越多，出現錯誤的量就越少。

三、零相關

是指兩變項之間無關係。這種情況下，一變項變動時，另一變項做無規律的變動。例如：身高與學業成績就屬於零相關，即為無相關關係。

相關係數（correlation coefficient）是兩變項間相關程度的數字表現形式，或者說是表示相關程度的指標。測量關係強度的統計程序，稱為相關性測量（measures of association）。相關係數的數值介於-1.00-+1.00之間，常用小數形式表示。它只是一個比率，不代表相關的分數，更不是相關量之相等單位的度量。數值為0時，代表沒有關係；1.0代表有完全的正向關係；-1.0則代表完全的負向關係。關係強度數值前的負號，並不代表該關係強度比正號來得弱，負號是表示變項之間是負向、反向相關：亦即，當一變項數值上升，另一則會下降。當相關性測量的數值越接近0，就越無法透過一變項來預測另一變項的相對數值。

積差相關（product moment correlation）是英國統計學家皮爾遜所提出計算相關的一種方法，亦稱為皮爾遜相關（Pearson correlation），是用來考驗兩個連續變項X與Y之間是否有顯著的線性（linear）關係。Rubin和Babbie指出，若變項間存在某些關係，知道一個變項的值，將可降低在預測另一變項時的誤差數量，且關係越強，預測的誤差將降低越多，即為誤差等比例降減（proportionate reduction of error, PRE）。當關係越強，則統計值將越接近1.0（或-1.0），而不確定降減的比例就越高；當關係越弱，則統計值越接近0，而不確定降減的比例就越低（李政賢譯，2016）。

關係強度為0、1.0及-1.0的案例

關係強度為0的案例

組別 / 結果	實驗組	控制組
再犯	40	40
無再犯	60	60

呈現無關係，故關係強度是0。因為兩組實際上有完全相同的再犯率。再犯者的人數比非再犯者人數要少（即再犯率為40%），這或許是重要的描述性結果，但由於實驗組與控制組均有40%的再犯率，知道再犯個案在哪一組並無法預測該個案是否會再犯，故關係強度是0。

關係強度為1.0的案例

組別 / 結果	實驗組	控制組
再犯	0	100
無再犯	100	0

關係強度是1.0，因為實驗組沒有再犯，而控制組全部有再犯，因此，知道個案在哪一組，讓我們能夠完全準確預測該個案是否會再犯。

關係強度為-1.0的案例

個案號碼	介入處遇次數	觀察到言語虐待次數
1	1	14
2	2	12
3	3	10
4	4	8
5	5	6
6	6	5
7	7	2
8	8	0

- 具有相當明顯的可預測性，但這次在1.0前方多了個負號，因為當一個變項數值增加，另一個變項數值將減少，該關係強度為-1.0。這是因為每增加一次介入處遇，都會觀察到言語虐待次數等量降低（減少2次）。
- 這是一個完全關係，因為只要知道每個人接受介入處遇的次數，就能完全準確預測觀察到的言語虐待次數。負號並非代表少於正數，亦非表示較弱的關係，只是意指一個變項的增加和另一變項的減少有關聯性。

資料來源：數據表格引自吳宜姍譯（2007）；文字經作者整理後繪製。

Unit 17-14 統計顯著性檢定

影響選擇統計顯著性檢定的主要標準，包括變項所屬的測量尺度（亦即量尺）、包含在分析中的變項數目（雙變項或多變項）和名目變項的類別數、資料蒐集所使用的抽樣方法，以及變項在研究欲概化之母群體中的分布狀況。

統計檢定中的母數（parameter）是描述整個母群體的摘述統計量，例如：全國身心障礙者的平均年齡。進行母數檢定（parametric tests）時，必須符合至少有一個研究變項屬於等距或等比量尺，該等變項的相關母數呈常態分布，而所要比較的不同組別是隨機選擇且彼此獨立。例如：t 檢定（t-test）、變異數分析（analysis of variance, ANOVA）。

t檢定（t-test）適用於一個自變項是屬於二元名義測量尺度（亦即，該變項屬於名義測量尺度，並且只有兩種類別。例如：有接受處遇的、未接受處遇的），而且一個依變項是屬於等距或等比測量尺度。t檢定基本上是將兩組在依變項平均數的差異，除以估計的理論抽樣分布標準差。t檢定的功用和任何其他顯著性檢定一樣，是要確定研究觀察到的關係是因爲抽樣誤差或巧合而造成的機率。

變異數分析（analysis of variance, ANOVA）和t檢定的使用邏輯一樣，如果用ANOVA檢定的研究設計也可以用 t 檢定，那麼這兩者就會產生相同的機率值。ANOVA可用來檢定雙變項和多變項關係的顯著性，當檢定雙變項關係時，它和t檢定唯一的差別是，t檢定只適用在含二元名義變項的情況，而ANOVA則適用在變項超過兩個類別的情況（依變項仍然必須屬於等距或等比測量尺度）。ANOVA的運算結果會產生F值（F-value）的統計值，然後再與F值表格的理論值做比較，以判定是否達到統計顯著。亦即，根據F值決定所觀察到的組別間的差異，是由於巧合使然的機率。

此外，無母數統計檢定（nonparametric statistical test）是一種無須特別指出樣本所來自的母群體參數之條件的統計考驗法，以卡方檢定（chi-square）最爲常用。卡方檢定的適用時機爲自變項和依變項爲名義測量尺度的研究。例如：自變項就是（有或沒有）提供介入處遇，依變項是兒虐家長的（有或沒有）再犯，都是屬於名義測量尺度。卡方檢定法用來計算這個研究檢定的機率，卡方檢定可以讓研究者評估研究結果觀察到的實際次數與期待的理論次數（亦即，其次數分布是由機率所造成的）之間的差異程度。

t 檢定之案例：兩獨立樣本 t 檢定

某醫院社會工作部門欲評估出院計畫早期干預輔導方案，對預防病患久滯醫院、縮短住院之效果。347名病患按科別比例以系統性隨機抽樣方法，隨機分派至實驗組（接受社會工作計畫輔導）及控制組。經調查後，兩組病患住院天數以 t 檢定得知結果如下表摘要：

出院計畫輔導與病患住院天數之 t 檢定分析

組別	人數	平均數	標準差	自由度	t值	p值
實驗組	181	-5.88	15.21	329.9	-2.17	0.03*
控制組	166	-2.79	11.20			

表中資料顯示，兩組病患平均住院天數經單側 t 檢定，達顯著性差異（p＜0.05），實驗組病患的平均住院天數較控制組縮短了3.09天〔（-5.88）-（-2.79）〕。

資料來源：案例、表格及文字整理自簡春安等人（2016）；圖作者自繪。

變異數分析（ANOVA）

某醫院社會工作部門欲了解慢性病患自我照顧功能之能力，是否會影響照顧者身心總壓力負荷情況。於是對院內190名相關病患自我照顧功能加以評估，並以壓力量表測量其主要照顧者壓力知覺程度，經單因子變異數分析，得知下表結果：

病患自我照顧功能及照顧者總壓力之單因子變異數分析

變異來源	離均差平方和	自由度	均方	F值	顯著水準
組間（自我照顧功能）	307.1	2	153.6	3.66	0.028*
組內（照顧者總壓力）	7836.5	187	41.9		
全體	8143.6	189			

單因子變異數分析結果，病患自我照顧功能對照顧者總壓力造成顯著影響（p＜0.05）。

資料來源：案例、表格及文字整理自簡春安等人（2016）；圖作者自繪。

參考書目

中文書目

王佳煌等人譯、W. Lawerance Neuman著（2002）。《當代社會研究法：質化與量化途徑》。臺北：揚智。

王佳煌等人譯、W. Lawerance Neuman著（2014）。《當代社會研究法：質化與量化取向》。臺北：揚智。

王牧恩譯（2007）。〈測量〉。收錄於Allen Rubin & Earl Babbie著、林萬億等人審定《社會工作研究方法》。臺北：五南。

王美書譯（2007）。〈建立並解讀雙變項與多變項表格〉。收錄於Allen Rubin & Earl Babbie著、林萬億等人審定《社會工作研究方法》。臺北：五南。

王美書譯（2007）。〈科學及研究中的哲學與理論〉。收錄於Allen Rubin & Earl Babbie著、林萬億等人審定《社會工作研究方法》。臺北：五南。

王雲東（2007）。《社會工作研究方法》。臺北：威仕曼。

王篤強譯（2013a）。〈質化方法：觀察、參與、傾聽〉。收錄於Russell K. Schutt著、許素彬等人譯《社會研究法：歷程與實務》。臺北：洪葉。

王篤強譯（2013b）。〈研究倫理及研究方法論〉。收錄於Russell K. Schutt著、許素彬等人譯《社會研究法：歷程與實務》。臺北：洪葉。

王覺興（2001）。《單親家庭子女生涯發展與抉擇歷程之質性研究》。（國立成功大學教育研究所碩士論文）。臺灣博碩士論文知識加值系統。https://reurl.cc/VMX5mQ。

朱柔弱譯、W. Lawerance Neuman著（2000）。《社會研究方法：質化與量化取向》。臺北：揚智。

朱美珍譯（2013）。〈抽樣〉。收錄於Russell K. Schutt著、許素彬等人譯《社會研究法：歷程與實務》。臺北：洪葉。

行政院主計總處（2022年11月30日）。〈110年社會保障支出統計〉。2024年5月12日，檢索自行政院主計總處。https://reurl.cc/QRZDx2。

吳宜姍譯（2007）。〈推論資料分析：第一部分〉。收錄於Allen Rubin & Earl Babbie著、林萬億等人審定《社會工作研究方法》。臺北：五南。

吳芝儀等人譯、Michael Quinn Patton著（2008）。《質性研究與評鑑》。臺北：濤石。

吳齊殷等人（2008）。〈尋找機制與過程：長期追蹤研究的功用〉，《量化研究學刊》，2：1-26。

呂朝賢譯（2013a）。〈質化方法：觀察、參與、傾聽〉。收錄於Russell K. Schutt著、許素彬等人譯《社會研究法：歷程與實務》。臺北：洪葉。

呂朝賢譯（2013b）。〈歷史和比較研究〉。收錄於Russell K. Schutt著、許素彬等人譯《社會研究法：歷程與實務》。臺北：洪葉。

呂學榮譯（2007）。〈調查研究法〉。收錄於Allen Rubin & Earl Babbie著、林萬億等人審定《社會工作研究方法》。臺北：五南。

李姿德等人（2003）。〈交互教學法對增進聽覺障礙學生閱讀理解能力之研究〉，《特殊教育與復健學報》，11：127-152。

李政賢譯、Allen Rubin & Earl Babbie著（2016）。《社會工作研究方法》。臺北：五南。

杜正治譯（1994）。《單一受試研究法》。臺北：心理。

孟慶茂等人（1994）。《心理與教育統計學》。臺北：五南。

林文政等人（2003）。〈以所羅門四組準實驗設計評估團隊建立訓練的成效──以某大型壽險公司的個案分析〉，《管理學報》，20（5）：899-928。

林宏陽、黃曉薇譯（2009）。〈影響研究過程的因素〉。收錄於Allen Rubin & Earl Babbie著、傅從喜審定《社會工作研究方法》。臺北：心理。

林宏陽譯（2009）。〈為何探討研究〉。收錄於Allen Rubin & Earl Babbie著、傅從喜審定《社會工作研究方法》。臺北：心理。

林秀雲譯、Earl Babbie著（2016）。《社會科學研究方法》。臺北：雙葉。

林恆寧（2023）。《個案研究：社會故事教學法對疑似注意力不足過動症幼兒語用能力之探究》。（國立臺灣師範大學人類發展與家庭學系碩士論文）。臺灣博碩士論文知識加值系統。https://reurl.cc/p3qQm4。

林素貞（2003）。〈學習策略介入對國小讀寫障礙學生在普通班學習行為之影響〉，《特殊教育研究學刊》，21：51-73。

林清山（1992）。《心理教育統計學》。臺北：東華。

林詩韻譯（2007）。〈科學的探索與社會工作〉。收錄於Allen Rubin & Earl Babbie著、林萬億等人審定《社會工作研究方法》。臺北：五南。

林鳳滿（2003）。《經濟弱勢家庭接受社會福利對家庭壓力減輕及自立信心評估》（嶺東科技大學國際企業系碩士在職專班碩士論文）。臺灣博碩士論文知識加值系統。https://reurl.cc/6v80Vy。

社會工作辭典（2000）。內政部社區發展雜誌社。

邱憶惠（1999）。〈個案研究：質化取向〉。《國立高雄師範大學教育系教育研究》，7：113-127。

徐宗國（1996）。〈紮根理論研究法〉，收錄於胡幼慧主編《質性研究》。臺北：巨流。

高迪理譯、Peter M. Kettner, Robert M. Moroney, Lawrence L. Martin著（2014）。《服務方案之設計與管理》。臺北：揚智。

教育部（2019）。《光學課程翻轉教學造成學生參與程度及思考與動手能力增進之研究》。教育部。

莊凱琦譯（2007）。〈方案評鑑中的議題〉。收錄於Allen Rubin & Earl Babbie著、林萬億等人審定《社會工作研究方法》。臺北：五南。

許素彬譯（2013）。〈社會研究的過程與問題〉。收錄於Ruddell K. Schutt著、呂朝賢等人譯《社會研究法：歷程與實務》。臺北：洪葉。

許素彬譯（2013）。〈調查研究〉。收錄於Russell K. Schutt著、許素彬等人譯《社會研究法：歷程與實務》。臺北：洪葉。

陳正益（2007）。〈走出學術研究的象牙塔：論行動研究在社會工作領域的運用〉，《社區發展季刊》，117，143-162。

陳昺麟（2001）。〈社會科學質化研究之紮根理論實施程序及實例之介紹〉，《勤益學報》，19：327-342。

陳若萍譯（2007）。〈評鑑方案和實務的實驗設計〉。收錄於Allen Rubin & Earl Babbie著、林萬億等人審定《社會工作研究方法》。臺北：五南。

陳榮政主譯、W. Lawerance Neuman著（2014）。《基礎社會研究法：質化與量化取向》。臺北：學富。

陳儀譯（2009）。〈以實證為基礎之實務〉。收錄於Allen Rubin & Earl Babbie著、傅從喜審定《社會工作研究方法》。臺北：心理。

陳曉佩等人（2003）。〈大專生性教育介入效果研究──以某二專新生為例〉，《台灣性學學刊》，9（2）：77-94。

陳靜雁（2002）。《單親母親之母職經驗與內涵》。（國立暨南國際大學社會政策與社會工作學系碩士論文）。臺灣博碩士論文知識加值系統。https://reurl.cc/ey8mVm。

鈕文英（2021）。《研究方法與設計：量化、質性與混合方法取向》。臺北：雙葉。

黃源協等人（2020）。《社會工作管理》。臺北：雙葉。

黃國清等人譯（2009）。〈抽樣：量化與質性取向〉。收錄於Allen Rubin & Earl Babbie著、傅從喜審定《社會工作研究方法》。臺北：心理。

黃麗鈴（2019）。〈從社會科學研究典範質量之辯探析混合研究〉，《臺灣教育評論月刊》，8（6）：163-177。

傅仰止（2001）。〈網路人口的樣本特性：比較網頁調查追蹤方法與個人網絡抽樣方法〉，《調查研究》，9：35-71。

楊家裕譯（2009）。〈實驗與準實驗設計〉。收錄於Allen Rubin & Earl Babbie著、傅從喜審定《社會工作研究方法》。臺北：心理。

楊國樞等人（1989）。《社會及行為科學研究法》。臺北：東華。

楊碧雲譯（2007）。〈評鑑方案和實務的準實驗設計〉。收錄於Allen Rubin & Earl Babbie著、林萬億等人審定《社會工作研究方法》。臺北：五南。

葉若芬（2003）。《以行動研究法探討獨居老人需求滿足過程》。（國立陽明大學社區護理研究所碩士論文）。臺灣博碩士論文知識加值系統。https://reurl.cc/dy5QpD。

董旭英等人譯（2000）。《次級資料研究法》。臺北：弘智。

廖育青譯（2007）。〈單案評鑑設計〉。收錄於Allen Rubin & Earl Babbie著、林萬億等人審定《社會工作研究方法》。臺北：五南。

趙碧華等人（200）。《研究方法》。臺北：學富。

歐育璋（2002）。《重複閱讀與故事結構對國小學習障礙學生閱讀理解教學之比較研究》。（國立屏東教育大學特殊教育學系教學碩士論文）。臺灣博碩士論文知識加值系統。https://reurl.cc/4d5RmR。

潘世尊（2005）。《教育行動研究：理論、實踐與反省》。臺北：心理。

潘淑滿（2013）。《質性研究：理論與應用》。臺北：心理。

蔡文榮等人（2006）。〈互動式電子白板的使用差異對國小生英語學習動機與學習成就之影響〉，《彰化師大教育學報》，30：31-58。

蔡建福（2000）。《鄉村社區自證過程之行動研究》。（國立臺灣大學農業推廣學研究所博士論文）。臺灣博碩士論文知識加值系統。https://reurl.cc/1b4KkX。

蔡清田（2000）。《教育行動研究》。臺北：五南。

蔡雅芬譯（2007）。〈問題形成〉。收錄於Allen Rubin & Earl Babbie著、林萬億等人審定《社會工作研究方法》。臺北：五南。

蔡毓智譯、Earl Babbie著、林佳瑩審閱（2013）。《研究方法：基礎理論與技巧》。臺北：雙葉。

衛生福利部統計處（2021年7月12日）。〈108年15-64歲婦女生活狀況調查〉。

簡春安等人（2016）。《社會工作研究法》。臺北：巨流。

羅秀華（2004）。《文山社區由充權到治理的發展歷程》。（國立臺灣大學建築與城鄉研究所博士論文）。臺灣博碩士論文知識加值系統。https://reurl.cc/OrqYR3。

蘇芳儀（2007）。〈抽樣方法〉。收錄於Allen Rubin & Earl Babbie著、林萬億等人審定《社會工作研究方法》。臺北：五南。

英文書目

Brice, A., & Hill, A. (2004). *A Brief History of Evidence Based Practice*. In A. Booth & A. Brice (Eds.), *Evidence Based Practice for Information Professionals* (pp. 13-23). London: Facet Publishing.

Dillman, Don A & D.K. Bowker (1998). "*The Web questionnaire Challenge to Survey Methodologists*." [online]available: http://survey.sesrc.wsu.edu/dillman/zuma_paper_dillman_bowker.pdf.

Engel, R. J., & Schutt, R. K. (2016). *The practice of research in social work* (4th ed.). Sage Publications.

Erlandson, D. A., Harris, E. L., Skipper, B. L., & Allen, S. D. (1993). *Doing naturalistic inquiry: A guide to methods*. Sage Publications.

Gray, D. E. (2018). *Doing research in the real world* (4th ed.). Sage Publications.

Kumar, R. (2019). *Research methodology: A step-by-step guide for beginners* (5th ed.). Sage Publications.

Leedy, P. D., & Ormrod, J. E. (2019). *Practical research: Planning and design* (12th ed.). Pearson Education.

Lincoln, Y. S., & Guba, E. G. (1985). *Naturalistic inquiry*. Sage Publications.

Merriam, S. B. (1988). *Case study research in education*. Thousand Oaks, CA: Jossey-Bass.

Miller, W. L. & Crabtree, B. F. (1992). *Primary research: A multi-method typology and qualitative road map*. In B. F. Crabtree & W. L. Miller (Eds.), Doing qualitative research (pp3-28). Newbury Park: Sage.

Mills, G. E., & Gay, L. R. (2018). *Educational research: Competencies for analysis and application* (12th ed.). Prentice-Hall.

Newman, D. L., & Brown, R. D. (1992). *Violations of evaluation standards: Frequency and seriousness of occurrence*. Evaluation Review, 16: 219-234.

Rew, Lynn, Deborah Koniak-Griffin, Mary Ann Lewis, Margaret Miles, and Ann O'Sullivan (2000). "*Secondar y Data Analysis: New Perspective for Adolescent Research*." Nursing Outlook 48:223–229.

Sieber, S. D. (1973). *The integration of fieldwork and survey methods*. American Journal of Sociology, 78(6), 1335-1359.

Skrtic, T. M. (1991). *Behind special education: A critical analysis of professional culture and school organization*. Love Publishing Co.

Spizziri, Martha (2000). "*E-surveys: Consider this before you start. The Internet provides a cheap, fast means of doing reader surveys—but you have to know how to do it right.*" [online] available: http://www.asbpe.org/archives/2000/07esurveys.htm.

Tashakkori, A., & Teddlie, C. (2003). *Handbook of mixed methods in social and behavioral research*. Thousand Oaks, CA: Sage.

Yin, R. K. (1994). *Case study research: Design and methods* (2nd ed.). Thousand Oaks, CA: Sage.

家圖書館出版品預行編目資料

圖解社會工作研究法 / 陳思緯編著. -- 三版. -- 臺北市 : 五南圖書出版股份有限公司, 2024.12
面 ; 公分
ISBN 978-626-393-732-1(平裝)

1.CST: 社會工作 2.CST: 研究方法

547.031 113012889

1J0H

圖解社會工作研究法

作　　者－陳思緯（272.7）
編輯主編－李貴年
責任編輯－李敏華、何富珊
文字校對－陳俐君、石曉蓉
封面設計－王麗娟、封怡彤
出 版 者－五南圖書出版股份有限公司
發 行 人－楊榮川
總 經 理－楊士清
總 編 輯－楊秀麗
地　　址：106臺北市大安區和平東路二段339號4樓
電　　話：(02) 2705-5066　傳　　真：(02) 2706-6100
網　　址：https://www.wunan.com.tw
電子郵件：wunan@wunan.com.tw
劃撥帳號：01068953
戶　　名：五南圖書出版股份有限公司

法律顧問　林勝安律師

出版日期：2020年 9 月初版一刷
2022年11月二版一刷
2024年12月三版一刷

定　　價　新臺幣400元

經典永恆·名著常在

五十週年的獻禮——經典名著文庫

五南，五十年了，半個世紀，人生旅程的一大半，走過來了。
思索著，邁向百年的未來歷程，能為知識界、文化學術界作些什麼？
在速食文化的生態下，有什麼值得讓人雋永品味的？

歷代經典・當今名著，經過時間的洗禮，千錘百鍊，流傳至今，光芒耀人；
不僅使我們能領悟前人的智慧，同時也增深加廣我們思考的深度與視野。
我們決心投入巨資，有計畫的系統梳選，成立「經典名著文庫」，
希望收入古今中外思想性的、充滿睿智與獨見的經典、名著。
這是一項理想性的、永續性的巨大出版工程。
不在意讀者的眾寡，只考慮它的學術價值，力求完整展現先哲思想的軌跡；
為知識界開啟一片智慧之窗，營造一座百花綻放的世界文明公園，
任君遨遊、取菁吸蜜、嘉惠學子！